LE BRIGANDAGE

DANS

LES BASSES-ALPES

M. J. MAUREL

LE BRIGANDAGE

DANS

LES BASSES-ALPES

particulièrement depuis l'an VI jusqu'à l'an X

ÉTUDE D'HISTOIRE CONTEMPORAINE

*Précédée d'une introduction sur
l'état des esprits dans le département des Basses-Alpes,
depuis 1789 jusqu'à l'an VI.*

Ne quid falsi audeat, ne quid veri
non audeat historia.
(*Cic. de orat.* II, 15.)

MARSEILLE
LIBRAIRIE P. RUAT, 54, RUE PARADIS, 54

1899

LE BRIGANDAGE

DANS

LES BASSES-ALPES

AVANT-PROPOS

Les grandes Révolutions, comme les grands désastres, développent presque toujours, dans certaines natures, une brutalité d'égoïsme et
« un vertige de débauche, que nous retrouvons
« sous tous les climats et à toutes les époques
« de l'histoire. »

Cette proposition générale, émise par un esprit profondément observateur, et qui se justifia, on sait dans quelle horrible mesure, dans un certain nombre de départements de la France, n'a pas trouvé de démenti dans celui des Basses-Alpes.

Au cours de la période que nous allons étudier, période troublée, orageuse, pendant laquelle la déclamation dans les paroles, l'exagération dans les actes, les bouleversements dans les pouvoirs, dans les idées, dans les croyances, et finalement les attentats les plus odieux furent dans les mœurs, et formèrent presque les habitudes reçues, les passions les plus basses tout à la fois et les plus violentes s'agitèrent, les instincts les plus pervers se révélèrent avec une audace, une brutalité, une férocité, et surtout avec une persistance contre lesquelles les menaces de la loi et les coups de la force demeurèrent longtemps impuissants.

Par le retour successif et presque ininterrompu de causes exaspérantes de nature diverse, telles que la disette, les réquisitions, les impôts exorbitants, les persécutions politiques et religieuses, les dénis de justice, etc., partout, et particulièrement dans le midi où les passions sont plus violentes, les esprits furent en fermentation ; les masses bouillonnaient... « et il y a toujours une écume qui « s'élève et surnage quand les masses bouil- « lonnent ».

Ce n'est pas sans une certaine émotion et une certaine crainte que nous pénétrons dans le domaine de l'histoire contemporaine. Ce n'est pas, non plus, sans un dégoût marqué que nous ouvrons, devant les yeux du lecteur, ce registre des turpitudes humaines, que nous étalons devant lui cette floraison d'attentats et de crimes, les plus atroces tout à la fois et les plus variés. Il nous en a coûté pour descendre dans ces bas fonds sociaux, pour y cueillir quelques-uns de ces faits qui se noient dans la masse boueuse et sanglante, dont le flot couvrit, à un moment donné, la moitié de notre malheureux département. Mais, « quelle « que soit l'horreur de l'historien, l'histoire « est un devoir, et ce devoir veut être rempli. « Il n'y a pas de pente plus impérieuse que « celle-ci : dire la vérité. Qui s'y aventure, « roule jusqu'au fond » [1].

---

[1] Victor Hugo, *Histoire d'un crime*, t. II, f° 282.

*_**

Pourquoi écrire l'histoire de cette période sanglante? Parce que c'est une page vécue de l'histoire Bas-Alpine, et que, quelle que soit sa laideur, cette page doit être connue; son absence constituerait une véritable lacune dans les fastes de notre département. Or, cette page est généralement ignorée. Le seul livre d'ensemble qui existe sur les Basses-Alpes, n'y fait pas même la plus discrète allusion; et l'historien passe, d'un pied léger, sur cette période cruellement fameuse, comme si rien d'insolite ne s'y était produit. En voici peut-être la raison.

Un silence, tout de convention, se fit d'abord sur cette époque néfaste; et, hâtons-nous de le dire, ce silence ne fut pas seulement une convenance, il fut une nécessité. Au sortir de l'ère troublée que nous allons décrire, l'édifice social était à reconstruire dans toutes ses parties; on avait besoin de toutes les mains, de toutes les bonnes volontés. Ce concours général ne pouvait s'obtenir que par l'oubli momentané et mutuel des torts de chacun. Les animosités réveillées, les vieilles haines de parti ravivées, les rancunes assoupies encore renouvelées, auraient eu pour résultat d'ajourner indéfiniment la réédification de l'édifice, et d'empêcher le renoûment du lien social si violemment brisé durant la tourmente révolutionnaire.

Mais ce silence de convention, cet oubli momentané, pratiqués de part et d'autre, se transforment maintenant en un oubli définitif, et en tout cas, contribuent à faire planer sur cette période sanglante, une sorte de brume épaisse qui donne libre cours, chez les uns, à la création de la légende, chez les autres aux suppositions de la nescience, et aux allégations, toujours hardies, d'un demi-savoir.

Le brigandage, en effet, n'est-il pas déjà, dans l'esprit de plusieurs, quelque chose qui confine étroitement à la légende, qui prend le caractère du récit fabuleux ? Sait-on bien aujourd'hui, croira-t-on mieux d'ici à quelque temps, que ces routes maintenant si sûres, que ces campagnes où la vie s'écoule si calme et si paisible, que ces fermes isolées, cachées dans le repli d'un vallon, assises à la lisière des grands bois, semées dans l'immensité des plaines, où le fusil reste là, chargé, de longues années, au coin de l'âtre, et n'est décroché du mur enfumé que pour faire la chasse à quelque fauve, ont été, pendant plus de deux ans, le théâtre d'arrestations audacieuses, d'attaques violentes presque journalières, et des drames les plus sanglants ?

Non, on ne le sait pas, et on le saurait moins encore dans un siècle.

Pourquoi ? Parce que les deux canaux par lesquels se transmettent d'une génération à l'autre les documents historiques, ne seront bientôt plus en état de nous en fournir sur ce point.

La tradition orale ? Aucun témoin des faits d'il y a cent ans n'existe plus. Ceux qui tiennent les récits de la bouche des contemporains ou des témoins oculaires, se font de jour en jour plus rares ; et l'on ne peut guère ajouter, à leur relation, qu'une foi douteuse. On sait, en effet, ce que deviennent des récits de ce genre, où le réel touche de si près au légendaire, lorsqu'ils passent par la bouche de trois ou quatre générations. Il n'y a plus que du vague, de l'indécis sur les notions du lieu, du temps, des personnes ; de l'exagéré sur la nature même des faits, qui portent par eux-mêmes à l'exagération, et sur les circonstances qui les ont accompagnées ; dès lors, l'historien ne saurait faire fond sur ces narrations plus ou moins suspectes, qui échappent au contrôle, pour établir les faits dans leur exactitude historique, et porter un jugement sérieux.

Seuls donc, les documents contemporains, officiels ou non, pourraient nous guider. Mais, ces documents, où sont-ils pour nos Basses-Alpes ?... Si, grâce aux facilités prodigieuses de transmission, et au développement excessif du reportage, nous savons ce matin dans la province, ce qu'a rêvé cette nuit, sur son oreiller, un homme d'Etat à Paris, ou les pièces de gibier qu'a abattues, dans un parc, le président de la République, et cela, sans autre peine de notre part que de lire la Gazette ; aucun journal, à l'époque, n'enregistrait les sinistres projets formés par le bandit dans son repaire, les exploits sanglants de ce soldat du crime, et le nombre des têtes humaines abattues. Bien plus, si grande était la terreur publique dans les régions hantées par les bandes, que les victimes elles-mêmes, absolument terrorisées, n'osaient même plus se plaindre, et achetaient par la complicité d'un silence qu'on n'ose presque pas qualifier criminel, une sécurité sans cesse menacée.

Il ne resterait donc que les dépôts officiels. Mais qui ne sait que ces dépôts ont subi bien des épurations successives, soit à l'époque de la Restauration, soit plus tard. Combien de dossiers compromettants ont disparu! D'autre part, les commissions militaires qui siégeaient, tantôt sur un point, tantôt sur un autre du département, et ont jugé sommairement beaucoup de ces hommes saisis les armes à la main, ont laissé fort peu de dossiers dans les greffes. On le voit, tout concourt de plus en plus à faire de ce silence conventionnel, qui eut autrefois sa raison d'être, un complet oubli.

Mais, pourra-t-on nous demander, où donc avez-vous puisé vous-même les matériaux du travail que vous nous présentez ? Quels sont vos documents ? où sont vos références ?

Ces questions, le lecteur a le droit de nous les poser, et nous avons le devoir d'y répondre.

Disons, tout d'abord, que nous avons eu soin d'écarter de notre récit, tout délit de brigandage qui ne nous était connu que par une tradition orale. Tout au plus nous sommes-nous servi de cette tradition, comme d'un fil indicateur, pour nous guider dans la recherche du document authentique.

Les registres de correspondance générale, les délibérations du Directoire départemental, les arrêtés émanant de l'administration centrale, le tout, déposé aux archives des Basses-Alpes, nous ont fourni certains renseignements. Un ouvrage imprimé qui nous paraît infiniment rare, et que nous possédons, nous a servi pareillement. C'est la « Copie de la « procédure instruite contre les prévenus de « brigandage comme auteurs ou comme com- « plices » [1]. Bien que visant surtout le brigandage dans le département du Var, cet ouvrage fait mention incidemment des Basses-Alpes, où les mêmes bandes ont souvent opéré, et nous y avons relevé tout ce qui a trait à notre département.

Mais la source où nous avons le plus abondamment puisé est la collection de nombreux dossiers contenant l'exposé des faits, les dépositions des témoins, les réquisitoires et les diverses pièces formant l'ensemble d'une procédure, le tout, rédigé de la main même du commissaire du gouvernement qui remplissait près le tribunal spécial établi pour connaître des faits de brigandage, les fonctions dévolues aujourd'hui au procureur de la République. Des correspondances, des rapports de juge de paix, des procès-verbaux de gendarmerie, etc., etc., complètent ces dossiers, et les rendent

[1] 4 vol. in-quarto en deux parties. — Draguignan chez Fabre — an 12.

particulièrement intéressants. Mention y est faite, parfois, de la décision du tribunal, du genre et de la gravité de la peine infligée, ainsi que du jour et de l'heure de l'exécution capitale, quand elle a eu lieu. On le voit, nos sources sont sûres; on pourrait presque dire officielles.

Il nous reste à dire un mot sur la méthode que nous avons cru devoir suivre dans la composition de cet ouvrage et dans la distribution de ses parties.

Et d'abord, nous n'avons pas le dessein de raconter en détail, de signaler même tous les délits de brigandage, soit civil soit politique, qui ont eu pour théâtre notre département. Outre que beaucoup de ces faits se ressemblent, et que leur répétition fatiguerait le lecteur sans augmenter l'intérêt de l'ouvrage, nous ne voyons pas la nécessité de dresser une statistique de criminaliste. Il nous a paru qu'il devait suffire de faire connaître en détail quelques unes des incursions les plus remarquables, les arrestations et les assassinats perpétrés avec un caractère spécial de férocité, en un mot, tout ce qui sera de nature à permettre au lecteur de porter un jugement éclairé et bien fondé sur cette malheureuse époque.

Inutile de dire que nous n'aurons pas à forcer les couleurs, à dramatiser les récits, à torturer les faits pour les accommoder à une théorie politique quelconque. Notre rôle se bornera à appliquer la méthode historique à la relation des faits que nous voulons faire connaître. Et, pour rester plus rigoureusement dans le vrai, nous les exposerons dans l'ordre même où ils se sont produits, persuadé que les faits de ce genre ont entr'eux une liaison très intime, quoique pas toujours apparente, et alors même qu'ils ont été commis à une grande distance les uns des autres, et par des bandes différentes, qui, pour être distinctes, n'étaient pas isolées, entretenaient entr'elles des relations suivies, et se mobilisaient quand il s'agissait de faire « un bon coup ».

Et lorsque, dans le cours du récit, nous attribuons tel ou tel exploit à une bande plutôt qu'à une autre, ce n'est pas arbitrairement que nous le faisons, mais en toute connaissance de cause. Cette connaissance résulte pour nous des pièces même des procédures que nous possédons et dans lesquelles sont désignés nominativement les bandits qui ont pris part à l'action. Connaissant, d'une part, les nom, prénom, lieu d'origine des brigands; et, d'autre part, la composition de chaque bande nous étant pareillement connue, il nous devient facile de préciser à quelle bande tel ou tel exploit doit être attribué.

Ceci posé, voici quelle sera la distribution de cet ouvrage.

Dans un chapitre préliminaire qui embrasse toute la période de temps écoulé depuis 1789 jusqu'à la loi du 29 nivôse an VI, nous ferons connaître, d'une manière sommaire, et par l'exposé rapide des faits, les troubles civils, politiques et religieux qui agitèrent notre département, et dans lesquels prennent leur source d'une façon plus ou moins éloignée, plus ou moins directe, les désordres que nous avons à signaler. Nous arrêtons notre exposé sommaire à la loi du 29 nivôse an VI, parce que cette loi a été prise comme limite de séparation entre les délits politiques et le brigandage proprement dit.

Nous ferons connaître ensuite, sous leur véritable physionomie, ces soldats du crime, en parlant de l'origine des bandes, de leur organisation, de leurs refuges, de leurs diverses manières d'opérer. A mesure que nous verrons ces forces antisociales s'organiser pour le mal, nous suivrons, se développant parallèlement, les efforts multiples du pouvoir en vue d'en réprimer les excès. Le lecteur pourra voir ainsi les péripéties diverses de cette lutte sans trêve entre la férocité armée et la force légale. Il verra le pouvoir aux abois, combinant divers moyens de répression, employant tour à tour la ruse, la menace, édictant décrets sur décrets, lois draconiennes, instituant des tribunaux spéciaux, puis créant des commissions militaires, lançant à travers nos campagnes des corps d'éclaireurs, des gendarmes déguisés, des colonnes mobiles, organisant des battues, véritables chasses à l'homme, traquant le bandit de retraite en retraite, le poursuivant sans relâche jusqu'au jour où force resta à la loi. Ce sera la première partie.

La seconde partie contiendra le récit détaillé des faits de brigandage à partir de la loi du 29 nivôse an VI jusqu'à l'an X inclusivement, et sera terminée par un chapitre sur la fausse monnaie, autre genre de brigandage auquel se livraient chez nous de simples ruraux, et qui fut porté à un tel excès que le gouvernement dut provoquer, pour le détruire, la loi du 14 germinal an XI, qui prononçait la peine de mort contre les auteurs, fauteurs, complices de l'altération et de la contrefaçon des monnaies nationales.

N'écrivant pas l'histoire des brigands, mais celle du brigandage, nous aurons plutôt en vue les faits que les personnes, et nous désignerons par des astérisques ou par leur nom de guerre, ceux de ces héros du crime dont le nom ne sera pas tombé dans le domaine public, et ne figurera pas dans la volumineuse procédure instruite contre les prévenus de brigandage, *imprimée* à Draguignan.

Il est bien entendu, et nous le déclarons formellement, qu'il n'y a chez nous aucune intention de nuire à qui que ce soit en publiant cette page de l'histoire Bas-Alpine ; et que, en traitant une matière aussi délicate, nous entendons nous enfermer aussi rigoureusement que nous le pourrons, dans les limites où s'étendent les droits de l'histoire, ne voulant même user que de la manière la plus restreinte, de notre droit d'historien, n'alléguant, d'ailleurs, aucun fait dont nous ne soyons prêt à administrer la preuve, si elle nous est demandée.

Nihil non veri dicere ausus

LE BRIGANDAGE
DANS LES BASSES-ALPES

PREMIÈRE PARTIE

CHAPITRE PREMIER

Coup d'œil général sur l'état des esprits dans le département des Basses-Alpes, depuis 1789 jusqu'à la loi du 29 nivôse an VI.

Le brigandage, tel que nous nous proposons de l'étudier, n'est pas sorti de terre d'un seul jet. Comme tous les événements sociaux et politiques, il a eu des causes qui l'ont préparé.

Parmi ces causes, les unes sont prochaines ; nous en parlerons plus loin. Les autres, quoique plus éloignées, ne furent pas moins influentes ; et c'est de celles-là que nous parlerons dans ce chapitre.

En effet, bien que n'entrant pas directement dans notre sujet, les troubles civils, politiques, religieux, qui ont précédé la loi du 29 nivôse an VI, nous paraissent ne devoir pas être passés sous silence. En les parcourant, le lecteur n'aura pas de peine à y voir en germe cet état d'esprit qui donna naissance à l'anarchie de la fin du Directoire et des premières années du Consulat, années véritablement terribles et sanglantes, pendant lesquelles le vol, le viol, l'assassinat promenèrent la terreur sur nos campagnes; où la répression fut plus violente que jamais, parce que les attentats devenaient plus nombreux et plus criminels, et où il semble qu'une loi répressive n'avait pour résultat que d'amener une recrudescence dans le crime, au lieu d'en entraver le progrès.

Les faits généraux qui précédèrent, chez nous, l'éclosion du brigandage *classique*, le préparèrent certainement; ils nous apparaissent comme la préface sanglante et la mise en scène de ce lugubre drame, au cours duquel les passions humaines déchaînées, firent appel aux instincts les plus pervers, et se ruèrent avec une violence dont notre siècle n'a plus donné d'exemple depuis, à l'assaut de tout ce qui pouvait tenter la convoitise et la cupidité. C'est pour cela que nous croyons devoir en parler, tout au moins d'une manière succincte, et à peine autant qu'il sera nécessaire pour éclairer l'origine des faits particuliers que nous nous proposons de relater.

Tout d'abord, des causes extérieures vinrent un moment troubler la paix dans le département et y semer de vives alarmes. On apprenait, on se disait, qu'à Marseille, des bandes de voleurs d'une audace incroyable, enfonçaient les boutiques, dévalisaient les passants, et narguaient la police, affichant, sur divers points de la ville, ces mots peu rassurants : « Nous avons volé ; nous volons ; nous volerons ». Dans le Vaucluse, le Var, les Alpes-Maritimes, quelques-uns de ces hommes pervers qui naissent et fourmillent dans les bouleversements politiques, et qui cherchent l'agitation pour vivre et le crime pour jouir, s'étaient organisés en bandes ; et refoulés par ailleurs, menaçaient d'envahir le département par plusieurs endroits.

Dès le 31 juillet 1789, le maire de Sisteron annonçait à l'administration départementale que des bandes de brigands, après avoir saccagé la ville de Romans, se dirigeaient vers Sisteron. Le maire de

Manosque prévenait à son tour les localités voisines qu'une autre bande ravageait Cadenet et se dirigeait vers la partie méridionale des Basses-Alpes. Sur un autre point, l'invasion était plus imminente encore ; une troupe de gens sans aveu, désignés sous le nom de « Barbets », pénétrait dans le département du côté de Castellane, et menaçait de mettre cette ville à feu et à sang.

Avec une admirable unanimité, on courut aux armes ; des milices se formèrent dans la plupart des villages ; des sentinelles faisaient le gué jour et nuit, postées sur des hauteurs, de distance en distance, sur les points plus particulièrement menacés ; toutes les dispositions furent prises pour se mettre à l'abri d'un coup de main. De son côté, le commandant des trois départements, pour lors résidant à Aix, fit doubler les garnisons de Sisteron et de Digne ; établit une garnison à Forcalquier et à Seyne, détacha un corps d'armée pour dissiper les barbets qui marchaient sur Castellane. Grâce à la promptitude de ces mesures, le péril extérieur fut momentanément conjuré, et la tranquillité, un instant menacée, continua de régner dans nos pays.

Mais, les craintes du dehors une fois dissipées, voici que des troubles intérieurs se manifestent. Des soulèvements insurrectionnels, des attroupements particuliers se font jour dans bon nombre de villages. Quelques bandits de Marseille et d'ailleurs, se décorant du beau titre de patriotes, parcourent nos hameaux et nos bourgades; et, tantôt par des insinuations perfides, tantôt par des excitations coupables et même des manœuvres violentes, ces ennemis de la Constitution portent le peuple trop crédule à violer les décrets de l'Assemblée nationale.

Le prélèvement de l'impôt offre d'abord les plus grandes difficultés; les trésoriers craignent de s'aliéner les populations en exigeant trop rudement ce qui revient au Trésor.

D'autres difficultés surgissent au sujet de l'encadastrement des biens nobles et des droits féodaux, qu'on croyait à jamais abolis par une fausse interprétation du décret du 4 août 1789. En effet, par ce décret, l'Assemblée n'avait pas eu la pensée d'enfreindre les droits sacrés et inviolables de la propriété; elle avait seulement permis de les racheter; et, le décret du 15 mars 1790 donnait à ce sujet toutes les explications désirables. Mais l'esprit de cavillation de certains ennemis leur avait donné une fausse interprétation, de sorte que ces notions, altérées ou méconnues, troublèrent l'ordre public et entraînèrent les habitants des campagnes dans les écarts regrettables auxquels les poussaient les ennemis de la Révolution. En certains pays, les experts entravés, menacés dans leurs opérations, s'avouent impuissants à faire entendre raison aux mutins. A Turriers, les habitants somment les experts de détruire leur rapport, se mettent à leur poursuite, et leur en font rédiger un autre avec telles modifications qu'il leur plaît d'y apporter. C'est la minuscule commune de Chateauredon « qui décide qu'il ne sera point procédé à l'encadastrement de la tasque des grains, chanvre, raisins, légumes, à celui du droit de fournage, de brassage, de la pension féodale en blé et en argent ». A Chaudon, pareil refus d'encadastrer la tasque, les censes, les droits d'albergue et de cavalcade, etc. Aux Omergues, le conseil général délibère de refuser la cense personnelle et servile attachée aux animaux qui labourent; des scènes affligeantes se renouvellent et le fermier du seigneur a beau faire crier que ceux qui doivent les censes les apportent, personne ne veut s'exécuter. On crie au contraire qu'il est défendu de payer, quoique le décret du 15 mars 1790 défendit aux municipalités de s'opposer à la perception d'aucun des droits seigneuriaux implicitement ou explicitement supprimés sans indemnité (Viguier, 246). Dans d'autres communes, on va plus loin. Des attroupements armés de fusils, de gourdins, font irruption dans la salle où le conseil délibère, se mêlent aux municipaux, s'installent de leur propre autorité et ont la prétention de dicter des lois au gré de leur caprice et de leurs intérêts.

Dans d'autres communes encore, les milices et la garde nationale, établies pour le maintien de la tranquillité publique, contribuent à la troubler par leur insubordination et leurs excès. Ne les vit-on pas, au Chaffaut, envahir avec armes le château du seigneur, le contraindre à payer la taille de tous pour une année, et à donner quittance des arrérages de cense et de droit de fournage que lui devait la communauté? A Estoublon s'emparer de trois notables qui, chargés de porter le cahier des doléances à la sénéchaussée, s'étaient permis, à leur retour, de le brûler? etc. A Thorame-Basse, toute la population veut prendre part à la nomination de la garde nationale. Le seigneur du lieu, M. de Jassaud, se voit outragé, menacé de mort par un particulier qui lui réclame de l'argent; et la foule est ameutée au point qu'elle se porte au château, arrache les carcans de la prison seigneuriale. Le Directoire, informé, fait monter la garde nuit et jour devant la porte de sa maison [1].

---

[1] La démolition des fourches patibulaires et piloris ci-devant érigés à titre de Justice Seigneuriale, ne fut décrétée que par la loi du 13 avril 1791.

A Feissal, le seigneur se plaint des violences exercées contre lui par ses ci-devant manants.

A l'occasion de l'assemblée primaire, les habitants de St-Geniez s'insurgent contre le sieur Commandaire et profèrent contre lui des menaces de mort.

Des troubles sérieux éclatent au Caire, où certains habitants de La Motte se livrent à des attentats, à des violences même contre les habitants de ce malheureux petit pays. La municipalité adresse sa plainte au Directoire. Le lieutenant-criminel se porte au Caire pour informer et se fait accompagner d'un détachement de 25 soldats du régiment de Bourgogne, de cavaliers de la maréchaussée de Sisteron et des gardes de la ville pour assurer la tranquillité [1].

Le 14 juillet 1790, la garde nationale de St-Martin de Renacas, commandée par le maire, se porte en armes à la maison du sieur Vacher de St-Martin; et le seigneur étant absent, le maire interroge Madame pour savoir s'il n'y a pas, dans le château, des armoiries et des armes cachées. Sans attendre la réponse, il se livre avec ses trente hommes, à des perquisitions inutiles ; et ne pouvant faire mieux, il témoigne de son civisme en faisant abattre quelques pierres de taille en forme de pignon

[1] Archiv. dép., L. I, f° 44-45.

qui ornaient la porte cochère du château de Bel-air et lui donnaient une allure aristocratique. Il s'en revint de cette expédition, aussi satisfait de son exploit, que s'il eût démoli la Bastille. Il avait fêté l'anniversaire à sa manière, et fait acte de civisme !

A quelques jours de là, un autre fait curieux se produit sur un autre point du département. Vers quatre heures du matin, quatre personnes de la commune d'Allemagne pénètrent dans l'église de cette paroisse, et enlèvent une partie des bancs appartenant à des particuliers. Le lendemain, à la même heure, quatre hommes, masqués cette fois, pénètrent encore dans l'église et en sortent tous les autres bancs, sans respecter ceux des conseillers municipaux. Une émeute s'ensuit ; et, le 7 août, le lieutenant général et le procureur du roi se rendent à Allemagne, accompagnés d'un détachement de soldats du régiment de Bourgogne, afin d'informer contre les coupables et de rétablir la tranquillité.

On le voit, des désordres se produisent un peu partout, avec des caractères plus ou moins violents ; l'esprit de révolte fait du chemin, l'insurrection paraît devoir devenir générale. Si ces faits, par eux-mêmes, n'avaient qu'une importance secondaire, la tendance qu'ils faisaient connaître, alarmait le Directoire, et ce n'était pas sans raison.

Mais d'autres désordres se préparaient qui avaient pour cause la cherté des vivres et l'appréhension d'une disette imminente. Dans tous les temps et dans tous les pays, la misère et la faim furent toujours les premiers prétextes de troubles ; les motifs politiques ne viennent qu'après. Or, dans diverses localités, la misère croissait de jour en jour, et la perspective d'une disette de grain était si alarmante que les populations, découragées, étaient pour ainsi dire insensibles aux avantages que le nouvel ordre de choses leur promettait pour l'avenir. Le peuple ne voyait pour le moment qu'une chose : la rareté du blé qui, lui faisant craindre une disette, le poussait à l'émeute pour s'en procurer ou pour l'empêcher de sortir du pays.

Déjà, vers le mois d'août, certaines municipalités demandaient l'autorisation d'emprunter pour acheter du grain. La récolte avait été modique ; les approvisionnements en réserve allaient s'épuisant ; la saison des semailles était là ; l'hiver approchait, et le prix du blé augmentait du jour au lendemain. L'inquiétude était générale. En vain les administrateurs du département prêchaient la patience, prodiguaient des paroles d'espérance, le cri de la faim dominait leur voix et poussait à l'émeute.

Le maire de Colmars était venu au Villars,

hameau voisin, pour y prendre du blé qu'il se disposait à faire porter dans la ville. Les habitants du hameau voulurent s'opposer à l'enlèvement du grain, et déléguèrent des représentants pour faire connaître au maire leur détermination et lui adresser des remontrances. La population de Colmars s'émut de ces dispositions. Bientôt un attroupement se forme, se rend chez le maire, puis chez le commandant de la place, le somme de lui livrer deux canons, des fusils, des munitions de guerre pour mettre à la raison les mutins du Villars. Une fois armés, ils marchent, résolus, le maire en tête; puis, arrivés à une faible distance, un coup de canon est tiré, tandis que l'autre pièce, chargée à boulet, est pointée sur le village. Cette sommation énergique, ce déploiement de forces, coupent court à toute hésitation. La troupe armée s'avance, pénètre dans le hameau; le blé est mesuré, chargé, et incontinent dirigé sur Colmars. Un homme et une femme qui essayèrent d'adresser quelques observations aux *accapareurs* qui venaient dans leur pays ravir leur subsistance, faillirent ne jamais plus être en état de manquer de pain; ils n'esquivèrent que par miracle les trois coups de fusil qui furent tirés sur eux, en réponse à leurs inopportunes observations. C'était le 25 octobre 1790.

Quelques mois plus tard, le même pays de Colmars fut mis en émoi par une tentative d'un autre genre, et que nous voulons faire connaître.

Suivant les conclusions déposées par le procureur général Chauvet, le Directoire du département, dans sa séance du 27 décembre 1790, avait décidé « que dans les églises, soit de ville, soit de campagne, il ne pourrait y avoir que les bancs affectés pour le clergé, les corps administratifs et de justice, les œuvres et les confréries; que tous particuliers seraient obligés, dans la huitaine qui suivrait la publication au prône, d'ôter des églises leurs bancs, et que, faute par eux de les faire enlever, les officiers municipaux les feraient mettre hors des églises »[1].

Que se passa-t-il ? Le curé omit-il de faire la publication au prône ? Les particuliers refusèrent-ils d'obtempérer ? Les municipaux n'osèrent-ils pas poursuivre l'exécution du décret ? Le fait est que, le 22 février 1791, dix-huit jeunes indisciplinés, trouvant sans doute que c'était trop longtemps temporiser, se portèrent à l'église, enlevèrent de

---

[1] Le rapporteur invitait à acheter des chaises, à les faire louer, et à appliquer ce revenu au soulagement des pauvres de la commune, toute dépense prélevée. — (Archiv. départ., Série L. 1.)

force les bancs des particuliers, les portèrent sur la place publique et les mirent en pièces. Un citoyen honnête et tranquille voulut protester et leur représenter leur tort; mal lui en prit; il fut injurié, menacé, et, finalement, battu.

Les vexations des fermiers généraux et de leurs subordonnés ; l'arbitraire qui présidait à la perception des droits de contrôle, étaient aussi une cause de grave mécontentement. Les employés aux fermes étaient accusés d'exercer des exactions tyranniques vis-à-vis des particuliers et de pratiquer des agissements peu honnêtes. Ils y étaient aidés, du reste, par la diversité des lois et jugements sur cet objet, « qui en faisaient un chaos, dont les rece- « veurs prenaient avantage pour tracasser les « citoyens. » Aussi, les cahiers de doléances sont remplis de réclamations contre ces abus... « Deman- « der un nouveau tarif de contrôle pour éviter les « exactions arbitraires et injustes des commis char- « gés d'exiger le droit »..... « Demander un tarif « clair et précis du droit..... que chaque citoyen « sache ce qu'il doit... La complication du contrôle « est odieuse; le tarif est interprété arbitrairement, « toujours en faveur de la régie par le commis « qui en perçoit les droits », lit-on dans divers cahiers. De fait, les paysans étaient livrés sans défense à toutes les vexations de la tyrannie fiscale. Il était résulté de ces injustices et de la pratique de ces exactions un état d'hostilité contre le droit lui-même, et contre les percepteurs du droit. Cette hostilité latente se manifesta plus librement, s'épanouit, pour ainsi dire, au souffle de liberté que la Révolution fit passer sur la France.

Déjà, le 15 août 1790, les habitants de Saint-Paul s'étaient portés à de regrettables voies de fait contre les employés aux fermes; et, à force d'injures, de menaces, de coups, les avaient contraints de rendre le montant de certains droits, perçus conformément à la loi.

A Annot, cette hostilité prit un caractère plus grave et plus accentué. Les employés aux fermes avaient arrêté deux faussonniers chargés de tabac prohibé, et les conduisaient, avec leur contrebande confisquée, chez l'entreposeur au bureau d'Annot.

A l'instant, dit le procès-verbal, les malfaiteurs de la ville s'attroupent avec armes, enlèvent les prisonniers, font rendre le tabac saisi, en proférant contre les employés des menaces de mort. Des coups de fusil furent tirés, et les malheureux employés ne durent leur salut qu'à une prompte fuite (5 mars 1791).

Cette rébellion armée contre l'autorité, ne fut pas sans causer une vive émotion; et cependant, remarque significative, les officiers municipaux ne daignèrent pas même dénoncer le fait à l'accusateur public près le tribunal de Castellane. Ce fut le Directoire lui-même qui dut dénoncer cet excès et ceux qui suivirent, à l'accusateur public (19 juin 1791 [1]).

Trois mois plus tard, une véritable insurrection, aux proportions plus inquiétantes, éclata au sujet du timbre, dans la partie haute du département. Il se commettait dans ce pays, et ailleurs, il faut le dire, un véritable pillage au sujet du papier timbré. On faisait servir plusieurs fois les mêmes feuilles ; on faisait des suppositions d'emploi de papier timbré, de significations, d'oppositions, d'enregistrement, d'appels purement fictifs, et qu'on contraignait le contribuable à solder. La mesure était comble, on résolut de protester aussi énergiquement que possible ; l'insurrection éclata. « ..... Ce « fut la révolte armée et combinée contre les lois « du timbre et le droit d'enregistrement. Et, dit le « procureur général, ce n'est pas une faible insur- « rection qui s'est manifestée de la part de plu- « sieurs habitants de la Valdemont [2], dans le

---

[1] Archiv. départ., Série L.
[2] La Valdemont, district de l'ancien comté de Barcelonnette, comprenait les communautés de Tournoux, St-Paul, Larche, Meyronnes, le Chatelard et Jausiers.

« district de Barcelonnette ; c'est une révolte
« réfléchie et bien caractérisée, un oubli entier des
« devoirs du citoyen, l'infraction manifeste aux
« principes de la plus sublime des Constitutions ».

Que s'était-il donc passé ? Le voici.

Environ cinq cents hommes de la Valdemont s'étaient soulevés ; et, armés de sabres, de fusils, de bâtons, de hallebardes, avaient marché sur Barcelonnette pour protester contre l'établissement du papier timbré et l'enregistrement des exploits.

La troupe entra dans la ville, tambour battant, dans l'après-midi du 14 juin 1791, et vint se ranger sur la place publique. Un détachement armé se porte aussitôt à l'Hôtel-de-Ville, où se trouvaient réunis les directeurs du district avec les officiers municipaux, les contraint de se rendre sur la place pour entendre les plaintes des insurgés, et faire droit à leurs réclamations. Là, le procureur de la commune de Jausiers, parlant au nom de tous, fait connaître au corps municipal que les citoyens de la Valdemont demandent la destruction de tout le papier timbré qui se trouvait chez le débitant, la démission de ce dernier ; de plus, qu'il soit fait défense de se servir de papier timbré, d'en vendre, d'enregistrer les actes et exploits quelconques, etc. Et pour ne pas perdre du temps, un fort détachement, emmenant avec lui un Directeur et deux municipaux, se porte chez Couttolenc, receveur. Là, les registres de l'enregistrement sont enlevés, le papier timbré en dépôt est saisi, éparpillé, brûlé ; les meubles du receveur sont brisés et jetés par la fenêtre ; et, comme à l'approche du détachement armé, le receveur avait pris sagement la fuite, on extorqua à son frère la somme de 110 louis d'or en restitution de droits qu'on regardait comme injustement perçus, et l'on se retira.

Le lendemain, quinze juin, la troupe somma la municipalité de prendre une délibération qui fit droit à la pétition présentée la veille. Les membres du Directoire, de la municipalité, du tribunal, réunis dans le palais de justice avec les députés des communes de la Valdemont, sous la garde de la troupe armée, prirent l'arrêté sollicité, après quoi les insurgés reprirent le chemin de leurs montagnes.

Informé de cet audacieux brigandage, le Directoire cassa d'abord les arrêtés pris en violation de la loi, ordonna la restitution de la somme extorquée, et celle des armes et munitions de guerre que le commandant de Barcelonnette avait délivrées à cette horde sur la réquisition de la municipalité. Il députa ensuite Brunet et Juglar, membres du

Directoire, en qualité de commissaires civils, avec cent gardes nationaux pour faire exécuter l'arrêté, tandis qu'un bataillon du régiment d'Enghien marchait d'Embrun sur Barcelonnette et y arrivait en même temps que les commissaires. « ... Dix mille « hommes de troupe de ligne sont prêts à marcher « pour prendre la défense de la Constitution violée, « du contrat social dont on a méconnu les prin- « cipes »[1] Hâtons-nous d'ajouter que ce déploiement formidable de forces ne fut pas nécessaire ; la menace suffit. A l'arrivée des commissaires et de leur escorte, le calme était déjà rétabli dans le pays ; tout était rentré dans l'ordre, et les insurgés avaient regagné leur foyer.

Après les troubles civils, voici venir les troubles religieux. Le décret du 12 juillet 1790 sur la constitution civile du clergé, qui imposait une organisation nouvelle à l'Eglise de France, supprimait d'un seul coup les quatre évêchés de Sisteron, Riez, Senez et Glandèves, et donnait au siège épiscopal de Digne, seul maintenu, une circonscription dio-

---

[1] Arch. dép., Série L. Exposé du procureur général.

césaine qui englobait en partie les quatre diocèses supprimés, avec des annexes des diocèses voisins, et comprenait la totalité du département des Basses-Alpes. Les municipalités des villes épiscopales ne virent pas de bon œil une suppression qui entraînait fatalement celle des séminaires diocésains et des chapitres ; et qui, au préjudice moral, ajoutait un préjudice matériel auquel elles furent fort sensibles.

De leur côté, les évêques, injustement dépossédés au mépris des lois canoniques, ne se résignaient pas à se considérer comme dépouillés de leur titre ni de leur juridiction, et continuaient d'administrer leur diocèse. Ils ne tardèrent pas à s'attirer de violentes inimitiés par leur résistance et par leur énergique persévérance à défendre les droits de l'Eglise absolument méconnus ; et, le moment arriva où la lutte n'était plus possible, où la prudence conseillait de disparaître. « On veut vous faire une forte attaque, écrivait-on à l'évêque de Sisteron, le 28 avril 1791... Votre résistance entraînerait un désordre affreux dans cette ville... Vous ne seriez pas la seule victime... épargnez à toutes les personnes honnêtes, la douleur de voir votre vie et celle de vos amis en danger ». De son côté, l'administration départementale prenait un arrêté à la daté du 20 août 1791, par lequel elle prescrivait au ci-devant évêque de Sisteron de se retirer, sous huitaine, à dix lieues de son ancien diocèse; et aux ecclésiastiques résidant à Manosque, Sisteron, St-Paul et Larche, non assermentés, de se retirer à quatre lieues au moins de leur résidence.

Mgr de Bovet dut s'exécuter. Il quitta Sisteron, fut arrêté à Voiron, muni d'un passe-port pour Bourgoin, dont il avait oublié de prendre la route, et fut conduit au Directoire du département à Grenoble. « On a visité ses malles où on a trouvé huit « mille francs en espèces et des mandemens et « lettres pastorales pour ceux de son diocèse qui « n'aiment pas la Constitution »[1]. Il fut remis en liberté, mais privé de son argent; et, ainsi allégé par les bons soins du Directoire de l'Isère, il put continuer sa route vers la Suisse, puis vers l'Italie et plus tard vers l'Allemagne.

L'évêque de Glandèves, Mgr Hachette des Portes, et l'évêque de Riez, Mgr de Clugny, obligés de s'exiler, l'un en Piémont, l'autre à Lausanne, ne l'avaient fait qu'en protestant énergiquement contre la suppression de leur siège, et avaient laissé à leurs

---

[1] Extrait du « Journal chrétien ou l'ami des mœurs, de la vérité et de la paix ». (N° XI, 21 sept. 1791, f° 170).

vicaires généraux et autres prêtres fidèles, avec des instructions formelles, des pouvoirs suffisants pour administrer un diocèse dont ils ne se résignaient pas à se considérer comme dépouillés.

L'évêque de Senez, Mgr de Bonneval, fut peut-être celui de nos évêques qui résista avec la plus vigoureuse énergie. Il combattit de tout son pouvoir et avec toutes les armes à sa disposition, l'envahissement et la diffusion des idées nouvelles, dans son modeste diocèse. Il s'opposa notamment à ce que ses curés lussent au prône les décrets de l'Assemblée nationale, « estimant qu'une courte homélie sur l'Evangile était plus avantageuse au peuple qu'un décret de cinquante pages, ne voulant pas d'ailleurs qu'on assimilât leur ministère à celui de crieurs publics ». Il fit connaître d'ailleurs ses protestations rendues publiques par ses ordonnances, mais il dut, sur l'avis du maire, s'éloigner de son troupeau. Il partit donc le 2 juillet 1791. Arrêté un peu avant d'arriver à Annot comme suspect et émigrant, traduit à Digne, puis enfermé au fort de Seyne (5 juillet), il revint après cinquante jours de captivité, se rendit à Senez puis à Castellane, où, par jugement du 16 septembre, il fut privé de son titre de citoyen actif, de son titre d'évêque, de son traitement, et condamné au bannissement. Sa fermeté dans la persécution lui valut des éloges de la part de Pie VI, qui lui disait, dans son bref *Novæ hæ litteræ* du 19 mars 1794 : « ... Tel a été spécialement votre partage à vous, notre vénérable frère, évêque de Senez, comme vous nous en avez informé par vos lettres; et c'est aussi par votre captivité elle-même qu'une portion plus distinguée de gloire vous est assurée » [1]. Mgr de Bonneval mourut à Viterbe, le 13 mars 1837, à l'âge de quatre-vingt-dix ans, après avoir refusé l'archevêché d'Avignon.

Mgr de Villedieu, évêque de Digne, était pour lors à Paris. Une correspondance s'établit entre lui et le Directoire du département. On le priait de revenir; il temporisait; on le pressait de se déclarer, il répond par un *non possumus* qui l'honore, et refuse de recevoir, de l'Assemblée nationale, l'investiture d'un nouveau diocèse qu'il ne pouvait, sans être schismatique, ni accepter ni administrer.

L'assemblée électorale du département fut appelée à pourvoir à son remplacement. Les électeurs se réunirent à Digne, le 21 mars 1791, et la pluralité de leurs suffrages se porta sur M. de Villeneuve, religieux de l'ordre de Cluny, curé de Valensole.

---

[1] *Le schisme constitutionnel*, par l'abbé LAUGIER, f° 142.

Il fit son entrée à Digne le 14 juin 1791, avec un certain éclat. Mais le lendemain on constata que durant la nuit qui avait suivi la réception triomphale de l'évêque constitutionnel, « on avait renversé l'ouvrage du patriotisme », l'arc de triomphe placé devant la maison épiscopale; et qu'on avait eu la coupable hardiesse de briser à coups de pierres les carreaux de vitres des fenêtres de l'évêché.

Cet attentat donna lieu à une information ; le vice-président Juglar en prit occasion d'une circulaire, par laquelle « il engage les curés, vicaires, « fonctionnaires, et tous les citoyens, d'entretenir « la paix qui est le premier des biens »[1].

Hélas ! ces sages recommandations ne furent pas partout également écoutées !

En donnant à regret la dernière sanction au décret du 27 nov. 1790 qui prescrivait le serment aux ecclésiastiques fonctionnaires (26 décembre 1790), Louis XVI consentait à regarder comme démissionnaire tout ecclésiastique en fonction qui n'aurait pas prêté le serment dans huit jours à partir de la signification. Ce serment, prêté par les uns, refusé ou rétracté par les autres, avait divisé le clergé paroissial en deux catégories, les réfrac-

---

[1] Arch. dép., Série L.

taires et les assermentés, ayant chacun leurs partisans et leurs adversaires. Les uns, soutenus par le pouvoir administratif, essayaient de légitimer aux yeux de leurs paroissiens le serment prêté, disant qu'il fallait rendre à César ce qui revenait à César. Plusieurs même allaient jusqu'à faire prêter ce serment aux enfants, le jour de la première communion, joignant ce serment civique au renouvellement des vœux ; faisant lever la main et crier : « Je le jure ». Les autres, soutenus par la majorité de leurs paroissiens restés fidèles, qualifiaient le serment de *crime*, parce qu'en le prêtant, on jurait de maintenir une constitution hérétique et schismatique ; et ajoutant un nouveau précepte à ceux de l'Eglise, faisaient apprendre et réciter à la prière ce nouveau commandement :

> Avec soin tu te garderas
> De te souiller par leur serment.

Aussi, parmi ces humbles curés, les uns étaient dénoncés par leurs paroissiens au Directoire, les autres tenus en alerte par des menaces et des mesures administratives.

Des journaux, des libelles, des mémoires légitimant ou anathématisant le serment, inondaient les presbytères et venaient presque quotidiennement harceler la conscience des curés de campagne. « Le Journal chrétien ou l'ami des mœurs, de la vérité et de la paix »; le « Journal de l'Eglise constitutionnelle de France », réuni plus tard au premier; le « Journal de l'Eglise de France »; la « Correspondance religieuse et morale »; le « Journal prophétique », etc. [1], prêchaient la soumission au serment, le justifiaient des attaques dont il était l'objet, relataient les faits de soumission des ecclésiastiques de France, réfutaient les mémoires qui le prohibaient, et discutaient, non sans un grand étalage d'érudition, les droits du Saint-Siège. Le « Journal ecclésiastique » et d'autres, moins nombreux toutefois que les premiers, rédigés dans un sens orthodoxe, approuvaient les brefs du pape, condamnaient le serment qu'ils qualifiaient de criminel. D'autre part, les mandements des évêques dépouillés, franchissaient la frontière, arrivaient de l'exil, circulaient d'une paroisse à l'autre, se croisant parfois avec ceux de l'évêque constitutionnel, et consolaient les uns tandis qu'ils exaspéraient

---

[1] Nous en possédons une collection. Il est certain que les écrits prêchant l'orthodoxie et la résistance au serment, circulaient moins nombreux, soit parce qu'ils étaient interceptés, soit en vertu de la loi constante : le mal se dit, se croit, se répète, s'accrédite plus facilement que le bien.

les autres. De là, un état d'effervescence qui ne tarda pas d'amener des conflits dans maintes localités.

Un décret du Directoire du département ordonnait de fermer les églises où ne se faisaient entendre que les curés non-conformistes. Cet arrêté n'est pas partout exécuté, et là où on en presse l'exécution, des émeutes éclatent. A Allos, on ne veut pas du curé constitutionnel, on le congédie; son remplaçant est en butte à des menaces continuelles qui nécessitent l'intervention de la justice.

A Méailles, la population ne veut pas entendre parler du curé qu'on lui destine, et menace de lui interdire l'accès de la cure ; s'il persiste, on lui fera un mauvais parti.

Le chapitre d'Entrevaux, bien que supprimé, ne tient aucun compte des arrêtés du Directoire, et continue les offices dans le chœur de la cathédrale comme ci-devant, au grand dépit du curé constitutionnel, qui expose timidement sa plainte à l'administration centrale.

A Volonne, un attroupement considérable se forme devant l'église où officiait le sieur Briançon, curé (14 juillet 1791). On l'y assiège ; on le menace ; ses jours sont en danger « et le maire, chargé de « maintenir la tranquillité publique, a paru y met-

« tre des entraves ». Le Directoire dut placer l'intrus sous la garde de la municipalité et la protection de la garde nationale.

A Manosque, la lutte prit des proportions plus inquiétantes. Le 18 juillet 1791, le procureur général faisait l'exposé de la situation en ces termes : « J'apprends qu'à Manosque, les têtes y sont exal-
« tées par des prêtres réfractaires; les paroisses
« sont désertes; on affecte de n'assister qu'aux
« messes des chapelles des religieuses Bernardines,
« du cydevant séminaire et de l'hôpital. On y
« accourt en foule, et le peuple qui ne voit pas avec
« tranquillité ce mouvement, commence à mur-
« murer ». A la suite de cette motion, le Directoire rendit un arrêté qui fut lancé le 18 juillet.

Or, le 7 août, cet arrêté n'était pas encore publié à Manosque, bien que son existence fût parfaitement connue. Un soulèvement eut lieu ; l'attroupement se porta à l'Hôtel-de-Ville. Le procureur de la commune, qui détenait l'arrêté et en retardait volontairement la publication, fut gravement injurié, menacé même, et ne dut son salut qu'à une prompte fuite facilitée par un travestissement.

A Sisteron, les réfractaires tentent de soulever le peuple (10 août). A Senez, le curé constitutionnel, à peine arrivé, part et ne reparaît plus ; on lui donne un successeur. Il essaye de tenir bon, mais doit bien vite abandonner la place, à la suite des démonstrations hostiles et des outrages qui lui furent faits. On tirait chaque nuit des coups de fusil à sa fenêtre, en guise de sérénade, « tandis que l'ancien curé « Henri continue tranquillement ses fonctions, « et que les chanoines et autres ecclésiastiques « se rassemblent dans le palais épiscopal, y chan- « tent les offices, prêchent contre la constitution « et font circuler dans les campagnes des formules « d'opposition contre ladite constitution ».

A Castellane, le prieur Laurensy, qui n'avait pas voulu prêter serment [1], « se déclare le chef des non-conformistes, établit son culte (sic) dans l'église des Augustins, prêche, marie, baptise, etc. ». Aussi lorsque le sieur Jean-Antoine-François Déodet, précédemment curé de la paroisse de St-Martin-

---

[1] Dans une lettre adressée à Mgr Bausset, par M. Audibert, chanoine de Draguignan, supérieur du séminaire et vic. gén., nous lisons cette phrase : Le prieur, curé de Castellane et celui de St-Auban ont prêté le serment, et il y en a bien d'autres dans le diocèse de Senez, mais ceux-ci méritent d'être cités ». Cette allégation est inexacte, du moins en ce qui concerne le curé de Castellane Les archives départementales des Basses-Alpes en font foi ; et la conduite intrépide de Laurensy la dément pareillement. Il est d'ailleurs porté sur la liste des émigrés, arrêtée le 19 août 1793. (*Schisme constitutionnel*, f° 52).

d'Entrevaux [1], élu curé constitutionnel de Castellane, alla prendre possession de sa cure (septembre 1791), la population manifesta sa réprobation en portant et déposant la bière devant sa maison. On lui déclara qu'on ne voulait pas de lui pour curé ; on le menaça de lui faire un mauvais parti ; et, ce qu'il y a de plus significatif, c'est que cette manifestation lugubre, à laquelle prirent part bon nombre de personnes, ne fut réprimée ni par les patrouilles civiques ni par les autorités locales qui lui donnaient ainsi une approbation tacite.

Le curé si mal reçu, ne fut pas installé, cela va sans dire. Le Directoire, piqué au vif de ce qu'on n'acceptait pas un curé sorti de l'urne électorale, déclara à la municipalité qu'on dirigerait la force armée sur Castellane si le curé constitutionnel n'était pas installé dans un délai fixé. Il n'aurait plus manqué que ce titre de gloire à ce ministre de paix, que de s'imposer à son troupeau avec l'appareil militaire !...

La ville de Riez était pareillement en état de trouble. A la date du 26 nov. 1791, la municipalité informait le Directoire que « non content d'égarer « le peuple par des chansons incendiaires et outra- « geantes pour le culte et ses ministres (pour les

---

[1] Il avait prêté serment à Entrevaux, le 20 février 1791.

« intrus), et propres à inspirer toutes les fureurs du
« fanatisme, les ennemis du bien public cherchent
« à corrompre les soldats citoyens de la garde natio-
« nale, auxquels l'abbé Augier et la demoiselle
« Charray, marchande, distribuent des chansons,
« et cherchent à alarmer par des événements funes-
« tes qu'ils annoncent contre ceux qui se sont atta-
« chés à la Constitution ».

C'était l'état-major « indigné » qui avait surpris cette singulière tentative d'embauchage, l'avait signalée à la municipalité, la forçant d'en référer au Directoire et de requérir des peines contre les coupables.

Nous pourrions aisément multiplier les faits de ce genre. Nous le ferons dans un ouvrage spécial que nous publierons incessamment. Nous croyons en avoir assez dit pour fournir au lecteur les éléments d'une appréciation exacte de l'état des esprits dans le département au point de vue religieux.

Voici que s'ouvre, maintenant, l'année 1792, et avec elle une série nouvelle de désordres de tout genre et d'odieux attentats contre les personnes et contre les propriétés.

Le premier de ces troubles qui faillit entraîner les conséquences les plus graves, éclata à Entrevaux, dans la nuit du 17 au 18 janvier.

Dans cette petite ville de guerre, se trouvait le 3e bataillon de volontaires nationaux en garnison. La municipalité ne voyait pas de bon œil ce bataillon dans sa petite ville; et, sous prétexte de la rareté des grains, avait tenté des démarches pour l'éloigner. Déjà, le 22 nov. 1791, Prats, maire d'Entrevaux, avait déclaré aux Directeurs du département que ces volontaires nationaux n'étaient que des voleurs et des brigands; qu'on n'en voulait à aucun prix. Puis, bravement, il demandait justice de M. de Choisy qui avait ordonné la retraite du détachement d'Enghien en garnison dans le pays, et déclarait que s'il ne l'obtenait pas, lui, maire, fermerait les portes de sa bonne ville [1].

La municipalité était attachée par plus d'un lien à l'ancien état de choses. Vexée de n'avoir pu obtenir le licenciement demandé et le retour du détachement d'Enghien, elle prit sur elle de licencier les gardes nationaux qui n'avaient pas ses sympathies, et créa, pour les remplacer, une troupe municipale composée de sujets dévoués, partageant les mêmes idées qu'elle.

[1] Archiv. nat. D. XL-1.

Or, le soir du 17 janvier, des sous-officiers du bataillon des volontaires se livraient à de copieuses libations et à des démonstrations de joie trop bruyante, autour d'une table de cabaret, à une heure fort avancée de la nuit.

La patrouille municipale passe, les admoneste, veut les contraindre au silence, menace de sévir. Aussitôt une rixe éclate ; les volontaires parcourent les rues en criant : « Aux armes », tandis que d'autres, d'après le rapport de la municipalité au Directoire, « parcourent avec tambours drapés et battant « la marche de l'enterrement toutes les rues de la « ville, jetant de grands cris au-devant de certaines « maisons : A la lanterne ! A la lanterne ! » Un sous-lieutenant, éveillé par ces cris lugubres, descend dans la rue et distinguant, à travers l'obscurité, des costumes militaires, invite ceux qu'il regarde comme ses subordonnés à se retirer. On lui répond d'aller « paître des oies », on le menace de la lanterne ! Le pauvre sous-lieutenant ne s'y reconnaît plus. Et qui s'y reconnaîtrait ? Les civils avaient pris l'habit militaire, et les militaires avaient pris l'habit civil. (Série L. 1. 152, f° 130.)

- La patrouille, cependant, se réfugie à l'Hôtel-de-Ville ; le maire fait sonner le tocsin, s'empare des canons, les fait placer devant l'Hôtel-de-Ville, et les pointe sur les deux avenues qui y aboutissent. On bat la générale ; le drapeau rouge est déployé ; la mèche allumée « et la ville, en proie à la terreur « au milieu de cette nuit d'hiver, se voit sur le « point de regorger de sang et de carnage »[1]. Il était près de minuit ! Le commandant de la place et un officier de bataillon interviennent heureusement, calment les esprits par de bonnes paroles et obtiennent le désarmement de part et d'autre.

Le Directoire, informé de ces faits, envoya à Entrevaux, Esménard et Chaudon, deux de ses membres, pour rétablir l'ordre, faire des enquêtes, établir les responsabilités, le tout, aux frais de la municipalité ; moyen de coercition misérable, en somme, et sans efficacité.

Un mois plus tard, une émeute éclatait à Valavoire, provoquée par un tout autre motif. Il s'agissait d'entraver la circulation des grains, que les gens du pays ne voulaient pas se laisser enlever. Déjà sur divers points de la France, des insurrections avaient éclaté pour le même motif. Il y avait eu émeute à St-Omer. Les habitants de Noyon et des environs, soulevés, formaient une masse de vingt-cinq mille hommes pour s'opposer au monopole, à l'accapa-

---

[1] Archiv. départ., Série L., n° 5, f° 43.

rement des grains ; à Montlhéry, il y avait eu assassinat à ce sujet.

Voici ce qui se passa dans le tout petit village de Valavoire.

Un négociant de Sisteron, nommé Tourniaire, était venu acheter à Gauthier, 36 charges de blé. Ce blé se trouvait à la campagne dite « le Serre », et devait être transporté le lendemain à Sisteron. Or, pendant la nuit qui précéda l'enlèvement, les habitants de Valavoire s'arment, forment attroupement, se dirigent vers la campagne de Serre, l'investissent, tirent des coups de fusil, enfoncent les portes, s'emparent des trente-six charges de blé vendu, en saisissent huit autres que le propriétaire gardait en réserve, et emportent le tout au village. Là, ils se livrent à d'autres excès ; s'étant portés à la maison de Gauthier, ils en sortent la paille et le foin qu'elle contenait et la démolissent de fond en comble [1]. Ce délit était d'autant plus grave que les habitants de cette petite commune donnaient chez nous le premier exemple, et on a vu avec quelle violence, d'une désobéissance réfléchie à la loi du 2 oct. 1791 sur la libre circulation des grains. Le Directoire s'en émut ; une information fut dressée, à la suite de laquelle il fut décidé que l'Etat

Arch. départ., Série L., n° 5, f° 93.

indemniserait Tourniaire, en prenant le montant de l'indemnité sur le département, lequel le prendrait sur le district de Sisteron, lequel district le ferait peser sur la commune de Valavoire. Ceci se passait le 27 février 1792 [1].

Presque en même temps, les 25 et 28 février, de graves excès étaient commis à Valensole. Des hommes envoyés de Marseille, soi-disant patriotes, en réalité l'écume de la cité, véritables affamés sans feu ni lieu, y étaient venus s'enrôler dans un bataillon de volontaires nationaux en garnison dans cette ville. Dès leur arrivée, ils se livrèrent à toutes sortes de désordres, jusqu'à insulter les citoyens, outrager odieusement les femmes, et traitaient cette petite ville en pays conquis. Un de ces volontaires, accompagné de sept camarades, se rendit à la mairie, menaça la municipalité dans la salle des séan-

---

[1] Citons encore deux exemples d'opposition à la circulation du grain. J. Plauchut, de Puymichel, veut aller vendre quelques charges de blé à Oraison; on décharge ses deux mulets et on lui emporte son grain. Une heure après, il met six sacs de blé sur sa charrette ; les femmes s'en mêlent, enlèvent les sacs de blé, total : cinq charges de blé que Plauchut a perdues. (Série L., 1, 90.) Le même fait se produisit à peu de jours de là à Entrevennes, où un pauvre paysan ne put pas réussir à porter deux sacs de blé à la ville voisine ; à peine avait-il fait cent pas hors du village, qu'on lui jetait son blé à terre. 3 et 16 décembre 1792. (Arch. des Basses-Alpes. Série L. 1-90, f° 120 et 236.)

ces, et frappant avec son gourdin sur la table autour de laquelle délibéraient les officiers municipaux, il leur reprochait de n'avoir pas fait deux prix pour le pain, l'un en assignat et l'autre en monnaie, et leur criait, accompagnant ses cris de coups sur la table : « Vous êtes de f... aristocrates ». Ils poussèrent même l'audace jusqu'à dresser une potence à la porte de la ville près la place des Augustins, et annoncèrent que quand d'autres recrues seraient arrivées, ils mettraient la ville au pillage. Esménard fut délégué par le Directoire pour se porter à Valensole et prendre des informations [1].

La ville de Sisteron n'était pas dans le calme non plus ; des troubles s'y produisaient fréquemment occasionnés par la différence des opinions politiques et religieuses. La compagnie contre-révolutionnaire s'était emparée du fort. La maison du chanoine François Jacob servait de lieu de rassemblement aux fédéralistes bien enrégimentés [2]. Une société, composée de l'élément civil et de l'élément religieux réfractaire, s'y était formée sous le titre assez singulier de « Confrérie du *Deus Provide-*

---

[1] Archiv. départem., Série L. Rapport du commissaire Esménard.
[2] Extrait du registre du comité de surveillance de la commune de Sisteron. *Vide etiam*, dossier Jacob.

bit » [1]. Son siège qui subit divers déplacements, et qui était d'abord sur la place de l'Hôtel-de-Ville, fut définitivement transporté dans une grotte, près de la citadelle. Les membres s'y rassemblaient tous les jours. Le rapport officiel prétend même que « des réfractaires y tenaient des discours sédi-
« tieux, précédés et suivis de libations qui en favo-
« risaient le succès et préparaient les esprits à une
« explosion funeste ».

Des émissaires de la Société patriotique de Marseille s'étaient rendus plusieurs fois à Sisteron pour y fonder un club destiné à contrebalancer l'influence de la confrérie du *Deus providebit*. Ils n'y avaient pas réussi. Ils parvinrent, néanmoins, à empêcher le dîner civique qui devait avoir lieu le 17 mai et avait été solennellement annoncé à son de trompe [2]. Sisteron n'était pas gagné encore à la Révolution.

Des centres principaux du département, la contagion de l'esprit de révolte gagnait doucement les petits villages, qui, eux aussi, s'agitaient.

Le seigneur de Châteauneuf-Val-Saint-Donat,

---

[1] N'était-ce pas une sorte de succursale de la société, fondée à Paris, par la fameuse Catherine Theos et par Don Gerle, découverte plus tard dans la rue Contrescarpe, section de l'Observatoire, n° 1078, et que Verdier dénonça à la Convention? (Séance du 27 prairial an II.)

[2] Archiv. départ., Série L.

Auguste Sabatier Cabre, fit la sourde oreille aux sommations réitérées que lui fait tenir la communauté d'avoir à lui rembourser le montant de droits, selon elle, injustement perçus. Il est à Paris, en sa belle maison de la rue de Grenelle, à l'abri des atteintes de ses manants. Il garde un silence dédaigneux. La commune veut lui intenter un procès; les administrateurs du district de Sisteron s'y opposent. Ah! c'est ainsi? disent-ils. Eh bien, faisons-nous justice ; les habitants, « presque tous les citoyens » partent, entourent le château, brisent les portes, mutilent les blasons, puis démolissent en partie la demeure seigneuriale et surtout la Tasquière qui leur rappelait d'odieux souvenirs, et debout, eût été une éternelle menace [1] (28 mai).

A Sainte-Tulle, les habitants, d'accord avec la municipalité, se partagent les iscles et se mettent à les défricher, sans en avoir obtenu l'autorisation. Le commissaire du Directoire adresse des remontrances aux officiers municipaux, et leur représente que si les habitants continuent de défricher sans permission, on fera marcher la troupe pour les empêcher. Que répond le maire Daumas à cette menace? « Les troupes peuvent venir; nous les

---

[1] Archiv. départ., Série L.

« attendons de pied ferme ! »[1]. Pour qu'un maire de village réponde sur ce ton au Directoire départemental, il faut bien que les notions de déférence à l'égard de l'autorité aient été singulièrement altérées dans son esprit, et qu'il ait eu, d'autre part, assez d'ascendant sur ses administrés pour leur faire partager son insubordination. Il est vrai que leur intérêt personnel était en jeu, et il ne fut jamais mobile plus puissant, argument plus persuasif que celui-là !

Il n'est pas jusqu'à l'imperceptible commune de Peyresq, qui ne se mit en tête de réclamer ses droits les armes à la main ; chez tous maintenant, la force appuie le droit, vrai ou prétendu, et souvent le prime. Un beau jour, le tambour du village bat la générale ; chacun accourt avec son arme, l'attroupement se forme et les voilà en route pour la Colle St-Michel, le maire marchant en tête pour donner à cette démarche collective une apparence de légalité. Que vont-ils faire ? On leur a dit qu'un certain citoyen Blanc détient, par devers lui, des papiers qui les intéressent et, ils viennent, en armes, les chercher. La maison est investie ; les portes sont enfoncées ou volent en éclats ; les vieux coffres, fouillés, gisent là, lamentablement éventrés, béants.

[1] Archiv. départ., Série L.

Le maire de la Colle intervient; leur signifie de vider les lieux. Rien à faire. Ils cherchent les papiers, ils veulent les papiers, il leur faut les papiers quand même, ils ne partiront point sans les papiers....... (28 juin 1792 [1]).

On le voit, l'anarchie a fait du chemin. Ces paysans si dociles au joug, il y a peu de temps encore, relèvent maintenant la tête. Dans chaque cerveau se fait jour le désir d'avoir un droit à conquérir ou à défendre ; et de suite la pensée se présente de le conquérir ou de le défendre les armes à la main. Ou mon droit ou la mort : voilà ce que signifie l'insurrection, voilà ce que signifie l'arme ! Désormais, la force intervient pour défendre le droit; bientôt elle le primera. Insubordination, révolte contre l'autorité, menaces, délit contre les personnes et les propriétés, invasion à main armée, soit de jour, soit de nuit, etc. N'est-ce pas que plusieurs de ces faits ont déjà un certain relent de brigandage ?... Et, chose pénible à constater, à mesure que l'anarchie lève de plus en plus orgueilleusement la tête, l'autorité semble presque la baisser, soit pour ne pas voir, soit pour ne pas trop rougir de son impuissance, j'allais dire de sa complicité. Aussi, comptant sur cette impunité, le crime devient

[1] Archiv. départ., Série L..

audacieux à l'excès ; des jours plus lugubres se lèvent sur nos montagnes ; le sang va couler.

La série rouge commence par l'assassinat de l'archidiacre de Senez, Martin Raynard, vieillard de 77 ans [1].

Ce vénérable ecclésiastique, dont le crime était d'avoir refusé le serment à la Constitution, quittait Senez vers le commencement de juin ; et, en compagnie de deux chanoines, comme lui réfractaires, prenait le chemin de l'exil pour se dérober à la fureur de la persécution. Ils se dirigeaient tous trois vers Puget, et n'étaient plus qu'à une faible distance de la frontière, lorsque, passant au village de Sausses, ils sont arrêtés par les gardes nationaux qui les accablent d'injures, profèrent contre eux les plus terribles menaces, et, tout en reconnaissant la régularité de leurs passe-ports, les entraînent vers Entrevaux. « On approchait de cette ville quand la nouvelle s'y répandit que des prêtres qui émigraient, avaient été arrêtés à Sausses, qu'ils allaient arriver. Aussitôt les gardes nationaux et les soldats de la garnison accourent au-devant des trois voyageurs. Ils les accueillent en poussant des cris de cannibales, en vomissant les plus horribles imprécations et en déchargeant sur eux des coups de bâton et de

[1] Il était né à Senez le 15 juillet 1715.

plat de sabre..... L'archidiacre Reynard, prenant affectueusement la main d'un municipal de Sausses, lui dit avec douceur : « Mon ami, vous regretterez un jour le mal que vous nous faites ». Cette douce parole excite davantage leur fureur ; les assassins ne voient plus que lui ; leurs coups se réunissent, en redoublant de force, sur sa tête et sur son corps, jusqu'à ce que, voyant que les forces l'abandonnaient, ils le précipitent avec son cheval dans le fleuve du Var, très profond en cet endroit... Les bourreaux descendent ensuite dans la rivière, trouvent le vieillard tout couvert de blessures, avec une jambe brisée, mais respirant encore. Ils le chargent de coups jusqu'à ce qu'il eût expiré sous leurs yeux. Les deux compagnons de la victime, quoique mal traités, eurent la vie sauve. (4 juin 1792 [1]).

Deux mois plus tard, la ville de Manosque fut le théâtre d'un drame du même genre, et qui eut pour mobile la haine religieuse portée au dernier degré.

---

[1] D'après Andrieux, *Hist. relig. du diocèse de Digne*, 455-456. Bernard Albin, dans son *Essai historique* sur Entrevaux, dit que ce furent les soldats de la garnison d'Entrevaux qui précipitèrent dans le Var l'archidiacre de Senez « avec deux chanoines, sur le territoire de Sausses », p. 74. Gras-Bourguet, dans ses *Antiquités de Castellane*, dit que les dernières paroles de la victime furent celles-ci : « Je vous pardonne les maux que vous me faites souffrir ». (Voir Gras-Bourguet, loc. cit., f° 224.)

Dans la nuit du 4 août 1792, quelques sans-culottes forcenés vont enlever de sa maison un vénérable religieux, le père Ponthion, gardien des Cordeliers, le conduisent au quartier de Saint-Pierre, peu éloigné de la ville, et, après l'avoir abreuvé d'outrages, le pendent haut et court à un amandier.

La nuit suivante, ces forcenés, qui recevaient le mot d'ordre du comité révolutionnaire de Marseille, s'emparent de trois prêtres réfractaires, enfermés dans les prisons du château, et les ayant conduits tous les trois au quartier où avait été exécuté la veille le père Ponthion, ils leur firent subir le même supplice au milieu des ténèbres de la nuit [1].

On le voit, la Terreur s'organisait parmi nous; et, bien que ces forfaits horribles fussent imputables seulement à quelques furieux, nous ne pouvons nous dissimuler que ces furieux, en se livrant à de pareils excès, se sentaient soutenus par les comités révolutionnaires, par les compagnies des sans-culottes; que derrière les bras qui frappaient, il y avait la tête qui commandait et les mains qui applaudissaient. Une puissance surgissait des bas-fonds sociaux qui en imposait déjà aux pouvoirs publics,

[1] Ces trois prêtres étaient : François Pochet, Vial, curé de Céreste, Joseph Reyne, curé de Meyrigues (annexe de Viens-Vaucluse), où s'étaient réfugiés ses deux confrères, Vial et Pochet.

quoique dissimulée dans la pénombre, mais qui devait éclater bientôt au grand jour, tout tenter, tout oser, et se ruer à l'assaut du pouvoir.

Le pouvoir ? Voyez son attitude ! Le 11 janvier 1793, se présente à Digne, Louis Peyron, à la tête d'une troupe armée, accrue en chemin de toute l'écume sociale de la partie basse du département, et comptant environ 800 hommes. Il arrivait de Marseille avec « ses grenadiers républicains », soi-disant pour faire voter la souveraineté du peuple et le consulter sur la mort de Louis XVI. En réalité, il était envoyé par ordre ou sur l'instigation de Mouraille, maire de Marseille, et dans le seul but d'enlever le département et de le transférer à Manosque ; la société populaire de cette dernière ville, étroitement unie à celle de Marseille, avait obtenu d'elle le bénéfice de son influence sur le premier magistrat de la cité pour réaliser par un coup de main, ce qu'elle voyait bien ne pouvoir jamais réaliser d'une autre manière. Voilà pourquoi la horde que traînait après lui Peyron, s'accrut considérablement en passant à Manosque où « deux ou trois abbés, qui mènent la société populaire, ont formé coalition »[1].

---

[1] Archiv. des B.-Alpes., Série L., I. 188.

Une véritable panique s'empara de la municipalité dignoise et de l'administration départementale à l'annonce de cette incursion; on fit courir le bruit qu'à toute tentative de résistance, Peyron ferait mettre la ville au pillage. Les administrateurs apeurés jugèrent prudent de gagner le large. « ... Aucun « n'a été d'humeur de se faire traduire à Manosque. « Nous avons enlevé du département les papiers « les plus essentiels et nous sommes partis. Je me « trouve à Seyne avec Ripert Blanc et Ventre. « L'incursion doit avoir eu lieu ce matin à 10 heu-« res. Demain au soir, nous en aurons le récit et « vous en ferons part [1] ».

L'incursion eut lieu en effet. Peyron arriva, fit camper ses hommes sur le pré de foire et se rendit au département. Le département avait filé d'un pied léger vers les montagnes; impossible de l'enlever! Que faire? A défaut du département, il enleva une partie de la caisse; il arracha en effet une contribution de 13.000 livres pour frais de route, et descendit tranquillement à Marseille, pour rendre compte de l'insuccès de son expédition [2].

[1] Lettre adressée au Directoire de Barcelonnette par un directeur du Directoire de Digne. Série L. I, 183.
[2] L. I. 90. En avril, Peyron ayant écrit et protesté que son incursion dans les Basses-Alpes ne s'était faite que par ordre

L'attitude du Directoire, en cette circonstance, fut diversement commentée. Les uns accusaient les directeurs de lâcheté, les autres les taxaient de contre-révolutionnarisme. Ils voulurent protester contre ces diverses accusations. « ... On dit que Digne est
« en contre-Révolution ? Rassurez-vous ; la ville
« est tranquille ; la paix, l'union, la fraternité, l'inti-
« mité qui lient ses habitants n'ont pas reçu la
« moindre altération, etc....... Oui, nous avons juré
« une guerre à mort aux anarchistes et aux tyrans !
« Qu'ils tremblent, nos bras sont levés !... [1] ».

*_**

Cette tranquillité, cette concorde, cette fraternité toute de convention et purement extérieure, ne trompaient ni ceux qui en recevaient l'assurance, ni même ceux qui la donnaient en termes si retentissants. Au contraire, des difficultés de plus en plus graves, des causes nouvelles d'agitation, des semences de troubles tendaient à rendre la situation

---

de Mouraille, l'assemblée décida de se faire rembourser à Mouraille les 13.000 livres extorquées au département. (Avril 1793.)

[1] Archiv. départ., Série L.

du département de plus en plus difficile, nous dirions mieux, dangereuse. Le mouvement d'émigration s'accentuait de jour en jour ; les deux listes d'émigrés Bas-Alpins, dressées en mars et en août 1793, en font foi. La loi sur la réquisition, la résistance presque générale que son exécution rencontrait, la désertion, les agissements des suspects, la dépréciation des assignats, les menaces des partisans de l'anarchie, et du contre-révolutionnarisme, c'étaient là tout autant de germes de division, des causes d'exaspération, de troubles qui jetaient l'administration centrale dans de cruelles inquiétudes. Nous ne saurions omettre les agissements des sections : Marseille, Toulon, Lyon, et grand nombre d'autres villes avaient levé l'étendard de la révolte, et s'étaient déclarées solennellement en état légal de résistance contre l'oppression. La loi du salut public, disaient-elles, leur donnait le droit de faire la guerre aux factieux. Aussi, des hordes de brigands, sortant de Marseille, répandaient jusque dans nos Alpes, l'épouvante et l'effroi. Les trente-deux sections de cette ville avaient décidé que chaque département insurgé contre la Convention enverrait deux députés à Bourges, pour y prendre telles mesures que réclameraient les circonstances, avec un bataillon pour soutenir leurs députés ; que les bataillons des Basses et Hautes-

Alpes se réuniraient à Lyon, pour se joindre à ceux des autres départements qui entraient chaque jour dans la ligue. La plupart de nos petites villes des Alpes, telles que Manosque, Digne, Riez, etc., etc......, et grand nombre de villages étaient entrés dans le mouvement, et avaient leurs *sections* affiliées aux sections de Marseille, ce qui constituait dans notre département un véritable chaos social, et dans chaque commune à section, un véritable foyer de discorde et de divisions intestines. Ce fut sur ces entrefaites que Ricord, Robespierre jeune, Fréron et Barras, représentants du peuple, envoyés en mission près de l'armée d'Italie par décret de la Convention des 15 et 19 juillet 1793, traversèrent notre département [1]. Ce passage fut marqué par des incidents qui font bien connaître l'esprit qui animait nos sectionnaires bas-alpins, et que le lecteur nous saura gré de lui faire connaître.

Barras et Fréron, nommés le 9 mars 1793, com-

---

[1] Fréron, associé à la commission des Hautes et Basses-Alpes, n'avait pas reçu des pouvoirs nouveaux pour l'armée d'Italie. Barras se l'adjoignit par un arrêté qui fut approuvé plus tard, par Salicetti, Moltedo Ricord et Robespierre, députés près de l'armée de Toulon. Ce n'était pas trop légal, dit Barras dans ses Mémoires, mais dans les temps dont il s'agit, y a-t-il autre chose de légal que la victoire? (*Mémoires de Barras*, chapit. xiv, f° 105, 1895.)

missaires de la Convention dans les départements des Hautes et Basses-Alpes, s'étaient présentés à Digne, au cours de la séance du Directoire du 6 avril, pour faire enregistrer leur commission, et avaient déclaré qu'il fallait « atterrer les ennemis du *dedans* qui sont mille fois plus à craindre » ; dans ce but, ils avaient organisé des tournées dans les communes, lorsque le décret des 15 et 19 juillet vint les interrompre ; il fallait se rendre à l'armée et combattre les ennemis du *dehors*. Barras et Fréron descendirent à Nice par les Alpes, et le 8 août 1793, Barras se trouvait déjà avec l'armée d'Italie, destituait le général Brunet, soupçonné d'intelligence avec l'ennemi [1], et nommait Dumerbion général en chef de l'armée d'Italie.

Ricord, Robespierre, accompagné de sa sœur Charlotte qui voyageait avec eux, arrivés à Avignon, « trouvèrent la route d'Italie infestée de bri-« gands de Marseille », et durent prendre des chemins détournés. Ils étaient à Apt le 7 août, et en repartirent pour se rendre à Pertuis, où ils furent insultés, poursuivis, et contraints d'aller plus loin. « A Manosque, dit le rapport de Ricord, les infâ-

---

[1] Le général Brunet, qui fut plus tard condamné par le tribunal révolutionnaire et exécuté, était de Manosque. (Voir *Mémoires de Barras*, f°° 100-101).

« mes sectionnaires avaient juré notre perte et appelé
« près d'eux les Marseillais pour nous arrêter ».

En effet, une bande de forcenés se rua sur eux, exaspérée, et leur eut fait un mauvais parti sans l'intervention d'un jeune médecin de Sault, Antoine de Courtois, député à Bourges par le département, et par conséquent, entré dans la ligue contre la Convention, qui, par son intrépidité, son courage, et l'ascendant de sa parole et de son caractère, parvint à désarmer les sectionnaires ameutés, et donna le temps à Ricord, à Robespierre et à Charlotte de marcher vers Forcalquier.

Il était onze heures du soir lorsqu'ils arrivèrent dans cette ville, exténués de fatigue et de faim ; et ils s'apprêtaient à prendre leur repas, lorsqu'on vient leur annoncer en toute hâte, qu'un détachement marseillais et un bataillon de la garde nationale de Rians étaient à leur poursuite, et ne tarderaient pas de les atteindre. Abandonnant aussitôt leur repas à peine commencé, leurs effets, leur voiture, ils prennent les chevaux ; et accompagnés du jeune de Courtois, qui leur servait de guide, et de trois patriotes, ils quittent précipitamment Forcalquier, laissent la grande route et s'engagent, par des sentiers perdus, à travers les montagnes dans la direction de Banon et du Revest-du-Bion. « A Forcal-

« quier, dit Ricord, dans son rapport, nous ne
« trouvâmes notre salut que dans une fuite préci-
« pitée à travers les montagnes au milieu de la
« nuit, n'emportant que la chemise et l'habit que
« nous avions sur le corps, les Marseillais ayant
« volé les effets et la voiture que nous avions aban-
« donnés à Forcalquier, où ils avaient menacé les
« habitants du pillage et du massacre s'ils ne leur
« indiquaient la route que nous avions prise ».

Charlotte Robespierre complète les détails de ce voyage accidenté, en ajoutant dans ses Mémoires :
« Nous marchâmes toute la nuit dans des chemins
« affreux, gravissant des côtes très rudes où nos
« chevaux avaient peine à nous porter, et faisaient
« des faux pas à chaque instant. Après les plus
« cruelles fatigues, nous parvînmes de grand matin
« à un village (Banon), dont le vénérable pasteur
« nous donna l'hospitalité avec une franchise et
« une cordialité charmantes. Après avoir goûté
« quelques heures de repos, nous nous remîmes en
« marche et nous arrivâmes vers le soir à Sault ».
C'est là que nos trois voyageurs apprirent que l'armée fédéraliste avait été repoussée et dispersée par celle de Cartaux, que les débris se retiraient vers Toulon et que les chemins, devenus libres, n'offraient plus de danger. Ils quittèrent Sault après

y avoir séjourné trois jours, retournèrent à Manosque, où la face des choses était changée, et arrivèrent enfin à Nice (2 sept). Ainsi les conventionnels furent sauvés à Manosque et à Forcalquier, grâce au dévouement d'un député de Bourges, nommé pour combattre la convention, et à Banon par un prêtre ! [1].

Nous reprenons maintenant le cours de notre récit. La loi du 23 août 1793 sur la réquisition, ordonnait une levée pour faire face à la coalition de l'Angleterre et de l'Espagne. Les jeunes Bas-Alpins restent sourds à l'appel de la patrie. Il était loin, déjà, cet enthousiasme dont avait fait preuve presque tout le département lors de la menace d'invasion du côté de Nice. Non seulement les enrôlements volontaires étaient devenus très rares, mais les jeunes gens que le sort désignait, refusaient de partir, ou bien, une fois partis, ne songeaient qu'à déserter. On aurait dit que, modelant son attitude sur celle d'Oraison et de plusieurs autres communes qui, en 1791, avaient fait le déses-

---

[1] Ce récit est extrait du rapport de Ricord, représentant du peuple, imprimé par ordre de la Convention, et complété par les mémoires de Charlotte Robespierre, *Les mémoires de tous*, publiés par Levavasseur, 3ᵐᵉ vol. (Notes communiquées par M. de Berluc-Pérussis).

poir des administrateurs par leur apathique insouciance, le département tout entier restait engourdi.

« .... La patrie menacée réclame votre assistance
« et vous êtes sourds à sa voix ?... Les Anglais, les
« Espagnols méditent une incursion, et vous n'êtes
« pas debout ?.... Sortez, sortez de cette léthargie
« funeste qui vous engourdit ! Energie ! courage !
« Levez-vous ! Aux armes, et la patrie est sauvée
« pour toujours ! . . . .
« . . . .
« Et vous, filles vertueuses, dont la main et le
« cœur sont promis à ces jeunes défenseurs, rani-
« mez leur courage, faites-les voler au combat !
« Tressez-leur des couronnes ! à leur retour, cou-
« verts de lauriers, ils seront plus dignes de vous !
« Mesurez le degré de votre estime et de votre
« amour pour eux sur le nombre de leurs hauts
« faits et de leurs victoires ! Que l'hymen vous
« unisse alors ! [1] ».

Ces harangues naïves et touchantes ne produisaient pas grand effet, ni sur le cœur des « filles vertueuses » auxquelles on donnait une mission au-dessus de leurs moyens, ni sur les réquisitionnaires. Parmi ces derniers, les uns continuaient de

[1] Adresse des administrateurs aux jeunes gens du département. 22 sept. 1793. (Archiv. dép., Série L., 235-236, etc).

faire la sourde oreille à la voix de la patrie, et tentaient tous les moyens de se soustraire à la loi de la réquisition ; les autres, déjà enrôlés, « n'avaient « pas honte de s'isoler de leurs frères d'armes, en « quittant les drapeaux sous lesquels ils marchaient « à la victoire. » D'autres enfin, renvoyés dans leurs foyers pour cause de maladie, ne témoignaient pas le moindre empressement de rejoindre leur bataillon, « bien que la campagne qui va « s'ouvrir, offre aux défenseurs de la patrie une nouvelle moisson de lauriers [1] ».

Les gardes nationaux de Sisteron avaient bien adressé à la Convention une lettre remplie du plus brûlant patriotisme, de l'ardeur la plus belliqueuse : « Qu'ils viennent, disaient-ils, qu'ils vien- « nent ces Anglais, nation jadis si fière, et qui dans « un seul jour a perdu toute sa gloire ! Qu'ils vien- « nent ! ils trouveront des hommes que leurs gui- « nées ne pourront corrompre ! Et si, par impos- « sible, le sol entier de la liberté était couvert « d'esclaves, nos montagnes et nos défilés seraient « pour nos ennemis les Thermopyles !... [2] ».

C'était fort beau, sans doute, d'attendre l'ennemi ; mais il fallait en ce moment marcher à lui, et per-

[1] Archiv. dép., Série L., f° 61.
[2] Procès-verbal de la Convention nationale,

sonne ne remuait. L'administration décida donc (art. 5) « que s'il se trouvait des citoyens assez « lâches pour ne pas se rendre au poste où la patrie, « le devoir, la gloire les appellent, les autorités « constituées emploieront contre eux toutes les « voies de rigueur et les feront traduire de brigade « en brigade [1] ».

La terrible loi des suspects, qui fut la charte de la Terreur, vint augmenter les troubles dans le département. Ce sont décrets sur décrets. Ordre de mettre en état d'arrestation tous les *gens suspects* qui se trouvent dans l'étendue du département, et défense de recéler des suspects chez soi sous peine d'être soi-même suspect et puni comme tel. Les représentants du peuple, en mission dans les départements, nomment des commissaires nationaux avec pleins pouvoirs. Des listes de suspects, de gens soupçonnés d'incivisme, se dressent partout, contenant les noms d'anciens constituants, d'administrateurs, de ci-devant juges de paix, de ci-devant seigneurs, de curés, de femmes, de cordonniers, etc., etc. Celle de Sisteron que nous avons sous les yeux en contient 47, qui furent tous incarcérés dans les prisons du fort. Puis, d'autres décrets

---

[1] Archiv. dép., Série L, f° 61.

arrivent, ordonnant aux administrateurs de district de faire arrêter, aussitôt après réception, les partisans de l'anarchie et de la Terreur qu'ils jugeront capables de s'adjoindre aux rebelles de Toulon. « Les terroristes et buveurs de sang circulent d'une « commune à l'autre pour égarer le peuple, le por- « ter à la révolte, exciter la guerre civile ». Ordre est donné aux municipalités de redoubler de surveillance ; les fermiers doivent déclarer le nom des citoyens qu'ils auraient hébergés ; les cabaretiers et hôteliers exiger l'exhibition des passe-ports, etc....

Une autre source de vives préoccupations vint s'ajouter à toutes les précédentes, la circulation et la dépréciation des assignats. Déjà vers 1792, une campagne était menée pour faire tomber les assignats dans le discrédit. Elle avait commencé par le décri systématique des biens nationaux qui leur servaient d'hypothèques et de gages. Des affiches nombreuses étaient fabriquées dans ce sens et dirigées contre le crédit public. Des libelles, des pamphlets circulaient, imprimés, disait-on, aux frais de la liste civile, et étaient répandus avec profusion [1]. Mais, vers fructidor an III, une crise plus

---

[1] Rapport de Gohier sur les papiers inventoriés dans les bureaux de la liste civile. (Séance du 16 sept. 1792, f°s 17 et seq).

violente que les précédentes se produisit à ce sujet, chez nous ; on ne voulait plus les recevoir. En face de la dépréciation toujours grandissante qui frappait le papier-monnaie, les fournisseurs, les cultivateurs surtout, ne consentaient à céder leurs denrées et marchandises diverses qu'en échange de monnaie métallique ; de sorte que les fonctionnaires publics, que l'Etat payait en assignats, ne parvenaient qu'avec beaucoup de peine à se procurer ce qui leur était nécessaire. Dans certaines communes, on établissait pour chaque genre de marchandise deux prix, suivant qu'elle était payée en métal ou en papier. « ... A cette époque, dit le procureur, « les assignats ne sont plus connus dans ce dépar- « tement ».

En présence de ces dispositions qui tendaient à créer « une sorte de famine au sein de l'abon- « dance », le Directoire décida de poursuivre devant les tribunaux quiconque refuserait le prix des denrées payé en assignats ; défendit à tous citoyens, d'exiger en monnaie métallique le prix des denrées qu'ils se vendent réciproquement, et enjoignit aux municipalités de veiller à ce que tout voyageur pût recevoir, au prix d'assignats, les denrées dont il aurait besoin [1].

[1] Archiv. dép., Série L.

Cependant la désertion faisait chaque jour les progrès les plus affligeants. De nombreux jeunes gens abandonnaient le drapeau et rentraient tranquillement dans leur famille. S'ils étaient inquiétés, ils s'enfuyaient dans les bois pour y mener une existence vagabonde. « .. Quelle est la cause de ce
« désordre, dit un membre du bureau militaire
« s'adressant aux Directeurs ? D'abord la négligence
« des autorités qui n'attribuaient la désertion des
« soldats qu'à un désir momentané de revoir leur
« foyer ; leur condescendance à les souffrir dans
« leur commune ; et finalement l'insuffisance des
« moyens tentés pour les faire rentrer. Trop long-
« temps on a fait entendre le langage de l'homme à
« des lâches, indignes de partager les lauriers que
« leurs frères d'armes cueillent sur le territoire
« ennemi, etc... ».

Là-dessus, le Directoire, considérant que les diverses proclamations pour faire rentrer les déserteurs n'ont pas produit l'effet qu'on était en droit d'en attendre, arrêta : « Il sera dressé des listes des
« volontaires qui ont déserté ; ces listes seront
« remises aux chefs de la gendarmerie ; il sera
« adjoint aux gendarmes des pelotons de chasseurs
« qui chercheront les déserteurs et les feront rejoin-
« dre de brigade en brigade. En outre, les officiers

« municipaux seront tenus d'indiquer la retraite
« des déserteurs ». Signalons, en passant, une des
plus authentiques sources du brigandage, dans la
réquisition, la désertion et la nécessité de se cacher
dans des bois inexplorés pour échapper aux poursuites de la force armée. Nous en parlerons plus
loin avec plus de détail.

*
* *

On sait qu'après la chute de Robespierre (10 Thermidor, 28 juillet 1794), une compagnie se forma
dans les Bouches-du-Rhône sous le nom de compagnie de Jéhu ou du Soleil qui exerça de sanglantes représailles contre les terroristes. C'était une
nouvelle Terreur qui s'organisait. On allait à la
chasse des républicains qu'on traquait comme des
bêtes féroces. Des citoyens de Marseille adressaient
aux représentants du peuple le désolant tableau de
ces désordres et de ces persécutions. « .... Des ban-
« des d'assassins, disaient-ils, se promènent autour
« de nos communes comme des loups autour des
« bergeries; le sang des républicains les attire...
« Les patriotes sont en fuite : les arbres de la liberté

« sont mis en pièces [1] ; on prépare une Saint-Bar-
« thélemy, et si elle ne réussit pas, on prépare une
« Vendée [2] ».

A Aubagne, on disait : « Il faut tout assassiner,
hommes, femmes, enfants, chiens et jusqu'aux
chats ». On égorgeait, on sabrait les républicains
quelque part qu'on les rencontrât : « Tu périras
pour ta patrie et avec ta patrie », leur disait-on,
parodiant, assez mal, d'ailleurs, le refrain des Girondins. D'autres, entendant chanter ce refrain, y
répondaient par ce cri : « Nous p... au c... de la
patrie ». La compagnie, bien organisée d'ailleurs,
possédait un dépôt d'armes et une caisse d'amortissement alimentée par les *bourgeois*. Bonaparte
était particulièrement détesté, ses proclamations
étaient souillées d'ordure ou lacérées ; et bien des
fois, lui-même fut exécuté en effigie, ayant un écriteau pendu sur la poitrine, sur lequel on avait écrit
ces mots : Bonaparte ; et en dessous : Bon à pendre [3].

[1] On tirait des coups de fusil dessus, on les coupait, on les couvrait d'ordures, etc.
[2] Lourdes. *La Révolution à Marseille*, 432.
[3] Voir, pour tous ces détails, la collection imprimée des procédures instruites contre les prévenus de brigandage politique à Aubagne et dans les environs. Ces procédures, reliées ensemble, forment un vol. in-quarto infiniment rare, et que nous avons eu entre les mains.

Nous n'avons trouvé nulle part trace d'organisation ou même d'invasion des compagnons du Soleil, dans notre département [1]. La réaction, toutefois, s'y fit sentir ; et jusqu'au 18 fructidor, des troubles graves et séditieux s'y manifestèrent sur divers points, dus en grande partie à la différence des opinions politiques, au désir de représailles. Ils donnèrent lieu à des attentats et à des crimes que les tribunaux désignèrent sous le nom de Brigandage politique. Nous ne saurions les énumérer tous ; mais nous ne pouvons nous dispenser de faire connaître quelques-uns de ceux qui paraissent avoir ému davantage l'opinion publique et le pouvoir central.

C'est d'abord le meurtre de Marie-Joseph Vincens, assassiné, vers minuit, à Sisteron, par les hussards, le 3 prairial an III. Il avait été procureur de la commune, président du comité de surveillance, et avait signé, en cette qualité, la liste des *gens suspects* [2]. Celui du chef de bataillon Breis-

---

[1] Il y eut toutefois un essai de formation de bande à Entrevaux ; le lieu de réunion était l'ermitage de St-Jean : « J'apprends qu'il se forme un rassemblement des compagnons du Soleil dans un endroit isolé de la commune d'Entrevaux appelé l'Ermitage de St-Jean. Ils fabriquent de faux mandats... » (L. I, 242).

[2] Déclarat. de Anne Chais, veuve Vincens. (Arch. de la Justice de paix de Sisteron).

sand, qui avait présidé à la confection de la liste des suspects, et qui fut assassiné en l'an III, à Sisteron. Six des principaux suspects de la ville furent impliqués dans la procédure, mais ils bénéficièrent de l'amnistie [1].

Passons maintenant à des délits d'un autre genre.

Le 26 pluviôse an IV, on apprenait à Digne, avec stupéfaction, le fait délictueux commis à Moustiers. « Un grand attentat s'est commis dans la commune de Moustiers ! Des ennemis de la patrie ont renversé l'arbre de la liberté ! Déjà par vos soins, ce signe sacré a été rétabli, et le juge de paix instruit contre les coupables ! Mais ces mesures sont insuffisantes. Un crime aussi grand mérite un exemple terrible.. etc... Que les factieux tremblent ! on ne souffrira jamais qu'il soit porté atteinte au signe sacré de la liberté française ! [2] ».

La gravité du délit parut mériter le déplacement d'un membre du Directoire et le déploiement d'une force militaire imposante. Le 27 pluviôse, Mieulle part pour Moustiers, « précédé d'un détachement considérable, et escorté de la gendarmerie du dépar-

---

[1] Lettre d'Arnaud à l'ex-chanoine Jacob, 8 messidor an VIII.
[2] L'arbre avait été coupé le 23 pluviose. C'est de ce jour que le commissaire du Pouvoir exécutif du canton de Moustiers date sa lettre.

tement sous les ordres du général Peyron ». Nous continuons de citer le rapport de Mieulle. « .... Une
« profonde douleur mêlée d'indignation que l'on
« a remarquée sur tous les visages, a fait pressentir
« que, également pénétrés d'horreur et entièrement
« innocents de ce crime horrible, leur indignation
« s'augmentait de ne pouvoir reconnaître le scélé-
« rat qui s'était enveloppé des ombres de la nuit,
« etc. [1] ».

On conviendra que le digne commissaire employait des expressions bien exagérées pour flétrir un délit qui n'avait certainement pas, dans l'esprit de son auteur, toute l'importance qu'on paraissait y attacher ; et qu'il aurait bien fait de ménager un peu de sa belle indignation pour les assassinats qui se commirent plus tard, et en vue de la répression desquels on ne mobilisa pas un seul gendarme. Mais il fallait parader et en imposer.

Il y eut donc séance solennelle à la mairie où Mieulle, le maire, le juge de paix, prononcèrent tour à tour les plus véhémentes philippiques pour flétrir l'odieux attentat. Puis on se rendit auprès de l'arbre de la liberté, heureusement replacé ; on chanta la *Marseillaise*, en guise d'amende honora-

[1] Rapport de Mieulle à l'assemblée publique du département. (Archiv. dép., Série L, n° 8, f° 139).

ble, et la cérémonie expiatoire prit fin !.. Quant au coupable, il resta bien et dûment enveloppé dans les ombres de la nuit, à la faveur desquelles il avait perpétré son sacrilège anti-républicain.

Cet attentat, d'ailleurs, ne fut pas chez nous un fait isolé. Le 22 thermidor, le juge de paix de La Motte en dénonçait un semblable commis sur l'arbre de la liberté planté à Clamensane[1]. Le 30 thermidor, des troubles de même nature éclataient à Thèze ; et le 13 fructidor à Allos, où l'arbre fut également maltraité ; en floréal an V, à Digne, où le symbole de la liberté française eut à souffrir de nombreuses avanies ; le 30 germinal an VI, à Annot, où il fut scié et enlevé pendant la nuit et à la place duquel on planta une croix. Mais, n'anticipons point sur les événements [2].

Dans le canton d'Oraison, les choses ne se passaient point aussi à la légère. Ce n'était pas aux symboles qu'on s'en prenait, mais aux vivantes réalités ; au lieu d'arbres, c'était des têtes qu'on abattait, des hommes qu'on renversait dans la tombe ! Ce malheureux pays, en proie à de continuels soulèvements anarchiques, déchiré par les passions les

---

[1] Invent. n° 339.
[2] On connaît le terrible châtiment que Maignet infligea à la commune de Bédoin pour un délit de cette nature.

plus vives et par les haines les plus irréductibles, fut le théâtre de déplorables excès, et fournit plus tard le contingent d'une bande d'hommes exaspérés qui, par désespoir, par vengeance, allaient devenir brigands.

Déjà le 13 ventôse an IV, Michel Arnoux, agent municipal d'Oraison, avait été dénoncé comme « protégeant les prêtres réfractaires, les réfugiant « dans son domicile, et se livrant, avec des fana- « tiques, à des pratiques superstitieuses [1] ».

Dherbès-Latour, ex-député, en ce moment commissaire du pouvoir exécutif, ordonna au commissaire de l'administration de convoquer tous les agents municipaux du canton au Castellet « pour « y délibérer avec plus de liberté, mais sans les « instruire de l'objet de la réunion jusqu'au mo- « ment voulu ». Il s'agissait de savoir si les faits articulés contre Arnoux étaient vrais ; et surtout, s'il n'y avait pas de prêtre réfractaire dans le canton. Le résultat de la délibération ayant été affirmatif, Michel Arnoux fut destitué, 25 ventôse.

Mais ce n'était pas tout que d'avoir destitué un agent municipal, il fallait appréhender le prêtre

---

[1] Nommé le 13 frimaire an IV, il fut révoqué de ses fonctions par le ministre, et remplacé par Guieu, le 25 prairial de la même année.

réfractaire. C'était là, surtout, ce qui tenait à cœur à Dherbès, qui, comme on le sait, était un anticlérical enragé. Il décide donc que le capitaine Audiffred se portera à Oraison avec une brigade de gendarmerie, et que le général Peyron y enverra douze grenadiers. « La mission (d'Audiffred) est surtout
« d'arrêter le prêtre fanatique qui corrompt l'opi-
« nion publique dans cette commune. Il ira, sous
« prétexte de faire rejoindre les volontaires, et ne
« dira le vrai motif qu'au moment où il devra agir ;
« il donnera des renseignements sur ceux que ce
« prêtre peut avoir égarés ; il est autorisé à prendre
« toutes les mesures pour réussir [1] ».

Ce pays, nous l'avons dit déjà, était dans un état extraordinaire de troubles et d'anarchie. A la suite des élections de l'an V qui élevèrent au pouvoir beaucoup de royalistes et portèrent dans les conseils, la majorité de gauche à droite, divers membres de l'administration municipale d'Oraison se déclarèrent ouvertement les ennemis de la République. On les accusa dès lors d'avoir favorisé des rassemblements séditieux dirigés contre les personnes et les propriétés, à la suite desquels plusieurs

---

[1] Archiv. départ., Série L. Ce prêtre avait plusieurs cachettes dans diverses campagnes des environs. Nous ne savons pas s'il fut appréhendé.

républicains du canton avaient été obligés de quitter leur foyer, de vivre errants et fugitifs, ne trouvant pas auprès des administrateurs la protection qui leur était due. Les *patriotes* de Manosque se réfugient pour la plupart à Marseille ; et ceux que leur état, leur misère attache au pays, s'agitent à partir de brumaire. De là, les fameux événements anarchiques de ce pays ; le 6 nivôse, un meurtre y est commis ; le 18 nivôse, deux assassinats s'y commettent de nouveau [1]. Lors de l'arrêté de l'administration départementale en date du 13 pluviôse an V, ordonnant le désarmement général, le commissaire chargé par la municipalité de faire des visites domiciliaires pour désarmer les particuliers, n'avait, disait-on, désarmé que les républicains pour armer « les brigands royaux ». Il était prouvé que de faux certificats de résidence avaient été délivrés à des émigrés, et que pour dérober toute connaissance de ces agissements irréguliers, on avait fait disparaître des archives les registres où des certificats étaient ou avaient dû être consignés.

D'autre part, le juge de paix, vendu au contre-révolutionnarisme, se faisait remarquer par une

[1] Vers la même époque, un assassinat politique est commis à Gaubert.

impartialité scandaleuse, comme il fut prouvé plus tard par les débats du procès, à la suite duquel le tribunal le condamna à 6 ans de gêne (20 floréal an VII).

En pluviôse, un certain nombre de républicains d'Oraison, parmi lesquels le citoyen Bournet, s'étaient réfugiés au Castellet, petite commune voisine, pour se soustraire aux vexations dont ils étaient l'objet. Le juge de paix, voyant à regret cette fuite, écrivit au citoyen Bournet, lui marquant que ceux que la crainte éloignait de leur foyer pouvaient y retourner, et qu'il répondait des événements. Enhardis par cette assurance, trois des fugitifs rentrèrent avec confiance; mais à peine arrivés chez eux, ils furent poursuivis à coups de fusil, et durent de nouveau s'éloigner. Les archives municipales d'Entrevennes nous font connaître les motifs de cette animosité : il paraît qu'en l'an III, 4 floréal, Bournet, Aillaud de Volx, Galicy, Maurel et N... et quatre autres des plus fameux agitateurs, étaient allés dans ce pays, y avaient assemblé la société populaire, prêché la révolte contre les prêtres et les bourgeois, exhortant le peuple à « couper toutes ces têtes comme ne vivant que de leur sueur » ; et, comme ils étaient, eux-mêmes, gens pratiques, ils s'étaient fait délivrer par la municipalité, un petit mandat de 180 livres ! On voit qu'ils aimaient aussi la sueur du pauvre peuple !.. [1]

Il nous faut laisser un instant Oraison, et jeter un coup d'œil sur Digne. Là aussi, les divergences politiques donnaient lieu à des troubles graves. Nous ne citerons qu'un fait.

Le 21 pluviôse an V, entre neuf heures et dix heures du soir, une violente dispute éclatait devant les cafés, entre deux citoyens, au sujet des opinions politiques. Au cours de cette dispute, un attroupement se forma, où les plus violentes résolutions furent prises contre les républicains, qu'on qualifia de terroristes et de buveurs de sang. On s'arma de triques, de sabres, d'armes à feu ; plusieurs militaires se mêlèrent à l'attroupement ; et, au chant du « Réveil du peuple », on se rendit à la rue de l'Hubac. Chemin faisant, on rencontre les citoyens Sivan fils et Pascal Canton, auxquels on jette des pierres ; puis l'attroupement s'arrête devant la maison de François-Xavier Roustan. — Au moment

---

[1] Voir archiv. municip. d'Entrev. Délib. du 4 floréal an III. Il existe une lettre du ministre de la justice contenant une plainte de Galicy sur la violation de ses propriétés, et une autre, portant dénonciation contre le juge de paix d'Oraison, l'accusateur public du département, le directeur du jury, etc. (28 vend.) Nous ne pouvons pas entrer dans de plus longs détails, ne faisant ici qu'un exposé sommaire des faits.

où ce citoyen rentre chez lui, en compagnie de son épouse, il est assailli par D. et par un sapeur. Une vive dispute s'engage, des cris de mort font retentir la rue. Le commissaire de l'administration municipale qui logeait à proximité, entendant ces vociférations, ouvre la fenêtre et requiert, au nom de la loi, les attroupés de se disperser. Deux coups de fusil partis du groupe, répondent à cette sommation ; l'un fut perdu, l'autre atteignit en pleine figure la dame Roustan et lui traversa la mâchoire. Après cette équipée, l'attroupement se dispersa proférant des menaces, prodiguant les injures, provoquant les citoyens paisibles dont l'opinion différait de celle des provocateurs. Le mari de la victime attaqua la commune ; et, en vertu de la terrible loi du 10 vendémiaire an IV, les vingt plus forts contribuables de la commune, bien qu'étrangers au fait qui s'était passé, furent condamnés par le tribunal à payer la somme de 4.000 fr. Ce seul fait montre l'état de fermentation des esprits au chef-lieu ; cet état était à peu près le même dans les principales villes du département.

Mais nulle part il ne donna lieu à de plus déplorables excès et ne fit couler autant de sang que dans le canton d'Oraison, où nous sommes obligé de ramener le lecteur.

Le 14 ventôse an V, un malheureux ouvrier nommé Frison y fut assassiné et enterré vivant. L'autorité judiciaire, bien que dûment instruite de cet assassinat, ne se rendit sur les lieux que trois jours après, pour constater le délit ; et, loin de faire toutes les démarches usitées en pareil cas pour en découvrir les auteurs, fit tout son possible pour qu'ils demeurassent inconnus, insinua aux témoins de déclarer que la victime était étrangère au pays, inséra cette déclaration dans le procès-verbal, et persuada à sa malheureuse veuve que si elle déclarait reconnaître la victime pour son mari, elle ajouterait à sa propre perte celle de ses biens [1]. Tous les jours, des attroupements armés parcourent les communes de ce malheureux canton, menaçant les particuliers, mettant les maisons au pillage. Vingt-cinq quintaux de grain sont volés au citoyen Astoin (germinal) ; les acquéreurs de biens nationaux y sont l'objet des menaces les plus violentes.

---

[1] Le récit des événements anarchiques d'Oraison et du Castellet est extrait : 1° du procès-verbal de la séance publique de l'administration municipale du canton d'Oraison, 9 thermidor an VI (archiv. municip.) ; 2° du réquisitoire du commissaire du gouvernement pour l'application de l'amnistie du général Férino aux événements anarchiques du Castellet ; 3° des archives départementales, Série L., passim. — Nous y renvoyons le lecteur.

A Manosque, plusieurs assassinats sont commis.

A Villeneuve, un attroupement armé tente d'assassiner Alexis Roche et Jean-André Décory, sur lesquels furent tirés plusieurs coups de fusil. Roche fut blessé [1].

A Sisteron, des citoyens armés s'introduisent dans la maison du citoyen Isoard, et, le pistolet sous la gorge, le forcent de déclarer l'asile de son neveu qu'ils veulent tuer [2].

Un peu plus tard (22 messidor an V), un autre attroupement armé se porte à la maison de campagne du sieur Maïsse, à Sisteron, et y commet toute sorte de violences.

Dans la ville, la statue de la Liberté, élevée sur la place publique de la commune, est mutilée, les jours des officiers de police judiciaire sont menacés, etc.

Et le Directoire, que fait-il, en face de ce débordement ? Il avoue son impuissance. « ... La force publique manque pour poursuivre ces délits !... [3] ».

---

[1] Il existe une lettre du ministre de la justice (21 vent.) à raison des assassinats commis dans les cantons d'Oraison et de Manosque. (Invent. 162-178.)

[2] Lettre du ministre de la justice datée du 8 germinal. Des mesures furent prises ; le ministre les approuve par lettre du 12 floréal an V. (Invent. 177.)

[3] Archiv. dép., Série L.

D'autre part, à Entrevaux, on fête solennellement la *saint Louis*, on tire des coups de carabine... les autorités locales, revêtues de leur écharpe, assistent à la procession, etc...

Tout cela néanmoins n'était rien en comparaison des cruautés qui se commettaient ailleurs ; et c'est encore dans le canton d'Oraison qu'il nous faut aller pour le constater.

Le 17 thermidor an V, Jean-Louis Aubert est assassiné sur son aire tandis qu'il foulait son blé. Huit jours plus tard (25 thermidor), un attroupement, composé des royalistes les plus exaltés d'Oraison, de Manosque et lieux circonvoisins, formant une troupe de quarante-deux hommes, se rend en armes dans la petite commune du Castellet, qui passait pour un foyer de républicanisme. Il envahit la maison de Crespin Meynier, honnête cordonnier, âgé de 64 ans, et s'y livre au pillage. L'argent, le cuir, sont volés ; les meubles brisés ou jetés par la fenêtre, la maison est dévastée de fond en comble et le malheureux Meynier est odieusement assassiné. Le juge se transporte sur les lieux, DEUX JOURS après, pour constater le délit, alors que, grâce à la température élevée, le cadavre était en putréfaction, et se borne à dire « qu'il n'y a qu'à murer la

« maison qui lui servirait de tombeau, puisque
« personne n'osait y pénétrer [1] ».

Deux ou trois jours après, « André Esmiol, défen-
« seur de la patrie, fut également assassiné à quel-
« que distance du Castellet, et le juge resta huit
« jours de se rendre pour constater le délit. Il fal-
« lut que la force armée se rendît sur les lieux et
« fit inhumer sur place le cadavre en putréfac-
« tion [2] ». Ce mois de fructidor, d'ailleurs, fut un
mois véritablement lugubre. Coup sur coup, des
troubles sont signalés à St-Geniez; des excès sont
commis à Valensole, des assassinats à Sainte-
Tulle; deux meurtres sont signalés aux Mées sur
le père et sur le fils. Deux prêtres sont enlevés, et
deux détenus sont assassinés pendant leur traduction, etc., etc. [3]. Le ministre s'étonne de la *para-
lysie qu'éprouve la justice dans le département*
et demande quels moyens on compte prendre pour
rétablir l'action de l'autorité judiciaire.

Disons en terminant que si les coupables des
meurtres du Castellet et d'ailleurs ne furent pas
saisis, grâce aux lenteurs de la justice, le tribunal

---

[1] Délib. municip. d'Oraison, ut supra.
[2] Délib. municip. d'Oraison, ut supra.
[3] Lettres du ministre de la Justice du 14 fructidor et du
4ᵉ complément de l'an V.

civil eut recours contre la commune, et par jugement du 13 fructidor an VI, condamna les communes du Castellet, d'Oraison, de Villeneuve, à payer 2.000 fr. à chacun des deux enfants de Crespin Meynier; 2.000 fr., plus une pension annuelle et viagère de 200 fr. à Elisabeth Béringuier, sa veuve; à rétablir la maison de Meynier en l'état où elle était auparavant, à restituer l'argent volé ainsi que les marchandises, meubles, objets pillés ou leur équivalent; et à défaut de restitution dans la quinzaine de la signification du jugement, au payement du prix sur le pied du double de leur valeur à l'époque du pillage, d'après la fixation qui en sera faite par experts convenus, autrement nommés d'office, sauf et réserves à elles leur recours contre les auteurs et complices des délits dont il s'agit.

La veuve Frison demanda pareillement une indemnité pour l'assassinat commis sur la personne de son mari.

Le fameux coup d'Etat du 18 fructidor an V, qui refoula les tentatives royalistes, apporta son contingent de troubles et de représailles dans notre département.

On sait que dans cette même journée, les misérables restes des députés des deux Chambres se réunirent, sous la main et la verge du Directoire dans la salle de l'Odéon et dans l'amphithéâtre de l'école de médecine, et exécutèrent servilement la besogne commandée.

Le corps législatif prononça la déportation contre cinquante-trois représentants, annula les élections des députés dans quarante-neuf départements, supprima trente-deux journaux, d'après Taine quarante-deux, décréta la peine de mort contre tout émigré ou réputé tel, qui, dans huit jours, n'aurait pas quitté le territoire, rapporta la loi qui rappelait les prêtres déportés, rendit au Directoire le pouvoir discrétionnaire et illimité de déporter, par des arrêtés individuels motivés, tout prêtre qui troublerait dans l'intérieur la tranquillité publique, etc., etc. [1].

Le Directoire, appliquant son système érigé en règle de supprimer ou d'épurer toute administration dissidente ou seulement déplaisante, commença, dès vendémiaire, d'opérer la destitution totale ou partielle des administrations municipales dans un

---

[1] D'après Taine, 549 et seq. — De Lacombe.

grand nombre de nos communes. Tout d'abord ce fut le tour de l'administration départementale.

Le 22 vendémiaire an VI, le Directoire exécutif prit un arrêté portant « que l'administration cen- « trale des Basses-Alpes s'étant signalée par son « incivisme, par la protection qu'elle a ouvertement « accordée aux émigrés, aux prêtres réfractaires, et « par le mépris qu'elle a affecté pour les institu- « tions républicaines », Hesmiol-Berre, Laugier, Blanc, Fortoul, Gras, étaient destitués. A leur place furent nommés : Daumas de Sainte-Tulle, Hodoul, Dherbès-Latour, Réguis, ex-député, et Décorio Saint-Clair, de Forcalquier, tous, sauf Daumas, anciens administrateurs. Réguis, ayant obtenu la pluralité des suffrages, fut nommé président.

Ce fameux coup d'Etat du 18 fructidor, fit également sentir ses effets dans la masse de la population Bas-Alpine. A peine est-il connu dans nos pays reculés que les représailles commencent.

Les républicains fugitifs, traqués par le royalisme, rentrent chez eux et lèvent la tête, tandis que les royalistes et les émigrés rentrés, s'enfuient au plus vite. Le triomphe anime et soutient leur vengeance ; de persécutés ils vont devenir persécuteurs. La loi du 4ᵉ complémentaire de l'an V, ne disait-elle pas « qu'il était ins nc de faire jouir les républicains persécutés par les manœuvres du royalisme des effets de la mémorable journée du 18 fructidor ? »

Les républicains d'Oraison comprirent la portée de cet encouragement. La municipalité prend une délibération autorisant le commandant de la garde nationale à faire des visites domiciliaires en vue d'opérer un désarmement général et de fournir des armes aux gardes nationaux. Ceux qui, hier encore, triomphaient, ne veulent pas rendre les armes ! Ils s'en vont par petites bandes, circulant d'une commune à l'autre, prélevant leur pain quotidien sur les amis qu'ils compromettent, et parfois sur les ennemis qu'ils terrorisent, proférant çà et là des paroles de vengeance, des menaces de mort. Une de ces bandes se porte au Castellet, force l'agent municipal de lui fournir vingt livres de balles à tirer, le menaçant d'une incursion nouvelle et terrible s'il refuse d'obtempérer à sa réquisition.

Le 25, à trois heures du soir, un autre attroupement se porte à Villeneuve, entoure la maison de Rolland Tourtier, ancien maire, auquel on veut faire un mauvais parti. Les fusils chargés sont braqués sur toutes les ouvertures. On le somme, avec menace, d'ouvrir sa porte et de se montrer. Il n'en fit rien. Mais, à huit heures du soir, la même scène se renouvelle, même sommation, mêmes menaces, heureusement sans effet [1]. L'attroupement se disperse, désappointé. Claude Moulet se rencontre sur son passage ; il est assailli, terrassé, lardé de coups de couteau sur la tête, et « mis à deux doigts de la « mort par les nombreux coups de bâton qu'il reçut « à compte de son patriotisme [2] ».

Le lendemain, 26 vendémiaire, une bande se porte à la maison de Galicy, force les portes, pénètre à l'intérieur, se livre au pillage, ce qui valut à la commune une condamnation à 1.000 fr. de dommages et intérêts (Trib. civ., 29 brum. an VII). Le Directoire expédie à Oraison trois brigades de gendarmerie qui devront y séjourner jusqu'à nouvel ordre.

Durant tout le mois de brumaire, il y eut chaque jour des attroupements armés dans la commune de Banon ; et durant la nuit du 19 au 20 brumaire, Jean-Sauveur Hugou, commissaire du Directoire exécutif du canton, fut cruellement assassiné par deux bandits faisant partie de l'attroupement [3].

[1] Lettre de Guieu, au commissaire du Directoire exécutif.
[2] Précis des délits commis par X..., de la commune de Villeneuve.
[3] Les deux coupables se réfugièrent à Marseille, prêts à fuir à l'étranger dès que leurs parents leur en donneraient avis. Lettre de la citoyenne veuve Hugou, née Lieutaud, qui demanda, pour elle et ses enfants, le bénéfice de la loi du 10 vendémiaire an IV.

A Manosque, la réaction donna lieu à des excès qui exigèrent un déplacement considérable de la force armée. Le 21 brumaire, une compagnie du 3ᵉ bataillon d'infanterie part de Briançon et se rend à Manosque pour y séjourner et y maintenir l'ordre. Les instructions données à l'officier commandant le bataillon, portent que, dans le cas où il aurait à marcher contre les brigands armés, il n'oublie pas qu'il doit déployer contre eux la plus grande vigueur, et les traiter sans aucun ménagement, comme les pires ennemis de la République.

De son côté, le général L. A. Pille envoie un détachement de brigade à Digne (25 brumaire an VI). « Dès l'instant que la colonne sera arrivée dans le « département, toutes les autorités déféreront à ses « réquisitions ». Le commandant a l'ordre de faire arrêter tout individu frappé par la loi du 19 fructidor, ainsi que les déserteurs et les réquisitionnaires. Il fera disparaître les signes extérieurs du culte, cesser les sonneries, arrêter les prêtres rebelles, etc. Signé : Pille [1].

Le département étant pour ainsi dire mis tout entier dans une sorte d'état de siège et sous la domi-

---

[1] Ces mesures contre les prêtres rebelles furent confirmées par une lettre du ministre de la justice prescrivant d'activer la répression des prêtres réfractaires. 18 frimaire.

nation de l'autorité militaire, on va procéder sans crainte à l'œuvre d'épuration des municipalités. De frimaire à pluviôse, toutes ou presque toutes sont remaniées.

Les municipalités de Digne, Valensole, Entrevaux virent destituer la majeure partie de leurs membres pour cause d'incivisme, de protection accordée aux émigrés et de persécution exercée contre les citoyens reconnus pour leur civisme et leur républicanisme. Les communes de Gréoux, Saint-Martin de Brômes et Brunet éprouvaient le même sort.

Le 11 frimaire, c'est le tour d'Oraison. L'administration municipale est accusée d'incivisme, d'avoir favorisé des rassemblements séditieux, d'avoir refusé protection aux citoyens qui, à cause de leur attachement à la république, ont été obligés de déserter leurs foyers et de vivre errants et fugitifs ; d'avoir toléré, protégé même, le désarmement des républicains et enrôlé une force armée contre le gouvernement ; enfin de n'avoir mis aucun obstacle aux pillages et aux meurtres qui ont été commis. Toute l'administration en bloc est destituée.

Le même jour, celle des Mées le fut aussi pour les mêmes motifs.

Le 12 frimaire, la majorité municipale de Volx

est pareillement mise à bas. Aux motifs ordinaires d'incivisme et de protection accordée aux émigrés, on ajoute le grief d'avoir souffert que des bandes de brigands se soient portées dans les cantons voisins, notamment à Oraison, où des meurtres et des pillages ont été commis sans qu'elle ait usé des moyens de répression que la loi lui donnait.

Le même jour, la majorité est destituée à Forcalquier ; des attroupements séditieux y ont eu lieu, dit l'arrêté ; des cris contre-révolutionnaires y ont été poussés : « Vive le Roy ! A bas la République ». Des bandes de brigands s'y sont formées sous les yeux de la municipalité et ont terrorisé les pays voisins ; le désarmement des républicains s'y est opéré sans opposition, et ces malheureux ont dû quitter le pays.

A Manosque, cinq membres sont destitués : « Des « bandes d'assassins se sont organisées sous les « yeux de cette municipalité ; des meurtres ont été « commis par elles, tant dans le canton que dans les « cantons voisins [1] ».

Le même jour, 12 frimaire, quatre administrateurs de Sisteron sont suspendus de leurs fonctions.

---

[1] Archiv. départ., Série L., f° 5o. Nous ne citerons pas la référence pour chaque commune. Les détails de ces destitutions avec les motifs à l'appui sont puisés dans les archives départementales, Série L. ; nous y renvoyons le lecteur.

Aux griefs communs d'incivisme et de protection accordée aux émigrés, on en ajoute un tout spécial : « La cocarde tricolore nationale a été arrachée à plusieurs citoyens sur la place, et sous les yeux de la municipalité ».

Le citoyen Hodoul, administrateur du département, se transportait d'une commune à l'autre, escorté d'une force militaire imposante, pour faire exécuter les arrêtés du Directoire et installer les membres nouvellement élus.

A Castellane, l'agent municipal et l'adjoint furent seuls destitués.

Barcelonnette vit aussi la destitution de plusieurs membres de son administration municipale, signalés à cause de leur haine pour la Constitution de l'an III, et de leur incivisme, « et parce que des « fanatiques, dans leurs réunions clandestines, « priaient pour le Président de l'administration « municipale comme étant leur protecteur ». Ce président soutenait, disait-on, les prêtres réfractaires, faisait des affiches, et des proclamations pour les protéger [1].

---

[1] Le district de Barcelonnette était signalé par son incivisme depuis longtemps. Dès le 26 messidor an IV, le ministre de la justice se plaignait de l'inertie du tribunal correctionnel de Barcelonnette, notamment de l'inexécution des lois contre les prêtres réfractaires (Invent. n° 79).

Puis du 10 au 21 nivôse, c'est Jausiers, le Fugeret où un seul est destitué ; St-André, où la majorité tombe ; Moustiers, La Palud, Châteauneuf, où le président et plusieurs autres sont mis à bas.

Riez voit la majorité du conseil suspendue, ainsi que Noyers, toujours pour incivisme et protection des réfractaires et des émigrés. Melve ne perd qu'un municipal, Barrême deux, Montjustin et Vachères les perdent tous pour incivisme.

Colmars perd la majorité ; à son incivisme s'ajoute le grief d'avoir souffert que les ministres du culte exerçassent publiquement leurs fonctions hors de l'enceinte de l'église.

Sigonce et Pierrerue en perdent un ; ces communes ont toléré la persécution des patriotes.

La majorité est destituée à Sénez, au Poil, Majastre, Banon, Simiane, le Revest, Vergons, Peyresq, St-Paul, toujours pour les mêmes motifs.

Méolans en perd trois pour cause d'incivisme et de fanatisme et enfin Allos en perd deux accusés de liaison avec les royalistes et de mépris pour les institutions républicaines.

Le 21 pluviôse, l'épuration était achevée! Les municipalités de chaque canton étaient invitées à fournir à triple original un tableau détaillé et divisé par communes, de tous les assassinats, tentatives d'assassinats, vols, dévastations, et généralement de tous les crimes et délits énoncés au Code pénal, commis depuis l'an III.

Le commandant de gendarmerie, Hermitte, était nommé commissaire pour prendre des informations dans tout le département, sur les assassinats et insultes commis « pendant que les royalis-« tes y dominaient ».

Un arrêté du Directoire enjoignait aux municipalités et à tous les bons citoyens de concourir à l'exécution des dispositions pénales qui frappaient les ministres du culte rebelles aux lois ; rappelait aux municipalités que tous les ecclésiastiques qui auraient rétracté ou modifié les serments prêtés en 1790-1791-1792, devaient être déportés ; que les administrateurs devaient employer les moyens légaux pour se procurer la preuve de la rétractation ou de la modification des serments, si elles ne sont pas officiellement connues. Il leur était ordonné de dresser, dans la décade qui suivrait la réception, l'état nominatif des ministres du culte qui, après avoir fait la déclaration prescrite par la loi du 7 vendémiaire an IV, l'ont rétractée, et de ceux qui auraient fait des protestations ou des restrictions contraires. Le même état devait contenir le nom des ministres qui ont cessé leurs fonctions à l'époque du 18 fructidor, et de ceux qui exercent actuellement ou ont exercé après la promulgation de la loi du 19 fructidor, sans avoir prêté le serment prescrit par l'article 25 [1].

L'administration centrale décidait aussi que les armes qui avaient été enlevées en vertu d'un ordre du citoyen Garnier, général divisionnaire commandant le département, seraient immédiatement rendues aux communes des Basses-Alpes qui n'avaient pas été déclarées en état de siège, parce que « dans « une commune désarmée, des malfaiteurs s'étaient « portés dans une campagne et y avaient commis « des vols ». Le brigandage commençait.

Nous voici arrivés à cette loi du 29 nivôse an VI, qui établit une ligne de démarcation entre les délits politiques et ceux relevant du brigandage proprement dit. Dans l'esprit des législateurs, une ère nouvelle se lève sur la France. Voyez, en effet ! Les municipalités sont épurées ! Les tribunaux de cassation et les tribunaux ordinaires sont occupés par de purs jacobins. « Dans chaque division militaire, dit Taine, que nous citons ici, existe un tribunal d'exception, expéditif, sans appel, composé d'officiers dociles, qui est tenu de condamner et

---

[1] Extrait des registres des arrêtés de l'administration centrale, placard.

de fusiller dans les vingt-quatre heures, sous prétexte d'émigration ou de prêtrise, tout homme qui a le malheur de déplaire à la faction régnante ». D'après eux, tout doit et ne peut marcher que pour le mieux. Plus de délit politique désormais ; tout délit sera réputé brigandage. Et lorsque, plus tard, le gouvernement voudra proclamer une amnistie dans le département des Basses-Alpes, en faveur des coupables, cette amnistie ne s'appliquera qu'aux délits commis antérieurement à la loi du 29 nivôse an VI [1]. Voilà pourquoi nous admettons cette séparation indiquée par la loi elle-même, et nous considérons comme délits relevant du brigandage tous ceux qui furent commis postérieurement à cette loi.

Maintenant que nous avons fait connaître, dans cet exposé succinct, l'état des esprits dans le département des Basses-Alpes, et fait entrevoir les causes plus ou moins directes qui donnèrent naissance au brigandage, nous entrons pleinement dans notre sujet.

Et bien que le lecteur attentif ait pû voir, au cours du récit qu'il vient de lire, le germe des boule-

---

[1] On verra les dispositions de cette loi dans le chapitre III de cet ouvrage, 1ʳᵉ partie.

versements sociaux connus sous le nom de brigandage, nous ne croirions pas l'avoir suffisamment renseigné si nous ne lui faisions connaître, d'une manière plus explicite, et dans des chapitres séparés, les origines, les causes prochaines, le développement, l'organisation du brigandage, ainsi que les moyens employés pour le réprimer.

Ces considérations formeront la première partie de notre étude.

CHAPITRE II

ORIGINES, CAUSES, DÉVELOPPEMENT DU BRIGANDAGE

1° Les secousses successives de la Révolution. — 2° La Désertion. — 3° La Réquisition. — 4° Le libertinage. — 5° La complicité.

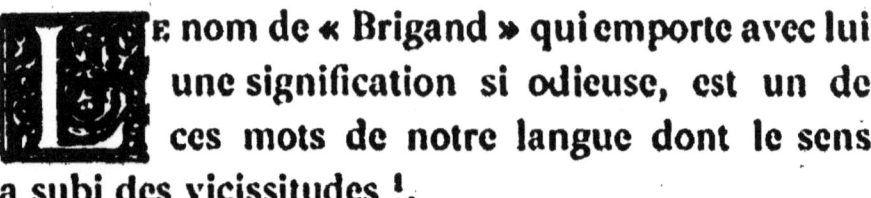E nom de « Brigand » qui emporte avec lui une signification si odieuse, est un de ces mots de notre langue dont le sens a subi des vicissitudes [1].

Il fut primitivement donné aux bandes mercenaires dont les rois de France se servaient, et particulièrement à la compagnie de soldats que la ville de Paris arma et soudoya en 1356, pendant la détention du roi Jean le Bon en Angleterre.

Ces bandes, ordinairement mal recrutées, toujours indisciplinées, se livraient habituellement au désordre et au pillage dans les pays qu'elles traver-

---

[1] Ainsi d'ailleurs que le mot latin « latro » qui primitivement signifiait « soldat », et qui signifia, dans la suite, « voleur » parce que les soldats volaient et pillaient.

saient. Le nom de brigand prit un sens odieux comme les personnes qu'il désignait et devint le qualificatif qu'on donna aux voleurs de grand chemin qui pratiquent le vol à force ouverte, à main armée. Et c'est dans cette acception que la langue française nous l'a conservé et nous l'a transmis [1].

Dans la période orageuse que nous étudions, ces hideux personnages qui ont pour ancêtres les Routiers, les Ecorcheurs, les Tard-Venus, les Mauvais-Garçons, etc., hordes de pillards qui désolèrent la France aux époques les plus troublées de notre histoire, ces personnages, dis-je, se présentent comme divisés en deux catégories. Ceux que nous pourrions appeler « brigands routiers » n'ayant

---

[1] *Brigandi : militiæ genus pedestris, postmodum predatores... Cum autem predatorum more ii sepissime agerent. Brigander, prædari, diripere, nostri dixerunt.* (Du Cange.) Quant à l'origine étymologique, les uns font venir ce mot du Celte « Brig », qui signifie réunion d'hommes. D'autres, à tort selon nous, du mot « brigandine », « *species sagi militaris quo utebantur brigandi.* » Il est plus rationnel d'admettre que c'est le mot « brigand » qui a donné naissance au mot « brigandine »... *Neque dubium est quin ab ejusmodi brigandis illa armorum species quam brigandinam appellabant, nomen duxerit.* Nous croyons qu'il faut faire venir ce mot de *briga*, noise, querelle (basse latinité, dérivé lui-même de *trica*, d'après Acharisius)..... *Quod ejusmodi predatores, sibi invicem confederati, vias obsiderent, et quosvis transeuntium depredarentur, rixando que impeterent* (Du Cange. Glos, f° 776. 1. A-B).

plus ni feu ni lieu, errant au hasard des aventures, vivant au jour le jour de leur poignard et de leur carabine, véritables fauves à forme humaine, ne reconnaissant d'autre souveraineté que celle des appétits, et déterminés à tout oser, à tout entreprendre pour leur donner satisfaction. Ceux que nous appelons « Brigands domiciliés » ayant foyer et famille, ne fréquentant pas habituellement les bandes, mais profitant du désordre général et de la facilité qu'ils ont d'échapper même au soupçon, pour se livrer au brigandage sans avoir l'air de sortir de leur domicile.

Parmi ces derniers, les uns feignent de cultiver paisiblement leur champ, cachent leurs armes dans la campagne... et reprennent leur travail après avoir détroussé ou assassiné le pauvre voyageur qui a passé à leur portée. D'autres, sous le prétexte innocent de la chasse, s'embusquent le long des grands chemins, derrière les haies, pour dépouiller les passants ; et, le soir venu, rentrent chez eux avec leur fusil et leur chien, montrant la même assurance que s'ils n'avaient chassé que du gibier, alors qu'ils ont fait la chasse à l'homme.

Ceux-ci étaient naturellement plus dangereux, jouissaient plus facilement et plus longtemps de l'impunité que ceux qui composaient les bandes errantes, parce que, après avoir dépouillé les voyageurs, ils regagnaient paisiblement leur domicile, n'attiraient les soupçons par aucune absence suspecte, et ne pouvaient être convaincus de brigandage que par la preuve positive des faits et des vols qu'ils commettaient, preuve toujours difficile à établir quand le vol n'a pas de témoins.

Quelle pensée, quels désirs, quelles craintes, quelle accumulation de haines, de vengeances inassouvies, de convoitises brûlantes, ont pu transformer en pillards, en égorgeurs, des hommes aux mœurs douces et calmes, à la vie honnête, aux appétits modérés ? Quelle cause étrange, quelle sombre désespérance, leur a fait échanger le toit paternel pour la forêt sombre, le foyer familial pour la caverne, vrai laboratoire du crime, le père pour le chef, le frère pour le bandit, dépouiller les instincts humains pour prendre ceux de la brute ? Par quels degrés sinistres sont-ils descendus dans cette mare de boue et de sang, au fond de laquelle nous les voyons grouiller et s'agiter pendant trois ans, insatiables de meurtre, de luxure, de pillage, et affamés de toutes les hontes ? En un mot, et c'est la question qui se pose, quels sont les principaux facteurs qui ont mis en action, chez ces dévoyés, les instincts pervers dont les germes se cachent dans les bas-fonds de l'âme humaine ?

I

L'un des principaux se trouve dans les secousses successives de la Révolution, et dans les bouleversements locaux qui en furent la conséquence.

Des hommes, divisés d'opinion, avaient suivi la bannière de différents partis. Ces partis, tantôt élevés, tantôt abaissés, ne connaissaient ni ne pratiquaient la tolérance ; tour à tour persécuteurs ou persécutés, ils profitaient de l'heure fugitive pendant laquelle ils détenaient le pouvoir, pour exercer des représailles et assouvir leur vengeance. De sorte qu'on voyait des citoyens ayant famille et domicile obligés de quitter leur foyer quand le parti adverse triomphait, s'ils voulaient échapper aux vexations, aux menaces, à la mort. Par contre, lorsque, par un de ces retours subits dont la Révolution nous a donné bien des exemples, les fugitifs de la veille rentraient dans leur foyer, ceux qui les avaient contraints de fuir prenaient à leur tour la fuite.

C'est là ce qui se passa dans plusieurs localités Bas-Alpines, notamment à Forcalquier, Sisteron, Manosque et Oraison.

D'autres fois, ces hommes, poursuivis en justice pour des délits politiques, et sous cette absurde accusation d'incivisme, qui était particulièrement à la mode du jour, se voyaient, quoique innocents, condamnés par des tribunaux corrompus qui tenaient pour coupables tous ceux dont l'opinion différait de la leur. Etant donné le tempérament violent des méridionaux, il n'est pas d'extrémité où ne puisse pousser un déni de justice, une condamnation imméritée. Plutôt que de subir des châtiments immérités, plutôt que d'être en butte à la suspicion d'une autorité malveillante et aux persécutions quotidiennes de voisins ombrageux et jaloux, ces malheureux prenaient souvent le parti extrême d'abandonner la maison paternelle, de fuir le pays. Forcés d'errer sur les montagnes, de se cacher dans l'épaisseur des bois, dépourvus de ressource, la haine au cœur, et le ressentiment dans l'âme, ils ne reculèrent plus devant la violation du droit de propriété pour assouvir la faim qui les aiguillonnait, eux qu'on avait condamnés au mépris de tout droit et de toute justice, et se firent brigands, plutôt par la nécessité d'une position critique, que pour obéir à la perversité de leurs intentions [1].

[1] Il y eut tel juge de paix qui ne poursuivait jamais les royalistes, mais, par contre, se montrait féroce contre les républicains, poussant le cynisme jusqu'à approuver publiquement les attentats dont ces malheureux étaient victimes, et disant, en les voyant tomber : « C'est ainsi que périront tous ceux qui ont renversé les autels ».

II

La désertion. — On n'ignore pas qu'un travail de désorganisation et de provocation à la désertion s'opérait dans l'armée. Des embaucheurs circonvenaient les soldats, s'efforçaient de leur inspirer le mécontentement et le dégoût du métier des armes (ce qui n'était pas difficile), les faisaient passer à l'étranger ou en grossissaient l'armée des rebelles. De là la terrible loi du 4 nivôse an IV, visant les provocateurs à la désertion et établissant que tout embaucheur pour l'ennemi, pour l'étranger, pour les rebelles, serait puni de mort [1].

Ces dispositions sévères n'empêchaient pas le mal de s'étendre, de se propager, de s'accentuer même; et le mouvement de désertion prenait des proportions de plus en plus inquiétantes, particulièrement dans la partie haute du département. Rien d'étonnant à cela. La vallée de Barcelonnette était exempte de la milice; cette immunité fut jadis reconnue indispensable, soit à cause de sa position sur la frontière, soit à cause des Vaudois qui l'avoisinaient. A la suite de la guerre de 1743, le roi dispensa la vallée de la levée d'hommes qu'elle avait

---

[1] Voir aussi la loi du 24 brumaire an VI, visant le même objet.

à fournir ; Louis XV ne mit à la dispense d'autre condition que la rentrée de ceux qui avaient émigré. On avait d'ailleurs remarqué que les habitants de la vallée tenaient essentiellement à ce privilège, et que, toutes les fois qu'on avait tenté de faire une levée, les émigrations se renouvelaient. Le commissaire du gouvernement le constatait à son tour, et en écrivait au général commandant le département :

« ... Elle (la désertion) se fait toujours sentir
« d'une manière affligeante et se fait par bandes
« de trente à quarante..... Un défilé qui dégorge
« sur Meyronnes, trompe la surveillance du déta-
« chement de Larche ; les déserteurs se dirigent
« sur ce point et évitent ainsi le passage de Larche ;
« ce défilé doit être gardé ». On mit bien des garnisaires chez les parents des déserteurs. Mais, il en eût bien fallu avoir, des garnisaires, pour en mettre partout. Veut-on savoir à quel point était arrivé le mal de la désertion ? Un fait que nous cueillons, en passant, dans les archives départementales, peut nous en donner une idée. En l'an VII, un détachement de 31 hommes est dirigé de Digne à Nice, conduit par des officiers. Sait-on combien y arrivent ? Sept !... Tous les autres avaient déserté en chemin.

Mais, dira-t-on, comment ces déserteurs devenaient-ils brigands, puisqu'ils passaient à l'étranger ? D'abord ils n'y passaient pas tous ; plusieurs se cachaient dans les bois et faisaient bande. Le 18 floréal an VII, on en découvrait une de quarante, environ, *de toutes les classes*, cachée dans la montagne de Lure. D'autres qui, par leur présence à l'étranger, avaient facilité la coalition des puissances contre la France, étaient revomis sur notre territoire par ceux qui leur avaient donné asile ; et cela, autant pour se débarrasser d'une plante parasite, que pour jeter parmi nous de nouveaux germes de discorde. Que faisaient-ils alors ? Quelques-uns, munis de faux passeports et de faux certificats de résidence, achetés à beaux deniers à des fonctionnaires prévaricateurs rentraient paisiblement dans leur commune. Quant à ceux qui n'avaient pas eu les moyens de se procurer ces pièces et qui craignaient d'être appréhendés, ils se cachaient dans les bois, couraient d'une ferme à l'autre, et finalement se livraient au brigandage pour se procurer des moyens d'existence [1].

[1] « ... il (le déserteur) jure qu'il souffrira la mort plutôt « que de retourner à son poste ; il a manqué de subsistan- « ces, de vêtements, de souliers et de tout ce dont il avait « besoin ; il déteste la République et ceux qui la gouver- « nent ». Rapport du ministre de la police. Débats et décrets ; pluviôse an V.

III

Mais la source qui fournit le plus fort contingent au brigandage, fut incontestablement la Réquisition ; de là, l'explication de ce fait que beaucoup de brigands de profession sont de tout jeunes hommes.

« Pour exploiter l'Europe, dit Taine, il faut au
« Directoire plus de cent mille vies françaises par
« an ! Dans les hôpitaux, les soldats périssent faute
« d'aliments et de remèdes.... Pour faire rejoindre
« les réquisitionnaires, on leur donne la chasse,
« on les amène au dépôt les mains liées. S'ils se
« dérobent, on place à demeure des garnisaires
« chez leurs parents. Si le réquisitionnaire s'est
« réfugié à l'étranger, il est inscrit d'office sur la
« liste des émigrés, et, en cas de retour, fusillé
« dans les vingt-quatre heures ; en attendant, ses
« biens sont séquestrés ainsi que ceux de ses père,
« mère, ascendants. »

La loi du 24 brumaire an VI, punit d'une amende de 300 à 3.000 fr., et à un an ou deux ans de prison tout habitant convaincu d'avoir recélé sciemment un réquisitionnaire, d'avoir favorisé son évasion, de l'avoir soustrait aux poursuites des lois.

Puis, on fait un pressant appel au zèle des fonctionnaires, on ordonne l'affichage des proclamations, leur publication à son de trompe, etc., puis finalement le Directoire, « considérant que l'exé-
« cution des lois relatives aux réquisitionnaires est
« presque partout entravée ou éludée par l'insou-
« ciance ou la faiblesse des autorités auxquelles elle
« a été confiée, par l'espèce de conflit qui existe
« entre les commissaires du gouvernement et la
« gendarmerie, par l'extension arbitraire et dange-
« reuse qui a été donnée aux exceptions adoptées
« en faveur de l'agriculture et des arts; considé-
« rant qu'un grand nombre d'officiers de santé, sur
« les certificats desquels les congés de réforme
« étaient délivrés, se sont montrés indignes de la
« confiance qui leur était accordée par leur com-
« plaisance et leur vénalité..... confie directement
« et exclusivement à la gendarmerie l'exécution
« des lois concernant les déserteurs et les réquisi-
« tionnaires ». De plus, injonction est faite à toutes les autorités civiles et militaires, sous les peines portées par la loi, de dénoncer, poursuivre, faire punir tous porteurs de faux congés, fauteurs de désertion et officiers de santé prévaricateurs (art. IX).

De son côté, l'administration départementale met en mouvement les brigades de gendarmerie qui devront se porter successivement dans tous les cantons, et met en réquisition les troupes de ligne de Digne, de Manosque, etc., pour rechercher les réquisitionnaires, de concert avec la gendarmerie, reconnue insuffisante [1].

Que va faire le réquisitionnaire récalcitrant ? Ira-t-il à l'armée ? Il lui semble que là, une mort certaine l'attend. Ils sont, hélas ! si nombreux, ceux de sa connaissance qui sont partis et ne sont plus revenus ! En tout cas, les souffrances, les privations de tout genre ne sauraient lui manquer ; les rares camarades qui reviennent lui en font le récit sous les couleurs les plus sombres ; non, il n'ira pas à l'armée. Restera-t-il chez lui ? Le gendarme est là qui va le saisir. Ira-t-il se cacher dans quelque ferme isolée, en qualité de domestique ? La loi qu'il a lue, affichée aux portes de la maison commune, dit bien que celui qui aura reçu chez lui un réquisitionnaire fugitif, ne sera pas admis à proposer comme excuse valable que le dit réquisitionnaire était entré chez lui en qualité de serviteur à gages, à moins qu'il ne l'ait présenté préalablement à l'administration municipale et qu'il se soit assuré qu'il n'est pas dans le cas de la déser-

---

[1] Archiv. départ. Arrêtés du 21 et 28 frimaire an VII.

tion ¹. On ne le recevrait pas sans le présenter à la municipalité; il ne saurait être présenté sans être pris ; il n'ira pas à la ferme.

Que fera-t-il donc ? Il essaye tour à tour de tous les moyens qu'une imagination hantée par la peur et le désir de se dérober à la loi peuvent lui suggérer. De là les troubles qui se manifestent partout.

Ici, des rassemblements de conscrits résistent, à main armée, aux autorités chargées de les lever, insultent la commission, menacent le président lui criant : Tu es un J. f. ! ². Ailleurs les bandes font la chasse aux gendarmes, s'embusquent sur les chemins et leur enlèvent de vive force les réquisitionnaires ³. En d'autres pays, la résistance prend un caractère moins bruyant, mais plus irréductible, l'inertie. « Mieux vaut mourir ici qu'ailleurs », disent-ils, comme les réquisitionnaires récalcitrants de Belgique, et ils refusent de marcher. En un mot, chacun met en œuvre les moyens que ses ressources, ses relations, les circonstances lui permettent d'utiliser pour se soustraire à l'épouvante de cette terrible loi. On en vit en diverses communes

---

¹ Loi du 24 brumaire an VI, art. V.

² Ceci se passa en plusieurs communes, notamment à Entrevennes.

³ Comme à Volx, le deuxième complément de l'an VI et à St-Vincent de Seyne en vendémiaire an VII, etc., etc.

se condamner à une réclusion volontaire en des cachettes très incommodes, durant de longs mois, et n'en sortir que quelques heures chaque nuit ; d'autres, obtenir à prix d'argent, que les agents des communes commissent des faux sur les registres de l'état-civil « .... Les fonctionnaires de Chateau-
« neuf-Miravail, les Omergues, Curel, dit le com-.
« missaire Guieu, vendent leur prévarication aux
« lâches qui la sollicitent pour rester honteusement
« dans leurs foyers [1] ». L'agent de St-Vincent faisait de même, falsifiant, antidatant ou postdatant certains actes, faisant des ratures, des surcharges sur les registres pour faciliter aux réquisitionnaires les moyens d'éluder la loi.

Il y en avait enfin qui cherchaient une échappatoire dans des mariages absolument invraisemblables. Sans aller aussi loin que le dit Taine, à savoir que dans certains pays, grâce à une série de faux, une même femme se trouva mariée simultanément à dix ou douze conscrits [2], certaines communes de nos Basses-Alpes allèrent assez loin dans l'exploitation de ce truc ; car non-seulement on y pratiqua le mariage disproportionné, mais on y exploita le

---

[1] Archiv. dép., Série L., f° 518 et passim.
[2] Taine, 624.

mariage faux. Allibert de Vallavoire, âgé de 18 ans, épouse la femme Bruneti, âgée de 80 ans ; Marc Arnaud à 20 ans épouse une femme de 50 ans ; Dominique Giraut, de St-Vincent, épouse, à 25 ans, Suzanne Plaindoux qui comptait bien soixante printemps. Quand on ne trouve pas qui épouser, on fait inscrire quand même l'acte de mariage sur les registres sous un nom de femme supposé ; mais, parfois, la forfaiture est si mal combinée, que le registre spécial des conscrits indique comme non mariés ceux auxquels l'état-civil donne une épouse, et *vice versa*, et cela le même jour et la même année [1]. Mais le coin des Alpes où l'on recula, pour ainsi dire, les limites de la forfaiture, où on la poussa à un degré inconnu jusque-là, fut le canton de Méolans. Il s'y était établi un véritable atelier de faux mariages ; on y accourait en foule des cantons, et même des départements voisins, pour obtenir à prix d'argent ces précieuses exemptions de service. On en fabriqua jusqu'à trente-six dans un seul jour. En l'an IV, il ne s'était fait que six mariages dans tout le canton et les registres en contenaient bel et bien quarante-deux. Naturellement, les agents municipaux se faisaient payer leur

[1] Archiv. départ., loc. cit.

complaisance à beaux deniers comptants ; et pour augmenter le bénéfice, « ils disaient aux jeunes « gens qui les marchandaient, que la somme prin- « cipale était destinée à des fonctionnaires d'un « ordre supérieur [1] ».

Evidemment, tous les réquisitionnaires ne pouvaient recourir à ces moyens, soit par défaut de ressources, soit par défaut de complaisance de la part d'agents honnêtes et intègres, qui ne voulaient pas prévariquer ; et, par misère, par désespoir, fuyaient le pays, se livraient au libertinage, à l'oisiveté, et de là, glissaient aisément dans le brigandage.

On voudra bien ne pas trouver mauvais que nous placions ici, à titre de preuve, l'historique de la *vocation* d'un brigand raconté par lui-même. Ce récit authentique confirmera ce que nous avons dit dans le présent paragraphe, et nous fera faire connaissance avec un des plus fameux brigands de la région, dont les révélations, du reste, contribuè-

---

[1] Archiv. départ. Série L., f° 518. Voir les arrêtés des 12 fructidor an VII et du 13 frimaire an VIII, relatifs aux falsifications commises sur les registres de l'état-civil par les officiers publics. Le rapprochement des tableaux de mariage avec les registres de l'état-civil dans les communes de Méolans, Revel, Lauzet, pendant l'an IV, ne contribue pas peu à la manifestation de la vérité.

rent beaucoup à l'extinction du brigandage dans les Basses-Alpes et dans le Var, ainsi que nous aurons occasion de le dire plus loin.

Pierre Pons, dit Turriès, sommé par le juge d'instruction de Draguignan, de déclarer quand, pourquoi et comment il s'est enrôlé dans les bandes, lui fit le récit suivant :

« Il n'y a pas encore tout à fait trois ans que je fus appelé par la conscription. Jusque-là je m'étais toujours conduit en homme d'honneur et de probité. J'étais même presque entièrement décidé à me rendre à l'armée, quoique je n'eusse point de goût pour le service militaire, lorsque malheureusement, plusieurs jeunes gens de la commune de Pourrières, mes compatriotes, étant déjà fugitifs et plongés dans le crime, vinrent me dégoûter du service de la République et me solliciter de me joindre à eux. Je ne les écoutai pas d'abord, mais ensuite, venant à la recharge, ils ne m'abandonnèrent plus jusqu'à ce qu'ils m'eussent entraîné avec eux.

» A cette époque, je restai avec eux environ quinze jours dans les bois. Je ne crois pas que pendant cette quinzaine ils eussent commis quelque crime. Ce qu'il y a de certain, c'est que je n'en ai pas commis moi-même ni ne leur en ai vu commettre à eux-mêmes. Ensuite, honteux de moi-même et regrettant d'avoir pris ce parti, je les abandonnai et me retirai des bois.

« Je vois le maire de Pourrières ; il m'exhorte à prendre mon ordre de route. Je vins même en cette ville de Draguignan pour cela. Je reçois mon ordre de route et je l'entreprends de suite pour me rendre au camp de réserve à Dijon.

« Je passe malheureusement à Pourrières, et à mesure que je vais passer à ma maison pour faire mes adieux à mon malheureux père, à mesure que notre maison est située au hameau des Hermentaires distant d'un quart d'heure du village, j'y rencontre les fuyards, parmi lesquels les deux frères Roche qui sont les auteurs de mes malheurs, et qui étaient, pour ainsi dire, acharnés à ma perte. Malgré leurs vives instances et leurs pressantes sollicitations, j'eus encore le courage de résister. Ils eurent beau me tenir les discours les plus séduisants, me montrer beaucoup d'argent, une quantité considérable d'écus, me promettre que j'en aurais autant qu'eux, qu'ils partageraient avec moi ; je ne les écoute pas et je reprends ma route pour l'armée.

« En effet, je me rends à Aix. Mais, jugez de la fatalité de mon sort ! Il faut que les frères Roche me suivent encore, et je les rencontre à Aix.... Ils se mettent à mes trousses et ne m'abandonnent plus jusqu'à ce qu'ils aient achevé de me gagner et de me décider à déserter. « Nous allons t'attendre, « me disent-ils, au ci-devant château de St-Marc « des plaines », où j'eus le malheur de me rendre.

« — Quel est le premier crime qu'ils vous engagèrent à commettre avec eux ?

« — Trois ou quatre jours après que je fus réuni à eux, nous allâmes arrêter sur le grand chemin, au logis d'Anne, terroir de Jouques, au nombre de 18....... Nous arrêtâmes d'abord plusieurs voyageurs, et puis la diligence d'Aix à Digne ; nous enlevâmes, ce jour-là, beaucoup d'argent et beaucoup d'effets [1].

« — Quel est l'autre crime ?

« — Trois jours après, nous vînmes au St-Pilon, entre St-Maximin et Pourcieux, arrêter le courrier de la malle et le courrier d'Espagne ; nous étions peut-être au-delà de 25....... Après les deux précédentes expéditions, nous allâmes aux communes de Brunet et de Majastres (Basses-Alpes), etc., etc.[2] ».

---

[1] La diligence qui allait d'Aix à Digne ayant été souvent arrêtée, on la remplaçait parfois par une simple charrette sur laquelle on déployait une tente afin de tromper les sentinelles, et par ce stratagème, éviter d'être volé.

[2] Extrait de la « Copie de la procédure instruite contre les prévenus de brigandage », 1'° partie, t. I, f° 102 et seq.

L'interrogatoire de François Ripert de Pourcieux nous fournit une autre preuve de la répulsion des réquisitionnaires pour l'armée. Parlant de Louis Brémond, autre brigand, il dit au juge d'instruction : « ...... Pendant que nous étions à prendre le frais sous les peupliers, Mouttet, Brémond et moi, Brémond nous dit : — Est-ce que vous ne savez pas ? Nous sommes ici trois réquisitionnaires. On parle encore de nous faire marcher par force. Qu'en pensez-vous ? Que voulez-vous faire ? Quant à moi, je ne marcherai pas, je préfère m'enrôler dans les bandes de brigands.

— Qu'est-ce que tu dis là ? lui répondis-je moi-même, tu n'y penses pas ! et tu n'en feras rien. Il faut avoir des sentiments et ce parti te mènerait à perdition ; et quand même tu ne voudrais pas le faire pour toi, tu ne dois pas déshonorer ta famille et la désoler.... Alors, il me répondit : « J'aime « mieux mourir ici le ventre plein de poulets, qu'à « l'armée le ventre plein de pain de munition ». Et il tint parole [1].

[1] Copie de la procédure, etc., 1ʳᵉ partie, t. I, f° 393. Ce cynique, en argot de la bande, s'appelait « la Bédoque ».

IV

« .....Quitte ta pioche, prends le fusil ! Tu te « massacres pour ne gagner que trente sous ! Viens « avec nous ; tu auras beaucoup d'argent, tu feras « bonne chère et tu auras du beau temps » [1].

C'est en ces termes qu'un des plus fameux bandits s'adressait à un honnête travailleur pour l'embaucher dans le brigandage. N'est-ce pas que ce mot dit tout ? et qu'il ouvre, aux regards de l'homme auquel pèse le joug du devoir, une enivrante perspective ? avoir de l'or, satisfaire ses appétits, ne rien faire ; l'or, le plaisir, la paresse, voilà certes de puissants facteurs qui, de tout temps, ont créé, et aujourd'hui encore créent les bandits. Il est certain, en effet, que le libertinage, l'amour effréné de l'or, la perspective d'une vie oisive, agrémentée de scènes de débauche, exercèrent un puissant prestige sur ces imaginations de vingt ans. La souffrance et la mort d'un côté ; le plaisir et la liberté des vastes horizons de l'autre ! Comment hésiter, quand une barrière faible, comme l'était chez nous le sentiment du patriotisme, vous retient seule ?..... Il n'y a qu'à suivre dans la carrière du

---

[1] *Ibid.*, t. III, f° 191.

crime ces jeunes hommes de dix-huit à vingt-cinq ans, aux passions neuves et vives, tous ardents au plaisir; il n'y a qu'à voir avec quelle brutalité ils se ruent au plaisir, au crime, fiers de jouir, plus fiers d'échapper à la mort qui les guette sans cesse, pour être convaincu que plus d'un roula dans l'abîme, fasciné par la perspective de la jouissance, du plaisir. Voyez que de viols, que d'outrages commis avec toute la férocité d'un homme qui ne sait plus maîtriser ses passions! Insensibles aux supplications, aux larmes, durs comme des rocs en face des scènes les plus attendrissantes, c'est avec le poignard à la main qu'ils courent au plaisir. Ou mon plaisir ou la mort, voilà leur devise!

Voyez quelle soif de l'or, de cet or pour lequel il expose mille fois sa vie, de cet or avec lequel il peut se livrer à sa passion favorite! « Allons chez le B... nous en apportons une panal d'écus! »

Voyez ce Pierre Roux, dit *lou Piétoux* (par antiphrase sans doute), joueur effréné de Vendôme. Il regorge d'or et d'argent, car il vient de voler le trésor public dans le bois de Cadarache, ce qui ne l'a pas empêché d'assassiner un misérable mendiant sur la route pour lui ravir les quelques liards qu'il a recueillis pendant le jour. Il est là, assis devant la table de jeu; quand il perd, on le voit tirer insouciamment de sa poche ses mains remplies d'écus et de louis d'or, mêlés, et dire à son partenaire, avec la désinvolture d'un habitué du tapis-vert : « Què l'argen té fagué pas poou ! « L'ia din lou bouos dé Négrèou un orfèvro qué mé nen fabrico..... Aï lou mouolé deis escus, nen faou tan qué vouoré ! »...

V

Les complices. — On peut affirmer que le brigandage n'aurait pas si longtemps ni si cruellement exercé ses ravages dans la partie méridionale de nos Basses-Alpes, si les hommes qui se sont livrés à ce genre de crime n'avaient pas trouvé des complices parmi les habitants des campagnes, et surtout parmi ceux qui, à raison de leur situation de fortune, paraissaient être à l'abri de la corruption, et par là même, étaient exempts de tout soupçon.

L'expérience a prouvé, en effet, que les hommes de cette espèce furent excessivement dangereux, précisément parce qu'ils n'inspiraient aucune méfiance. Ils paraissaient tranquilles dans leur habitation ; ils avaient l'air de se livrer exclusivement au soin de leurs affaires, à leurs travaux agricoles, alors que, la nuit venue, les bandits se donnaient rendez-vous chez eux pour y former tout à l'aise leurs projets, combiner les moyens d'exécution et désigner leurs victimes. Et voyez, jusqu'à quel point ils poussaient la scélératesse ! Quelquefois, ils prenaient le soin de se plaindre les premiers de ces visites, afin d'écarter les soupçons du public. On en vit même qui se prêtèrent à l'ignoble comédie d'attaques simulées, d'accord avec les brigands, qui, faisant irruption chez eux, feignaient de les piller, les menaçaient de les torturer, de leur ôter la vie, afin de les autoriser à se plaindre et d'éloigner d'eux toute idée de complicité. Au contraire, les personnes qui avaient été véritablement victimes du brigandage, ne portaient aucune plainte, désavouaient les outrages reçus et n'avaient pas même le courage de déposer la vérité devant la justice lorsqu'elles étaient appelées en témoignage dans la crainte de s'exposer à la vengeance des brigands et de leurs complices [1].

Sans doute, les dispositions les plus rigoureuses furent prises, soit contre les complices, soit contre

---

[1] « Le peuple est tellement effrayé qu'on ne porte pas « même plainte, chacun craint, chacun tremble, personne « n'ose parler ». C'est la réflexion qui s'étale dans chaque rapport des maires des localités infestées, aux commissaires du gouvernement établis près le tribunal spécial.

les localités dans lesquelles les brigands étaient reçus.

Le général Férino écrivant au préfet, en date du 9 messidor an VIII, lui disait : « Je sais que Noyers « a reçu dix brigands ; que ces scélérats sont pro-« tégés par la masse des habitants dans presque « toutes les communes. Avertissez-les que je mar-« che avec du canon, et que je ferai mettre le feu « dans tous les lieux où les assassins auront été « reçus sans résistance ».

D'autre part, dans sa lettre d'amnistie, il déclare que toute commune, tout village, hameau, où les brigands auront été reçus sans résistance de la part des habitants, sera frappé de la loi du 10 vendémiaire an IV, et le jugement, rendu de suite, sera exécuté militairement. « ... Je veux le retour de la « paix dans les Basses-Alpes, et l'anéantissement « du brigandage, dit le général Pelletier, comman-« dant le département ; si je ne puis atteindre les « brigands, je frapperai leurs complices ».

Mais toutes ces mesures n'entravaient guère la complicité provenant, chez les uns, de la peur, chez les autres de l'appât d'un gain sordide, chez d'autres enfin, il ne faut pas craindre de l'avouer, du désir de faire exécuter par le poignard habile du bandit une vengeance qu'ils n'étaient pas en mesure d'exercer directement eux-mêmes.

Et, disons-le en finissant, les difficultés qu'éprouva le gouvernement pour extirper entièrement le brigandage, vint en grande partie de ce que des complices, se disant honnêtes gens, favorisaient les bandes de scélérats, soit en leur donnant sciemment refuge dans leur maison, soit en leur fournissant des vivres, en recélant les objets volés, soit en les servant de tous leurs moyens et de toute sorte de manières. Ils comptaient d'autant plus sur l'impunité, qu'ils se regardaient au-dessus même du soupçon ; ils parvenaient ainsi à neutraliser les grandes mesures que le gouvernement prenait pour la destruction du brigandage.

CHAPITRE III

Organisation des bandes.

Formation des bandes. — Leur nombre. — Leur chef. — Dénominations diverses. — Leurs repaires et points de réunion. — Leurs correspondants et receleurs. — Femmes brigands. — Leur costume. — Leurs sobriquets. — Leurs tailleurs, cordonniers, chirurgiens. — Leur passe-port. — Leurs diverses manières d'opérer. — Cartes de sûreté. — Pourquoi les paysans ne se défendaient pas. — Etat d'esprit des populations rurales.

On a pu voir, dans le précédent chapitre, les résultats que produisirent chez nous les vicissitudes politiques, les vexations qui en furent les suites, ainsi que la désertion, les lois sur la réquisition, la levée à outrance, etc. Tous ces persécutés fugitifs, toutes ces victimes de tribunaux corrompus et de juges prévaricateurs, ces déserteurs, ces réquisitionnaires rebelles, ces libertins, ces dévoyés en un mot, de tous pays, de toute classe, jeunes pour la plupart, fuyant une société qu'ils considéraient comme une marâtre, comme une ennemie, devaient naturellement s'en constituer une, conforme à leurs goûts, à leurs appétits, à leur situation présente ; car l'homme, quel qu'il soit, ne saurait tromper la nature, il lui faut une société.

Pour lutter contre l'ennemi commun, d'ailleurs, ne leur fallait-il pas une force organisée ? Instinctivement, ils la cherchèrent dans l'union.

Déjà, unis entr'eux par les liens d'un commun danger, d'une misère commune, dévorés par les mêmes appétits, esclaves des mêmes instincts, ils mirent en commun leur mécontentement, leurs vengeances et leurs convoitises, et mirent aussi, au service de ces passions misérables, leur force, leur audace, leur mépris de la mort. De cette masse commune, d'instincts pervers et de force brutale, sortit ce monstrueux agent anti-social qu'on nomma le brigandage, qui terrorisa une partie de nos Alpes et tint longtemps en échec les forces combinées du pouvoir.

Les bandes étaient formées.

Quatre de ces bandes désolèrent notre malheureux département, dont trois étaient exotiques.

La bande dite de Pourrières qui avait son quartier général dans les bois d'Ollières ;

La bande qui tenait les bois de la Sambucque ;

La bande dite de Vaucluse qui opéra surtout

dans les communes de la rive droite de la Durance et dans les environs de Lure.

Enfin la bande dite d'Oraison, presque exclusivement composée de Bas-Alpins.

Ces bandes, plus ou moins nombreuses, d'un contingent variant entre douze et dix-huit, opéraient pour l'ordinaire isolément et chacune pour son compte; mais elles savaient se mobiliser très rapidement lorsque l'importance du vol à commettre exigeait un renfort de forces.

Le point de réunion de ces soldats du crime était toujours choisi avec prudence et tactique, de façon à esquiver les dangers, à éluder la surveillance de la force armée et à échapper à ses poursuites.

A la tête de chaque bande était un chef élu. Généralement plus hardi, plus entreprenant, plus intelligent que les autres, il recevait les correspondances, entretenait les relations avec les bandes voisines et les complices, dirigeait les expéditions, donnant le signal de l'attaque et celui de la retraite quand il jugeait que l'expédition avait assez duré. Un signe extérieur particulier, tel que chapeau de général, avec panache, grande médaille pendue au cou, etc., le distinguait de ses séides sur lesquels il exerçait un pouvoir absolu. Il ne prenait, dans le partage du butin, que la part commune qui lui revenait [1].

Les nombreux documents que nous avons dû parcourir, nous montrent que ces soldats du crime portaient des noms différents selon la région qu'ils occupaient.

Dans un certain rayon du Var et des Basses-Alpes, on les appelait *Chouans*, les identifiant bien à tort, selon nous, avec les paysans du Maine et de la Bretagne qui, cachés derrière les haies, combattaient pour la cause royaliste ou religieuse, et dont les désordres, quoique très condamnables, avaient du moins un motif ou un prétexte qui leur donnait un semblant d'honnêteté.

Les divers arrêtés préfectoraux les nomment, tantôt *anarchistes*, tantôt *chauffeurs*, parce que quelques-uns chauffaient les pieds de leur victime, après l'avoir pendue, pour lui faire dire où était caché l'argent, tantôt *Barbets* nom emprunté aux Vaudois du Dauphiné, de la Savoie, du Piémont dont le chef portait le nom de « Barbe » et qui, en l'an VII, dévastaient la Savoie et le Piémont ainsi que les Alpes-Maritimes. Quant à eux, ils s'appelaient et se faisaient appeler du nom moins odieux

---

[1] Pour le costume du chef de bande, voir t. I, f° 121, opus. cit.

et presque sympathique de « Pauvres fuyards [1] ».

Les grands bois de Cadarache, de la Sambucque, d'Ollières, le bois de Vacon près de Rians, la forêt de Négrel ; chez nous, les montagnes de Luberon et de Lure, les grands bois qui s'étendent entre Valensole, Puimoisson et Brunet, les hubacs épais de l'Asse, les gorges nombreuses qui sillonnent les plateaux de Puimichel et d'Entrevennes jusqu'aux Mées et Oraison, leur servaient de quartier général. Ils pouvaient bien facilement s'y cacher, s'embusquer en tirailleurs, dépister la force armée. Ils trouvaient, du reste, dans les charbonniers qui fréquentaient ces bois, des indicateurs, et, parfois, des pourvoyeurs de vivres.

Le 19 pluviose, an VIII, le commissaire du département, comprenant un peu tard la complicité que prêtaient aux bandits les bois épais, les fourrés impénétrables, enjoignait aux administrateurs des cantons situés dans l'arrondissement de Digne, de faire couper jusqu'à soixante toises les bois qui couvraient les avenues des routes, d'après les intentions du général commandant la huitième division. La mesure était bonne, sans doute, mais un peu

---

[1] C'était la suscription de leur correspondance dont le juge de paix trouva des échantillons dans les ruines de la fameuse explosion d'Aups.

tardive. Déjà le cahier des doléances d'Aups (1789) signalait les bois qui couvrent les grandes routes de Moissac, Fabrègues, Beaudinard, comme une des « sources principales des vols faits sur les « grands chemins et les campagnes », et rappelait les arrêts de la Cour qui ordonnaient de détruire ces bois à quarante toises du grand chemin. — D'autre part, le maire de Varages, dans son rapport sur l'assassinat du fils Cassagne, percepteur, s'exprimait ainsi : « .... Depuis le temps qu'ils (les bri-
« gands) arrêtent et qu'ils assassinent sur la route
« de Bruc à St-Maximin, l'on aurait dû couper le
« bois qui avoisine le chemin à une distance con-
« venable pour que le voyageur ne fût pas surpris
« par les brigands ; cependant le bois existe tou-
« jours, et toujours aussi l'on y arrête et l'on y
« assassine [1] ».

En outre, certaines bastides isolées sur la lisière des bois ou perdues sur de vastes plaines leur servaient de lieu de rendez-vous. L'accueil y était toujours favorable, parfois même bienveillant. On y faisait les principaux repas, on y jouait, on y passait la nuit en cas de mauvais temps, on s'y reposait après une expédition, on s'y faisait soigner de

[1] Ce rapport est signé « Bouteil, maire » 30 vent. an IX. Procédure, t. IV, f° 568.

ses blessures et en cas de maladie. Ces repaires étaient, malheureusement, assez nombreux. Beaucoup nous sont connus par des pièces officielles ; nous nous abstiendrons de les nommer tous.

C'est dans ces milieux amis qu'ils avaient quelques-unes de leurs caches, dans lesquelles chacun déposait sa part de butin quand il ne pouvait pas en tirer parti de suite ou la transporter ailleurs. Ces caches étaient, pour la plupart, ingénieusement pratiquées soit dans des grottes voisines, aux ouvertures dissimulées, soit dans l'épaisseur d'un mur, ou même dans une fosse creusée dans les étables et sous la litière des animaux. Là étaient déposés les objets trop encombrants comme pendules, argenterie, pièces de cuir ou d'étoffe, liasse de dentelles, sabres, linge, hardes, etc., qu'on ne pouvait commodément emporter avec soi, jusqu'à ce que les femmes affiliées aux bandes vinssent nuitamment les prendre, les vendre et en apporter le produit aux bandits.

Car, il ne faut pas l'ignorer, il y eut aussi des femmes brigands, dont les unes suivaient les bandes pour s'abandonner au libertinage ; d'autres, ayant domicile, se déguisaient en hommes, et se mêlaient aux bandits pour prendre part aux expéditions. « Cette femme, dit Turriès, en parlant de J. P., a

« fait plus de mal que le diable ; c'est un démon.
« Son mari a été fusillé, mais c'était un bon diable
« qui n'avait rien fait en comparaison d'elle. Elle
« nous donnait à manger, nous apportait des vi-
« vres, nous logeait, faisait nos commissions et
« était la.... de l'un et de l'autre [1] ».

Et, parlant de la Belle-Marchande, autre femme brigand, il ajoute : « ... Cette méchante femme en a fait de toutes les couleurs, jusqu'à se déguiser et s'habiller en homme et commettre des vols sur les grands chemins avec les bandes [2] ». La chose lui était d'autant plus facile que tenant auberge sur une route assez fréquentée à l'époque, elle était en situation pour se renseigner exactement sur l'heure du départ des voyageurs, la direction qu'ils devaient prendre, le genre d'affaires qu'ils allaient traiter et l'importance de la somme dont ils étaient porteurs. Ces indications, transmises à propos à l'espion de la bande, permettaient aux brigands de préparer leur coup de main. Rien d'étonnant que parlant de cette misérable, le fameux Turriès ajoute : « Cette méchante femme a fait elle-même plus de « mal qu'on ne saurait imaginer et décrire. »

Quant au costume, il variait suivant les bandes.

---

[1] Procédure, etc. Interrogat. Turriès, t. I, f° 89.
[2] Procédure etc., t. I, f° 141. — Voir aussi f° 144-146.

Le chef, ainsi que nous l'avons dit plus haut, portait ordinairement une médaille d'or ou d'argent sur la poitrine et un chapeau à plume, dépouille de quelque officier assassiné. Les bandits du Var portaient des plumes au chapeau, les uns blanches et noires, les autres blanches et rouges. La carmagnole blanche ou bleue, la ceinture rouge garnie de cartouches, de stylets, de pistolets, la culotte nankin, les cheveux longs et flottants retenus au bout par un plomb, et l'inséparable carabine formaient le costume et l'équipement du brigand en campagne. Parfois, au moment de l'attaque, ils jetaient sur leurs épaules une sorte de chape ou caban pour dissimuler la couleur des vêtements, et, presque toujours, mettaient sur leur visage un mouchoir qui le couvrait depuis les yeux jusqu'en bas, quand ils ne rabattaient pas le capuchon auquel ils avaient pratiqué deux ouvertures pour les yeux.

Mais ce n'est pas seulement les formes extérieures qu'ils cherchaient à dissimuler, à travestir ; et on dirait vraiment que, ayant pour la plupart abjuré les liens de famille, ils en avaient dépouillé jusqu'à l'appellation patronymique pour prendre un nom de guerre. Rien de plus pittoresque, en l'espèce, que cet étrange vocabulaire au moyen duquel le nom patronymique disparaissait des appellations habituelles ; sage précaution pour n'être pas reconnu quand, au cours d'une expédition ou d'une arrestation, ils avaient à s'appeler. On voit là Lou Recolè, lou Grava, lou Pouri-Pastré, lou Manchè-d'Estrillo, lou Nas-Rata, la Bédoquo, lou Bou-de-Barro, lou Jèsu, lou Réprésentan, lou Goï, l'Enguentiè, lou Capélan, lou Vala, l'Empéza, l'Abè, l'Aléman, lou Carandro, lou Bidoï, lou Nino, lou Reinar, lou Pipi, la Lachugo, la Vendé, lou Francio, lou Capèou, lou Diou-me-danè, lou Piétoux, etc., etc.

Nous avons dit, plus haut, que les objets volés, tels que étoffes, pièces d'indiennes, de cuir, étaient ordinairement revendus par des receleuses complaisantes. Il faut, pour être dans le vrai, ajouter que chacun gardait pour soi les objets d'équipement ou de parure qui lui étaient indispensables ; et, lorsque la culotte, lorsque la Carmagnole étaient usées, on allait poliment réquisitionner un tailleur qui, dans les bois, ou dans une ferme amie, venait confectionner les vêtements de Messieurs les brigands, lesquels achetaient le silence de l'ouvrier à beaux deniers, y ajoutant même une bonne menace de mort ou d'incendie de sa maison pour le cas où il ne saurait tenir sa langue [1]. Autant en faisaient-

---

[1] Procédure, t. 1, f° 77 et passim.

ils pour le cordonnier, voire même pour le chirurgien quand quelque bandit, blessé à une attaque, avait besoin de ses soins. Le blessé, porté dans quelque ferme ou caché dans quelque caverne, y recevait la visite de l'homme de l'art, qui, son œuvre achevée, retournait au logis et gardait un secret duquel dépendait sa vie.

Mais il n'était pas aussi facile de se procurer un armurier qu'un cordonnier, et le fusil était l'arme indispensable du brigand. Quand donc une arme avait besoin d'être réparée, le brigand partait pour la ville, et comme, en ce temps, nul ne pouvait s'aventurer sur la route sans être muni d'un passe-port, chacun de ces messieurs avait le sien. Un marchand de fer, dit « la Nicaise », demeurant à Aix, était parvenu à fabriquer les empreintes de différentes communes. Il leur vendait donc, moyennant trois, quatre, cinq louis d'or, des passe-ports sous des noms supposés et les estampillait à l'empreinte d'une commune réputée comme n'ayant fourni aucun brigand. Muni de cette pièce, le bandit pouvait plus aisément circuler, se montrer, sans avoir à redouter la rencontre fortuite de quelque gendarme déguisé ou de quelqu'une des nombreuses colonnes mobiles qui sillonnaient nos pays.

Il nous reste à dire un mot sur leurs diverses

manières d'opérer, car il y avait variété dans leur mode d'attaque. Si, sur le grand chemin, au coin d'un bois, ils pouvaient attaquer le voyageur sans avoir à dissimuler la perversité de leur dessein, dans d'autres cas, ils devaient ruser et donner le change pour arriver plus aisément à leurs fins.

S'agissait-il de pénétrer dans un village qu'on voulait piller, et qui, par sa situation élevée, permettait de voir venir l'ennemi de loin ? La tactique était avant tout d'éviter de donner l'éveil, d'empêcher qu'on sonnât le tocsin, qu'on fit les signaux prescrits par l'administration en pareils cas, qu'on courût aux armes. Ils changeaient de costume, marchaient en file régulière, menant en tête du détachement, un homme enchaîné, un malfaiteur déguenillé qui affectait un maintien embarrassé et honteux. Ils se présentaient ainsi et pénétraient dans le village, aux applaudissements des pauvres gens trompés, qui les prenaient pour un détachement de colonne mobile. Ils saluaient poliment les habitants et faisaient mine de se diriger vers la mairie pour mettre le prisonnier en lieu de sûreté. Mais quand on arrivait devant la maison désignée par avance au pillage, le faux prisonnier s'échappait des mains de ses gardiens, se précipitait dans cette maison ; deux ou trois soi-disant soldats l'y suivaient pour l'appréhender, une sentinelle était placée à la porte pour empêcher toute évasion, et... le tour était joué.

Le maître se présentait alors. Le canon du fusil sur la poitrine : « C'est ton argent que nous voulons ». « Allons, enfants, disait le chef, c'est le moment de travailler ». Les brigands aussitôt de tirer le poignard, d'en diriger la pointe à la poitrine ou au cou de la victime; ils l'en piquaient légèrement d'abord si elle ne s'exécutait pas assez promptement. Pendant ce temps, d'autres procédaient au pillage de la maison. Une fois l'opération terminée et tout le butin mis à part, la bande partait en bon ordre, emportant paquets, hardes, etc. Malheur à quiconque aurait eu la témérité de les suivre ou même la curiosité de les examiner de trop près ; il était couché en joue et lestement fusillé [1].

D'autres fois, ils entraient crânement dans un pays, au nombre de quarante ou cinquante, ayant à leur tête un tambour qui battait le pas de charge; et cela en plein midi, comme ils firent notamment à Varages, où eurent lieu plusieurs vols et assassinats [2].

[1] Ainsi procédé dans la maison de Guillaume Gilet, le 2 messidor an VIII. Procédure... f° 337. Id. chez Pourcelly, notaire à St-Julien-le-Montagnier, t. III, f° 414, et ailleurs.
[2] 8 frimaire an IX. — Procédure, t. IV, f° 559.

Le village à piller était-il de ceux que l'on peut surprendre presque sans être vu ? On s'y prenait d'une autre manière. Les brigands investissaient la petite agglomération, plaçant des sentinelles sur les hauteurs voisines, le long des avenues, avec ordre d'empêcher les habitants, soit de rentrer dans la commune, s'ils en étaient hors, soit d'en sortir pour aller chercher du secours. Ceux trouvés sur les chemins aux abords du pays, étaient parqués dans le premier réduit venu et gardés à vue. Dans le pays, d'autres sentinelles étaient placées à l'issue de chaque rue, fusil au poing. « Que chacun rentre chez soi, leur criait-on, celui qui sort est fusillé ». C'était la consigne. C'est ainsi qu'on opéra notamment à Brue, dans le Var, où furent commis trois assassinats par seize à dix-sept brigands, en thermidor an VIII, et chez nous à Brunet, Majastres, Gréoux, Sigonce, etc. [1].

Ils y mettaient moins de façon lorsqu'il ne s'agissait d'envahir qu'une maison de campagne isolée.

C'était tantôt d'une façon fort civile qu'ils se présentaient, demandant seulement à manger et à boire : « Eh le père ! Eh ! la mère ! N'auriez-vous rien à nous faire manger ? Nous avons bien faim ».

D'autres fois ils se faisaient passer pour des gen-

---

[1] Procédure, t. III, f° 138, et t. III, f° 477.

darmes déguisés, le chef s'habillant alors en militaire. « Holà, qui est le maître ici ?... Nous som-
« mes ici pour faire la visite et voir si vous n'avez
« pas de réquisitionnaires ». Ils demandaient alors au fermier, à sa femme, s'ils ne connaissaient pas tel ou tel brigand, si telle ou telle bande n'avait pas passé par là ; et, suivant le sens de la réponse, ils frappaient ou restaient tranquilles !...

Parfois aussi, c'était par irruption violente qu'ils pénétraient, couchant tout d'abord en joue le propriétaire pour ne pas lui donner le temps de saisir une arme, frappant, brutalisant les femmes, etc. Puis le pillage achevé, et la maison mise à sac, ils se moquaient encore des pauvres victimes : « Allons !
« au revoir ! nous vous laissons les yeux pour pleu-
« rer » ; ou bien comme à Ginasservis : « ...Nous
« vous laissons enfermés à clef, de peur qu'on ne
« vienne vous voler ! [1] ».

Si l'agression avait lieu pendant la nuit et qu'il fallut se faire ouvrir les portes, ils recouraient à divers stratagèmes. Le plus souvent ils allaient requérir et faisaient marcher, le fusil dans les reins, un parent, un ami intime, un ancien serviteur de celui qu'on voulait piller. Arrivé devant la porte,

---

[1] Voir procédure, t. IV, f° 491. Déposition de Richaud.

on le forçait d'appeler, de se faire connaître, de se faire ouvrir la porte; et, une fois la demeure ouverte, la bande s'y précipitait et s'y livrait à tous les excès, ayant soin, auparavant, d'enfermer en lieu sûr, celui ou celle qui lui avait servi de guide.

Lorsqu'ils assassinaient quelqu'un, il arrivait parfois qu'ils s'excitaient mutuellement à porter chacun leur coup de poignard à la victime, alors que la vie l'avait déjà abandonnée [1].

On vit même parfois, chose plus monstrueuse encore, le père mener son fils au brigandage, lui passer son poignard, l'exciter à frapper, le féliciter quand il avait montré du courage et de la fermeté [2]. D'autres ne rougissaient pas de vivre du fruit des crimes de leur fils. « Qu'avez-vous gagné aujour-
« d'hui, vous autres, disait J. C. à deux bergers du
« Rouméjas (Entrevennes), nommés Colombet et
« Manent, qui avaient gardé leur troupeau toute
« la nuit? Mon petit drôle, avant le soleil levé,
« avait déjà gagné douze louis, qu'il m'a remis ce
« matin [3] ».

---

[1] Ainsi pratiqué sur le corps de Chauvet, assassiné entre Riez et Quinson.

[2] Voir procédure, f° 447 et t. III, f° 80-81.

[3] Lettre de Rollandy au commissaire du gouvernement, 7 messidor an X. Le propos avait été tenu le 28 thermidor an VIII.

Quant aux arrestations sur les grands chemins, elles avaient lieu en la forme ordinaire. Un, deux, trois bandits surgissaient à l'improviste du fond d'un fossé, de derrière une haie, ajustaient le voyageur, lui disant : « Approche, c'est ici le bureau des vérifications ». Il nous faut ton argent ; donne ta bourse. Les uns le fouillaient, les autres le tenaient en joue. D'autres fois : — « D'où êtes-vous ? — D'Esparron, de St-Martin, etc. — Passez. — Et vous ?... » et selon le pays qu'on nommait, on était dépouillé, maltraité, assommé ou laissé libre. Dans aucun cas, il ne fallait se permettre de considérer attentivement les bandits : « Ne regardez pas ; si « vous nous fixez, nous vous brûlons la cervelle ».

Il arrivait parfois que tous les voyageurs d'une caravane arrêtée n'étaient pas dépouillés, et que tel muletier, par exemple, passait son chemin le plus paisiblement du monde, alors que ses compagnons de route étaient dépouillés jusqu'au dernier liard. Le bénéfice de cette immunité résultait pour le voyageur indemne, non-seulement du pays qu'il habitait, de la famille à laquelle il appartenait, de ses relations plus ou moins éloignées avec quelqu'un de la bande, mais surtout de la production de sa carte de sûreté ; car, messieurs les brigands fabriquaient et vendaient ce qu'ils appelaient une

« carte de sûreté ». C'était tantôt un sauf-conduit rédigé en bonne et due forme, tantôt un objet de forme particulière et conventionnelle, un couteau à telle marque, un morceau d'os portant des coches, etc., etc. Il suffisait, au voyageur arrêté, de montrer l'objet en question, pour qu'il pût circuler librement sur la route sans être aucunement molesté.

Mais, dira-t-on, et c'est par cette réflexion que nous terminerons ce chapitre, comment expliquer que les voyageurs, les fermiers, les ruraux se laissassent dépouiller, égorger, sans opposer de résistance ?

Et d'abord, les voyageurs, bien que groupés ordinairement en petite caravane, étaient toujours surpris par les bandits en embuscade derrière un mur, une haie, dans un bois ; et, eussent-ils possédé des armes, n'auraient eu ni le temps ni le moyen de s'en servir, les bandits paralysant tous leurs mouvements en les mettant en joue aussitôt qu'ils les apercevaient. Des soldats escortaient bien le trésor public qu'on portait d'Aix à Digne en l'an VI ; ce qui n'empêcha point les brigands de le piller, après une rude fusillade, dans le bois de Cadarache. Et la colonne mobile de Pourcieux n'était-elle pas armée ! Oui, puisqu'elle fut lestement désarmée par les brigands en prairial an VIII !... [1]. Il faut croire, aussi, qu'ils étaient bien armés, les soldats qui escortaient l'équipage du général Bonaparte à son retour d'Egypte (vend. an VIII). Ce qui n'empêcha point que les soldats cédèrent après une lutte terrible, devant les trente-deux brigands, et ne purent défendre l'équipage qui fut pillé [2]. Ils étaient pareillement armés les soldats qui escortaient le trésor public de Sisteron à Digne. Il fut quand même assailli en dessous de Salignac, un peu avant d'arriver à Volonne, la promptitude, la soudaineté de l'attaque ne laissant aux agressés aucune possibilité de se défendre contre un ennemi qu'on ne voyait parfois qu'après en avoir essuyé le feu.

Les campagnards pouvaient-ils mieux se défendre dans leurs bastides que les voyageurs et les soldats sur les grands chemins ? Tous ou presque

[1] Procédure, t. I, f° 9.
[2] Les brigands, au nombre de trente-deux (leurs noms sont au tome I de la procéd., f° 97), pillèrent du linge en quantité, des couverts, salières, chandeliers en argent, des pistolets garnis argent, un très beau sabre, une montre à répétition, des pendules de prix, etc... et une somme considérable en or monnayé. Le partage se fit dans le bois de Vacon. Ce qui ne put être porté immédiatement, fut caché sur les limites des terroirs de Rians et de Jouques... (Procéd. t. I, f° 21 et passim.) L'arrestation eut lieu sur la route de St-Maximin à Aix. Bonaparte avait dû débarquer à Saint-Raphaël de Fréjus, le 15 vendémiaire an VIII.

tous étaient désarmés. Il est bien vrai que, dans l'état de distribution de quatre-vingt-dix-sept mille neuf cent trois fusils à faire aux quatre-vingt-trois départements du royaume, d'après le décret du 28 janvier 1791, le département des Basses-Alpes en avait reçu quatre mille deux cent quarante-quatre, chiffre minimum que chacun des vingt-un départements-frontières de première ligne devait posséder. Mais les désarmements successifs tantôt des royalistes par les républicains ; tantôt des républicains par les royalistes ; les dispositions de l'arrêté du Directoire du 13 pluviôse an V, défendant aux arquebusiers et armuriers de vendre ou d'acheter des armes à feu, ordonnant à tout propriétaire d'armes et de munitions de les déposer à la mairie, et enlevant armes et munitions aux gardes nationales et colonnes mobiles pour les déposer dans les magasins militaires ; enfin l'enlèvement de toute arme à feu aux nombreuses communes mises en état de siège, etc., etc., toutes ces dispositions, dis-je, avaient laissé le peuple complètement désarmé. De là cette parole un peu exagérée, peut-être, de Mallet-Dupan : « ... De Perpignan à Lille, « il ne reste pas un fusil ni dans les villes ni dans « les campagnes ».

D'ailleurs, le paysan fut-il armé (et il y en a bien

qui l'étaient) eût-il jugé prudent de faire usage de ses armes ? En face de dix ou quinze brigands qui lui donnaient l'assaut, le chef de famille, seul armé, pouvait bien faire feu, une, deux, trois fois ; mais, obligé de succomber devant le nombre, que devenaient ses enfants, sa femme, sa vieille mère ? Que devenait-il lui-même ? Sa tentative de résistance ne servait qu'à le perdre plus sûrement. Souvent, la femme empêchait le mari de se défendre, et lui conseillait de se cacher, s'exposant elle-même à toutes les brutalités pour sauver la famille du meurtre et la maison de l'incendie. Et il ne fallait guère songer à appeler à l'aide, les voisins, les passants, les domestiques. On a eu vu six bandits attaquer des campagnes où travaillaient six couples de moissonneurs tous jeunes, vigoureux, armés de faucilles ; ils ne remuaient non plus, en voyant assommer le maître sous leurs yeux, que si de rien n'eût été [1].

Ainsi la perspective d'une résistance inutile, la

[1] Ceci se passa notamment à Aiguines. Procédure, t. III, f° 141 et f° 204, nous lisons ceci : « Il passa peut-être cent voyageurs pendant qu'ils nous tenaient, et ils ne les volèrent pas ». Ces cent voyageurs passant à côté de pauvres gens qu'on dépouillait n'essayaient pas même de les délivrer. Les bergers et laboureurs dans les champs, témoins d'une arrestation, se gardaient bien de crier : . même de détourner la tête.

crainte surtout de représailles sanglantes paralysaient toute velléité de défense. Et, devant cette impossibilité de résister, devant l'inefficacité et l'insuffisance des mesures prises par le pouvoir central, la grande préoccupation du bastidan était de pourvoir à sa sécurité personnelle par n'importe quel moyen à sa disposition.

Le mot d'ordre adopté, la tactique pratiquée par le paysan dans son champ et dans sa ferme, étaient ceux-ci :

1º Fermer les yeux quand passait la bande, détourner la tête, feindre de ne rien voir.

2º Interrogé, affecter la plus complète ignorance sur l'existence des brigands et sur leurs exploits.

3º A toute réquisition, céder ; donner à manger, à boire, tout ce qu'il y avait de meilleur dans le ménage ; traiter les hôtes honorablement, leur donner gîte, leur fournir les renseignements demandés.

4º Une fois volé, pillé, brutalisé, ne rien dire, ne rien dévoiler à la justice, de peur de représailles, de retour offensif, d'incendie de la maison.

Tel était, au vrai, l'état d'esprit que la terreur des brigands avait fait naître dans nos campagnes. Il contribue beaucoup à expliquer l'audace toujours grandissante de ces derniers, qui régnaient en maîtres partout où ils se présentaient ; leur facilité à se cacher, à franchir en peu de temps de grandes distances, et à se dérober aux recherches des colonnes mobiles qui parvenaient si difficilement à les dépister et à les appréhender [1].

[1] Chose étrange ! Cet état d'esprit ne s'est guère modifié depuis, chez le campagnard isolé ; et volontiers il approuve, comme chose fort naturelle, la sagesse prévoyante de ses ancêtres, qui se procuraient, par cette complicité tacite et par cette coupable complaisance, la sécurité de leur personne et de leurs biens. Assurément la complicité ne revêt pas, à leurs yeux, ne revêtira jamais, sans doute, le caractère de gravité que la loi lui donne.

CHAPITRE IV

MOYENS DE RÉPRESSION

Loi du 10 vendémiaire an IV. — Etablissement des colonnes mobiles, 17 floréal an IV. — Système d'innovation pénale, 12 thermidor an IV. — Loi du 29 nivôse an VI. — Adresse de l'accusateur public, 28 ventôse an VI. — Troubles. — Etat de siège. — Garde nationale en réquisition permanente, 26 floréal, an VI. — Loi du 24 messidor an VII. — Organisation des battues. — Arrêté de l'administration centrale, 26 vendémiaire an VIII. — Proclamation du préfet et arrêtés divers. — Demande de l'amnistie. — Obtention. Application. — Commissions militaires. — Nouvelle réquisition permanente de la garde nationale. — Explosion d'Aups, 6 brumaire an IX. — Formation de deux corps d'éclaireurs. — Création du tribunal spécial, 4 ventôse an IX. — Arrêté du général Cervoni. — Mesures morales de répression.

N'AYANT à nous occuper que des délits commis postérieurement à la loi du 29 nivôse an VI et qualifiés délits de brigandage, nous n'avons pas à faire connaître les lois répressives antérieures à cette époque, et qui visaient surtout les délits politiques.

Toutefois, la terrible loi du 10 vendémiaire an IV,

ayant reçu son application dans notre département, il est utile que le lecteur en connaisse au moins les dispositions principales. Nous faisons la même exception en faveur de l'arrêté portant établissement des colonnes mobiles, organisées pour poursuivre les brigands, et qui, durant plusieurs années, sillonnèrent les Basses-Alpes.

La loi du 10 vendémiaire an IV contient des dispositions draconiennes contre les communes, et vise moins le particulier que la collectivité. Il y est dit, entr'autres choses, que tous citoyens habitant la même commune sont garants civilement des attentats commis sur le territoire de la commune, soit envers les personnes, soit contre les propriétés (titre I). Chaque commune est pareillement responsable des délits commis à force ouverte ou par violence sur son territoire, soit envers les personnes, soit contre les propriétés nationales ou privées, ainsi que des dommages-intérêts auxquels ils donnent lieu (titre IV, art. I). Si des habitants de la commune ont pris part aux délits commis, sur son territoire, par des rassemblements ou attroupements, cette commune sera tenue de payer à la république une amende égale au montant de la réparation principale (titre IV, art. II). Nul individu ne peut quitter le territoire de son canton sans être muni d'un passe-port signé par les officiers municipaux de sa commune. Dans le cas contraire, il sera mis en état d'arrestation et détenu jusqu'à ce qu'il ait justifié de son inscription sur le tableau de la commune de son domicile.

En examinant les dispositions extensives de cette loi terrible, on serait tenté de la considérer comme un véritable ouragan dévastateur plus propre à aggraver les maux du brigandage qu'à y apporter remède, si on faisait abstraction des circonstances spéciales qui y donnèrent lieu. Il ne faut pas oublier qu'elle fut, avant tout, une loi de répression circonstantielle qui ne pût être insuffisamment mûrie dans la période d'agitation législative où elle fut rendue. Elle fut, pour ainsi dire, une loi de localité, visant particulièrement la Vendée, où le fanatisme révolutionnaire avait allumé la plus redoutable des guerres civiles, où vraiment une force armée régulière était aux prises avec les forces nationales. La plupart de ses dispositions indiquent clairement que les législateurs eurent particulièrement en vue la répression des excès de tout genre dans ces contrées [1]. Elle fut néanmoins adoptée et appliquée par les divers tribunaux auprès desquels

---

[1] Voir plaidoyer pour la commune et les habitants de Gréoux contre Guibert.

on l'invoqua, et particulièrement par celui des Basses-Alpes, dans les affaires d'Oraison, de Villeneuve, de Pierrerue, dans l'assassinat du commissaire de Banon et au cours du procès concernant le siège et le pillage du château de Gréoux, le 12 frimaire an IX. Voilà pourquoi nous avons voulu donner un aperçu de quelques-unes de ses dispositions.

C'est pareillement de l'an IV (17 floréal), que date l'établissement des colonnes mobiles destinées à se porter de suite sur les lieux où il y avait des désordres à réprimer.

A cette date, en effet, le Directoire exécutif rendait un décret portant qu'il y aurait dans chaque canton un détachement de la garde nationale sédentaire, toujours prêt à marcher, et qui porterait le nom de colonne mobile. Ces colonnes seraient composées du dixième du total de la garde sédentaire, non compris les officiers et sous-officiers. Les membres en étaient choisis tous les six mois. Il y avait un caporal par huit hommes, un sergent par seize, un lieutenant par trente-deux, et un tambour par compagnie. Elles ne pouvaient se réunir et ne devaient marcher que sur réquisition formelle des autorités constituées ayant droit de réquisition, et seulement dans les cas extraordinaires.

D'autre part, un système d'innovation pénale était inauguré au chef-lieu. A la date du 12 thermidor an IV, le ministre de la justice écrivait au commissaire du pouvoir exécutif pour lui donner des instructions sur la construction d'un échafaud et d'une guillotine. Ce moyen de répression n'était pas, de tous, le moins énergique. Plut à Dieu qu'il n'eût jamais été appliqué à d'autres qu'aux brigands !...

Mais arrivons à la fameuse loi du 29 nivôse an VI, prise pour ligne de démarcation entre les troubles politiques et les troubles civils.

Déjà, à cette époque, les vols et les attentats sur les grandes routes allaient se multipliant. Les hordes qui avaient si bien travaillé pendant l'anarchie de la Constituante et de la Législative, se reformaient pendant l'anarchie du Directoire. On les voit, dit Taine, aux environs d'Apt, commencer par de petits vols ; puis, forts de l'impunité et de leur titre de sans-culottes, enfoncer les granges, massacrer les propriétaires, dévaliser les voyageurs, rançonner tout ce qui se trouve sur leur chemin, etc.

Le Conseil des Anciens, « considérant qu'il est
« instant de réprimer par une justice prompte et
« active le système d'assassinats et de brigandage
« que les ennemis de la République ont organisé
« sur son territoire, et de suppléer à l'insuffisance

« des lois ordinaires contre de semblables atten-
« tats », arrête : I. Les vols commis à force ouverte
ou par violence sur les routes et les voies publiques,
ceux commis dans les maisons avec effraction
extérieure ou escalade, seront punis de mort... IV.
Lorsque ces délits seront commis par un rassemblement de plus de deux personnes, les prévenus,
complices, fauteurs, instigateurs, seront traduits
devant un conseil de guerre et jugés par lui.

V. Seront également jugés par le conseil de guerre
et punis de mort ceux qui dans un rassemblement
se seront introduits sans effraction dans la maison
d'un citoyen et auront commis ou tenté de commettre des vols ou violences envers les personnes.
Sont compris dans la même catégorie et soumis aux
mêmes peines les complices, fauteurs et instigateurs. Toutefois, l'article XI énonce que nul ne
pourra être mis en jugement sans avoir été traduit
devant le directeur du jury, à l'effet d'être déclaré
par lui si l'individu doit être envoyé devant un conseil de guerre ou devant les juges ordinaires.

De son côté, Barrière, accusateur public du tribunal criminel du département des Basses-Alpes,
faisait parvenir une adresse aux directeurs du jury,
officiers de police, commandants de gendarmerie
nationale et « à tous les bons citoyens », pour les

encourager à unir leurs efforts en vue d'anéantir le brigandage : « Mon devoir, citoyens, m'oblige
« d'activer votre surveillance sous tous les rap-
« ports qui intéressent la sûreté de la République
« et des particuliers dans ce département ; mais je
« ne puis le faire si vous ne concourez de tous vos
« moyens à poursuivre, chacun dans votre ressort
« et à ce qui vous concerne, tous les perturbateurs,
« les voleurs, les brigands sous quelque forme
« qu'ils se déguisent et de quelque appareil de ter-
« reur ou de séduction qu'ils s'environnent.

« Ils ne sont plus les temps, où ces hommes dont
« le nom seul fait frémir promenaient sur tout le
« Midi l'étendard sanglant des massacres et des bri-
« gandages ; ils n'existent plus ces tribunaux vendus
« à la contre-Révolution qui ne connaissaient d'in-
« nocent que l'égorgeur déhonté, et de coupable
« que l'ami de la patrie. Des juges patriotes siègent
« au tribunal de ce département, et vous trouverez
« en moi cet homme ferme et impassible qui sut
« et saura toujours contenir les ennemis de la
« République et faire respecter ses lois. Nous avons
« tous ensemble des égorgeurs à punir, des voleurs
« et des brigands à arrêter, des prêtres réfractaires
« à contenir, enfin les mœurs et la probité à dé-
« fendre, l'immoralité et la mauvaise foi à répri-

« mer ; j'ajouterai bien encore : nos haines et nos
« vengeances particulières à étouffer. Mais là-
« dessus, je prêcherai d'exemple ; et ceux qui, après
« avoir connu les torts que m'a fait le royalisme,
« seront témoins de mon impartialité dans les
« recherches à faire contre ceux d'entr'eux qui se
« trouveront dénoncés au tribunal, comprendront
« de suite que rien n'est plus satisfaisant pour les
« républicains que d'user avec modération de la
« victoire, et de prévenir les espérances machiavé-
« liques que nos adversaires établissent sur les excès
« auxquels ils chercheront à nous exciter.

« Directeurs du jury, vous que le tribunal envoie
« comme une émanation de lui-même dans les
« diverses parties de son arrondissement, vous
« connaissez ses principes et vous connaîtrez les
« miens ; c'est à vous qu'il appartient de prévenir
« les troubles, de mettre les prévenus sous les liens
« de la procédure juridique, et de citer les fonc-
« tionnaires qui refuseraient leur ministère à l'exé-
« cution des lois républicaines. Etablissons entre
« nous une correspondance active et fraternelle
« qui déjoue les malveillants et leur ôte jusqu'à
« l'espoir de l'impunité.

« Officiers de police, vous êtes l'œil observateur
« et le bras redoutable dont la république se sert

« contre les crimes, et vous ne souffrirez pas que
« l'insouciance ou la corruption viennent paraly-
« ser vos fonctions.

« Gendarmerie nationale, vous venez d'être et
« vous êtes encore l'objet de la sollicitude du gou-
« vernement. Il attend de vous, par un juste retour,
« un républicanisme prononcé, une activité infati-
« gable, et une exactitude incorruptible dans l'exé-
« cution des ordres et mandats qui vous sont con-
« fiés. Assurez les grandes routes ; surveillez avec
« scrupules les passe-ports ; recherchez les prêtres
« réfractaires, les émigrés rentrés et montrez dans
« les occasions périlleuses le même courage que
« vos frères d'armes montrent sur les frontières.

« Gardes-champêtres, faites respecter les mois-
« sons et les propriétés. Examinez avec soin les
« rassemblements armés ou non, que vous ne pour-
« riez arrêter par vous-mêmes. Réunissez-vous à
« la gendarmerie et aux bons citoyens toutes les
« fois que vous en serez requis pour des mesures
« de salut public ; ce ne sera que par cette conduite
« courageuse et patriotique que vous serez dignes
« de la confiance des municipalités qui vous ont
« choisis.

« Citoyens, et vous surtout, patriotes de toutes
« les professions, sachez que vous avez un ami

« aussi bien qu'un magistrat dans votre accusateur
« public. Aidez-le de votre confiance et correspon-
« dez avec lui directement toutes les fois que vous
« connaîtrez un crime à punir ou un officier de
« police à réprimander. D'un bout à l'autre de ce
« département, le royalisme s'est coalisé pour les
« crimes, et le républicanisme n'y sera vainqueur
« et paisible qu'autant que nous nous coaliserons
« tous pour le maintien du bon ordre et la sûreté
« des personnes et des propriétés.

« BARRIÈRE, accusateur public [1] ».

Le calme dont Barrière saluait le retour, n'était qu'apparent et momentané, et l'accusateur public se faisait certainement illusion en déclarant « qu'ils « étaient loin désormais les jours de l'assassinat et « du brigandage ».

Les besoins de l'Etat avaient nécessité la sortie du département de la majeure partie des troupes de ligne qui y étaient cantonnées. La plupart des soldats composant la garde nationale, avaient été graduellement désarmés ; les colonnes mobiles, déjà désorganisées, ne fonctionnaient plus comme institution régulière.

Profitant de la faiblesse du pouvoir central et de

[1] 28 ventôse an VI.

l'état de désorganisation des forces, comptant aussi sur l'impunité, des émissaires parcouraient les bourgs, les petits villages y répandant de fausses nouvelles. Ils s'attachaient à inspirer le mépris des lois, à pervertir l'esprit public, à égarer le peuple, lui faisant entendre que la tranquillité ne renaîtrait que lorsque les domaines vendus par la nation seraient restitués à leurs anciens propriétaires, etc. Sous l'influence de ces excitateurs, et grâce à leurs propos subversifs, le crime reprenait çà et là son empire ; suivant la localité, les royalistes se ruaient sur les républicains, ou les républicains dévoraient les royalistes.

A Manosque, plusieurs citoyens sont poursuivis à coups de pavés par la population exaltée ; quelques assassinats y sont commis.

A Digne, on vit, le 8 floréal an VI, des hommes pervers provoquer par des placards incendiaires l'assassinat de quelques citoyens et de plusieurs fonctionnaires. « Il est temps, lisait-on affiché aux murs du chef-lieu, il est temps que les têtes des scélérats roulent dans les rues ».

L'état de siège était proclamé dans plusieurs communes ; à Simiane, après l'assassinat de Castor ; à Banon, après celui du commissaire Hugou ; à Noyers, où les brigands, traversant Lure, étaient reçus à même, et d'où ils répandaient la terreur dans les communes voisines. Ces mesures, jointes à celles prises par le commandant de place d'Oraison, par le général pour la place de Manosque, diverses perquisitions et arrestations ramenèrent un peu de calme.

Mais, des mesures plus générales de prévoyance étaient indispensables pour garantir la durée de cette tranquillité et surtout pour empêcher l'exécution des menaces sanglantes qui se faisaient entendre journellement.

C'est pourquoi, l'administration centrale, composée alors de Réguis, président, Daumas, Hodoul, Dherbès-Latour, Bausset, administrateurs, avec Guieu, pour commissaire et Barlatier, pour secrétaire en chef, prit un arrêté dans ce but à la date du 26 floréal an VI.

Après avoir constaté que « le crime, enhardi par « l'impunité, tente de reprendre dans le départe- « ment un caractère public » ; que le reste des troupes stationnées dans les Basses-Alpes ne pourrait que prêter un concours insuffisant pour assurer la tranquillité ; qu'il est urgent de pourvoir au remplacement de la force militaire que les besoins de l'Etat réclament ailleurs ; elle arrêta : que tous les citoyens inscrits au rôle de la garde nationale seraient mis en réquisition permanente pour un service habituel de vigilance. Ceux qui refuseraient de servir ou ne se feraient pas remplacer, seraient dénoncés par les commissaires des Directoires et traduits au tribunal correctionnel pour être condamnés à la prison. Un garde devait être placé nuit et jour dans chaque chef-lieu de canton, dans les communes situées sur une grande route. Les postes devront être placés de manière que nul voyageur ne puisse échapper à la vigilance des sentinelles. Nul citoyen ne pourra s'introduire dans une commune sans passe-port; tout individu qui en serait trouvé dépourvu sera, par ce seul fait, mis en état d'arrestation. Les aubergistes et logeurs devront tenir régulièrement leurs registres. Les colonnes mobiles seront réorganisées et mises à la disposition du général commandant le département, soit pour remplacer momentanément les troupes de ligne, soit pour l'exécution des mesures que la sûreté pourra exiger. Elles ne pourront sortir du département. En activité, elles recevront la solde et la subsistance attribuées à l'infanterie, seront soumises à la discipline militaire et justiciables du conseil de guerre [1].

[1] C'était le général Chabran qui commandait le département. (Extrait des registres des arrêtés de l'administration centrale du département des Basses-Alpes).

Cet arrêté fut lu, publié et affiché dans toutes les communes des Basses-Alpes.

Nous ne parlerons que pour mémoire de la loi du 24 messidor an VII, pour la répression du brigandage et des assassinats dans l'intérieur. Aux termes même de ce décret, sur quatre-vingt-six départements de la France proprement dite, il y en avait quarante-cinq qui étaient notoirement en état de troubles civils. Or, d'après les dispositions de cette loi, quand un canton ou une commune était en état de trouble, les administrations centrales prenaient des otages dans les familles des émigrés, des nobles, des brigands, etc. S'il se commet un assassinat, on fait déporter quatre otages pour chaque victime et les biens des déportés sont séquestrés. Indépendamment de la déportation, les otages sont solidairement responsables d'une amende de cinq mille francs pour chaque individu assassiné ; d'une indemnité qui ne pourra pas être moindre de six mille francs pour la veuve et de trois mille francs pour chacun des enfants. — Les mutilés bénéficieront d'une somme de six mille francs. Le produit des amendes versées au Trésor, servira à récompenser les citoyens qui auront contribué à faire arrêter un émigré, un prêtre déporté et rentré, ou un assassin. La prime pour un émigré, un prêtre déporté, un chef d'assassin, va de trois cents francs à deux mille quatre cents fr. Or, il faut noter que les jugements rendus par les tribunaux civils sur ce chef étaient exécutoires sans appel.

Cette loi sévère, là où elle fut mise en exécution, abrogeait celle du 10 vendémiaire an IV ; et il fallait que le corps législatif rendit un décret pour comprendre tel ou tel département dans les dispositions de cette loi. Elle fut appliquée dans la Haute-Garonne, l'Ille-et-Vilaine, la Sarthe, le Morbihan, le Maine-et-Loire, la Manche, la Mayenne, les Côtes-du-Nord, mais ne le fut jamais, croyons-nous, dans les Basses-Alpes.

Toutes ces lois n'entravaient guère chez nous, la marche du brigandage. Un déploiement énergique de forces devait avoir plus d'effet. On le comprit ; et des battues furent aussitôt organisées.

Une ligne armée vint s'échelonner de Moustiers à Oraison pour occuper l'angle de terrain compris entre le Verdon et la Durance. Elle devait marcher vers Vinon, rabattre les bandits et les serrer entre les baïonnettes et les deux rivières. Des piquets de soldats s'avancent sur les bords du Verdon, des postes sont établis sur les divers passages qui font communiquer les Basses-Alpes avec le Var. La précaution était bonne, mais un peu tardive. Deux jours auparavant, une bande de douze brigands ayant eu connaissance de l'opération militaire qui se préparait, avait gagné le Var par le passage de Quinson.

Néanmoins la battue donna des résultats. L'aile gauche de la colonne chassa quatre brigands qui furent poursuivis jusqu'à St-Laurent, et, se voyant traqués, se jetèrent à l'eau et traversèrent lestement le Verdon « sans s'amuser à chercher le gué ».

L'aile droite en chassa douze qui s'échappèrent par Vinon ; deux périrent en voulant traverser la Durance. Le centre fit la capture de trois brigands dans les bois de Valensole, et de cinq autres un peu plus loin, qui furent traduits aux prisons de Digne, 29 nivose an VII.

Ces heureux résultats firent renaître la confiance au sein des populations, mieux que ne l'avaient fait jamais les proclamations de l'administration centrale. Au moindre indice de la présence de malfaiteurs, les communes menacées demandaient une battue. Le canton d'Oraison en demande une le 26 messidor an VII ; Mézel, St-Jeannet, célèbre par les arrestations nombreuses du quartier du « Pas-de-l'Evêque », en font autant. Deux s'organisent encore, dont l'une se dirige sur Brunet, battant les hubacs et les iscles de l'Asse, tandis que l'autre parcourt le plateau et se dirige vers les bois de Gréoux,

L'horrible boucherie de onze victimes massacrées en une seule nuit dans la campagne dite des Blancs, au terroir de Riez, donna lieu à un redoublement de surveillance de la part de l'autorité civile et militaire. L'administration centrale du département prit un arrêté (26 vend. an VIII), prescrivant des battues dans toute la partie méridionale du département, l'établissement à Riez d'un détachement de vingt hommes de cavalerie chargés spécialement des patrouilles sur les grands chemins. Des postes de surveillance où l'on devait monter la garde jour et nuit étaient établis à Gréoux, Valensole, Brunet, Puimoisson, St-Julien, Estoublon, Bras, Mézel, St-Jurs, le Chaffaut, Beynes, Trévans, et devaient fonctionner aussi longtemps que dureraient les craintes menaçant la tranquillité publique. Une récompense de trois cents francs était promise à tout citoyen qui contribuerait à faire arrêter un des bandits convaincu d'avoir participé à l'assassinat qui motivait le présent arrêté.

Le premier préfet des Basses-Alpes, Texier-Ollivier, venait d'arriver dans le département [1]. Il déploie aussitôt toute son énergie en vue de la destruction du brigandage. Dans sa proclamation du 19 germinal an VIII, il dit : « Plusieurs de vos con-

[1] Nommé le 2 mars 1800.

« trées sont désolées par des bandes d'assassins et
« de voleurs. Le voyageur ne peut plus traverser
« vos montagnes sans être arrêté, dépouillé, mis à
« mort... Chaque jour, votre territoire se trouve
« baigné du sang de quelque victime... Sortez de
« votre apathie! Le poignard qui frappe votre voi-
« sin vous attend à votre tour, etc... ».

Et, le 25 du même mois, le préfet : « Considé-
« rant que les attentats multipliés qui se commet-
« tent journellement sur le territoire du départe-
« ment et particulièrement sur celui des cantons de
« Manosque, Riez, Oraison, Quinson, Valensole,
« Noyers et Sisteron appellent l'attention de l'au-
« torité et le développement de tous les moyens que
« la loi met à sa disposition », prit un arrêté mettant les gardes nationales des arrondissements de
Digne, Sisteron, Forcalquier, en état de réquisition
permanente ; chaque population devait désigner un
homme sur vingt, pris de dix-huit à vingt-cinq
ans ; tout garde national qui le premier se saisira
d'un brigand, recevra, dans la première fête nationale, un fusil armé de sa baïonnette à titre de recon-
naissance ; et quiconque, faisant partie d'une bande,
donnerait connaissance à l'autorité du lieu de ses
réunions, sera mis sous la sauvegarde du préfet [1].

[1] Arrêté 25 germinal an VIII.

Puis, à la suite de l'audacieuse attaque du bourg de Peyruis (2 prairial an VIII), dont on lira plus loin la relation, le préfet crut devoir prendre un nouvel arrêté dont voici les dispositions principales. Il sera établi des signaux par les soins des maires, de distance en distance. La garde en sera confiée aux citoyens les plus capables de les diriger. Aussitôt qu'un signal sera répété, le maire fera sonner aussitôt le tocsin ; au son du tocsin, chaque habitant se portera sur le lieu où les brigands auront été vus. Les maires et adjoints accompagneront les habitants de leur commune. Toute commune qui, au son du tocsin, n'aura pas marché, sera responsable pécuniairement, etc... [1].

La prescription de ces mesures témoigne du désir qui animait le préfet d'anéantir le brigandage, et de la bonne volonté qu'il déployait à l'accomplissement de son œuvre. Mais, il faut en convenir, elle témoigne aussi de la connaissance insuffisante des personnes et des lieux chez celui qui les ordonnait. Les moyens étaient bons ; ils avaient seulement le tort d'être impraticables. Etablir des signaux, c'est bien, sans doute. Mais quels signaux ? Où les placer ? Où prendre les fonds pour les établir, pour les

---

[1] Arrêté du 6 prairial an VIII.

garder, pour les faire fonctionner ? Qui voudrait occuper ce poste éminemment périlleux ? De quelle utilité seraient-ils la nuit ? Qui donnait l'assurance que les brigands, après avoir surpris, assassiné les gardiens des signaux, forcément isolés sur quelque hauteur, ne s'en serviraient pas eux-mêmes pour attirer les habitants, les gardes nationales dans un guet-apens et les y massacrer ? Et puis, voit-on bien tous les habitants valides d'une commune sortant, maire et adjoint en tête, courant à la recherche de quelques brigands cachés peut-être à quatre ou cinq kilomètres de là, dans des bois épais, dans des fourrés impénétrables, et laissant à la merci d'autres brigands qui guettaient leur sortie, les vieillards, les malades, les femmes, les enfants, la maison enfin, sans garde, sans défense ? Evidemment, chez nous, ces moyens de sauvegarde n'étaient pas praticables ; ils ne furent, d'ailleurs, presque nulle part pratiqués. Et c'était là, pourtant, toute la force qu'on pouvait opposer au flot toujours montant de barbarie et de cruauté qui désolait le pays ! On nous dira peut-être que le tocsin, sonné à temps à Peyruis, le 2 prairial an VIII, sauva le pays du pillage et du massacre ! Mais qu'on veuille bien tenir compte de cette particularité, que la population connaissait la présence de la bande dans l'auberge de la Guinguette depuis plus de vingt-quatre heures, qu'elle était prévenue, qu'elle avait eu le temps de se préparer à l'attaque, laquelle ne fut différée de vingt-quatre heures qu'à la suite de l'accident survenu au chef, ainsi que nous le dirons en son lieu, et qu'au moment où le tocsin fut sonné, chacun avait déjà préparé son arme et n'eut qu'à sortir de sa maison pour se trouver en face du bandit dans ses murs.

Quoiqu'il en soit, le préfet adressa ampliation de cet arrêté au ministre de la police générale. Il y joignit le compte-rendu détaillé de l'attaque de Peyruis, en comblant d'éloges la population de ce bourg pour sa généreuse conduite. Il demandait en même temps au ministre de vouloir bien accorder une amnistie qui permit de réhabiliter et de rendre à la société des innocents ou de pauvres égarés qui, entraînés dans des rassemblements par l'effet d'une position critique plutôt que par la perversité de leurs intentions, pourraient devenir d'honnêtes citoyens en bénéficiant de cette mesure de clémence. (6 prairial.)

Le 4 messidor an VIII, le ministre lui répondit :
« ... J'applaudis à vos efforts pour purger de la pré-
« sence de ces scélérats le territoire confié à votre
« administration, et au courage qu'ont manifesté

« les habitants de plusieurs communes de votre
« département, notamment ceux de Peyruis, que
« leur brave maire a si bien électrisés, et la gendar-
« merie de Forcalquier. Quant à votre demande de
« faire appliquer l'amnistie à plusieurs individus
« que vous croyez la mériter parmi les insurgés,
« le général Ferino a reçu des instructions qui le
« mettront à portée de prononcer sur cet objet.
« Salut et Fraternité. Signé : Fouchet ».

En effet, le général divisionnaire Ferino, commandant la 7ᵉ division militaire, arrivait, revêtu par le premier consul de pouvoirs extraordinaires pour les départements de la Drôme, Ardèche, Vaucluse, Basses-Alpes.

Il venait avec l'intention ferme et bien arrêtée de détruire le brigandage et d'anéantir les brigands par les mesures les plus sévères, les plus terribles.

« J'apprends, écrivait-il au préfet, à la date du
« 9 messidor, que la commune de Noyers a reçu
« dix brigands ; qu'ils sont protégés par la masse
« des habitants dans presque toutes les communes.
« Avertissez-les que je marche avec du canon, et
« que je ferai mettre le feu dans tous les lieux où
« les brigands auront été reçus sans résistance ».

Toutefois aux mesures de rigueur, le général voulait joindre les mesures de clémence, persuadé que dans le nombre de ces soldats du crime contre lesquels il allait diriger ses coups, devaient se trouver des hommes qui étaient plutôt des victimes politiques que des malfaiteurs. Il se concerta donc avec le préfet, avant de formuler la demande d'une amnistie, qui fut accordée à la double satisfaction du pouvoir civil et du pouvoir militaire.

Voici en quels termes le général annonçait la future publication de l'amnistie, par une lettre du 10 messidor an VIII, datée du quartier général d'Avignon : « Une amnistie doit être publiée dans
« les départements où s'étendent mes pouvoirs ;
« telle est la détermination paternelle des consuls
« et des ministres. Si je n'avais consulté que mon
« cœur, j'eusse, sur-le-champ, fait connaître les
« dispositions bienveillantes du gouvernement.
« Mais, en consultant le résultat pour l'avenir, j'ai
« cru devoir faire le sacrifice de mes jouissances
« au bonheur de ces contrées. Voici la marche
« qui me parait la plus prompte à atteindre ce
« but. Dans un pays où les passions haineuses
« sont d'une intensité qui fait désespérer leur
« extinction, il faut employer des moyens efficaces
« pour les calmer. Des hommes que l'iniquité seule
« a pu tenir, depuis un, deux, trois ans, dans les
« fers, les uns sans preuves contre eux, les autres

« sans avoir été même entendus; ces hommes,
« enlevés à leur famille, à leurs propriétés, deve-
« nus tyrans pour se soustraire aux poursuites des
« tribunaux corrompus, dont les membres trou-
« vaient coupables tous ceux qui ne partageaient
« pas leurs opinions; ces hommes enfin qui ont
« eu le malheur d'être dans des contrées où les lois
« bienfaisantes ne furent jamais exécutées; tous
« ces hommes, dis-je, mis en liberté ou déchargés
« du poids de leur accusation par l'autorité civile
« judiciaire, conserveront un souvenir moins péni-
« ble contre les auteurs de tous leurs maux, et le
« temps calmera leur ressentiment. Sachez appré-
« cier, citoyens directeurs (du jury), le sacrifice que
« je fais en vous ménageant la douce satisfaction
« de faire des heureux, et occupez-vous sur-le-
« champ de cet objet important. A l'exception des
« chefs connus et signalés, des voleurs ou assassins
« des grands chemins, l'amnistie porte absolution
« en faveur de tous les hommes qui, antérieurement
« au 29 nivôse an VI, ont fait partie des divers
« rassemblements qui ont eu lieu dans les quatre
« départements. Vous voudrez bien m'accuser ré-
« ception motivée de ma lettre. Signé : Ferino ».

Cette lettre, adressée aux préfets des départements nommés plus haut, devait être communi-

quée, par leurs soins, aux directeurs de jury dans leurs départements respectifs.

L'amnistie promise fut publiée le 15 thermidor an VIII [1].

Parmi les quarante-deux coupables qui avaient participé aux soulèvements anarchiques du Castellet, les 25 et 30 thermidor an V, beaucoup avaient pris la fuite et avaient été condamnés par contumace. D'autres avaient été appréhendés et condamnés à des peines différentes suivant le degré de leur culpabilité; six étaient détenus depuis trois ans dans les prisons de Digne.

Le commissaire du gouvernement jugea que les actes incriminés, commis antérieurement au 29 nivôse an VI et résultant de divisions politiques plutôt que du fait de brigandage, étaient de la nature de ceux auxquels pouvait s'appliquer l'amnistie du général Férino. Il requit donc du président, la convocation du tribunal criminel dans la chambre d'instruction, et demanda l'application de l'amnistie aux quarante-deux accusés qui avaient fait partie des rassemblements des 25 et 30 thermidor an V.

Le général n'ayant pas indiqué les formes à sui-

---

[1] Voir la copie de l'amnistie à la fin du volume.

vre pour l'application de l'amnistie, s'en rapportait, par le fait même, au mode d'application que choisirait le tribunal, du moins quant à la forme. Il fut donc procédé conformément aux dispositions de la loi du 4 brumaire an IV concernant l'abolition des procédures pour faits purement politiques.

Le tribunal faisant droit à la demande du commissaire du gouvernement, appliqua l'amnistie aux quarante-deux condamnés et fit mettre sur-le-champ en liberté les six détenus. Le juge de paix d'Oraison que le tribunal de Digne avait condamné par contumace à six ans de gène (20 floréal an VII), bénéficia également de l'amnistie, ainsi que les inculpés de Sisteron qui étaient prévenus de complicité dans l'assassinat de Breissand.

Mais, en même temps que s'exerçait la clémence contre les égarés et les repentants, sévissait aussi la plus rigoureuse justice contre les rebelles et les endurcis.

Les commissions militaires étaient en pleine activité. Ces commissions, dispensées des formes lentes que la loi impose aux tribunaux ordinaires dans les procédures par jurés, étaient chargées de recueillir les preuves contre les hommes soupçonnés ou prévenus de brigandage ; de les examiner, de les interroger, juger et punir. Ses jugements, exécutés militairement, n'étaient soumis ni à l'appel, ni au recours en cassation.

Elles se transportaient dans tel ou tel pays voisin des lieux infestés. Une d'elles siégea à Digne, présidée par le capitaine Sersilly, sous l'administration du préfet Texier-Ollivier. Une autre avait fonctionné pendant quelque temps à Manosque et passé par les armes un certain nombre de brigands.

Il est certain que ces exécutions sommaires d'un tribunal sans appel auraient été de nature à éloigner les brigands, à les anéantir même, si les bandes ainsi décimées n'eussent trouvé, dans les habitants des campagnes, une complicité tacite, mais très effective, qui paralysait les mesures prises par le pouvoir central, et rendait presque inutiles tous les efforts tentés pour s'en débarrasser.

Aussi les crimes allaient se multipliant malgré la rigueur de la répression. La troupe de ligne ne suffisait pas à la besogne ; la garde nationale ne lui prêtait qu'un concours insignifiant, presque nul ; et le chef de bataillon, Heyraud, chargé des opérations militaires pour la répression du brigandage dans le département des Basses-Alpes, écrivait au préfet, à la date du 20 vendémiaire an IX : « ...La « troupe de ligne employée dans le département se « trouve en si petit nombre qu'elle ne peut suffire

« ni tenir plus longtemps aux efforts pénibles
« qu'elle déploie dans la chasse des brigands, si
« elle n'est promptement secondée par le zèle et
« l'énergie des gardes nationales...... Celles des
« communes en état de siège font un service digne
« d'éloges ; il est malheureux qu'elles soient pres-
« que les seules animées de ce bon esprit ».

Cette inertie coupable, la recrudescence des crimes, l'impuissance de la troupe de ligne à l'entraver, l'inexécution des arrêtés du 25 germinal et du 6 prairial engagèrent le préfet à adopter, disons mieux, à rééditer les mesures les plus rigoureuses pour réveiller le courage des citoyens, les rappeler à leur devoir ; mesures qui, bien observées, devaient reporter dans le cœur des brigands la terreur qu'ils étaient parvenus à inspirer aux autres.

Cet arrêté, pris à la date du 23 vendémiaire an IX, porte, entr'autres dispositions, les suivantes : les gardes nationales des arrondissements de Digne, Sisteron et Forcalquier, sont mises en état de réquisition permanente ; chaque municipalité désignera un nombre de citoyens, à raison de un sur quinze, et même sur dix, pris dans la garde nationale parmi les plus robustes, de 18 à 40 ans, lesquels, armés de fusils en bon état, se tiendront prêts à répondre à tous les appels que nécessiteront les circonstances, et surtout aux réquisitions des commandants militaires chargés des opérations relatives à la répression du brigandage. En outre, dans les cas urgents, tous les citoyens en état de s'armer et de concourir à la défense commune devront se réunir, déférer aux ordres des magistrats et aux réquisitions des commandants militaires. Des peines sont édictées contre les particuliers ou les communes qui ne rempliraient pas leur devoir, et des *récompenses pécuniaires* sont promises aux citoyens qui se seront signalés dans la poursuite des brigands, soit en les arrêtant, soit en découvrant leurs repaires et les y faisant envelopper.

Il aurait été dans le cas de recevoir la récompense pécuniaire, celui qui avait préparé et mené à bien la fameuse explosion d'Aups ; car, à lui seul il arrêta (et sans courir), fit découvrir, envelopper, et finalement périr dix fameux brigands dans la nuit du 6 au 7 brumaire de l'an IX [1]. Bien que le fait se soit passé à quelques kilomètres des limites de notre département, il trouve naturellement sa place dans un chapitre traitant des moyens de répression et d'extermination des bandits. On prétend, d'ailleurs,

---

[1] On prétend que ce fut un receleur de leurs affiliés, Blacas, dit le Guêtrier, qui les vendit et les fit sauter.

bien que la chose ne soit pas prouvée, que l'emploi de ce moyen de destruction fût, sinon suggéré, au moins approuvé par l'autorité départementale. Au surplus, deux brigands bas-alpins y trouvèrent le terme de leurs méfaits, et le châtiment de leurs crimes. En voilà plus qu'il ne faut pour nous autoriser à penser que l'énonciation de ce fait n'est pas hors de propos.

Il existait, à Aups, au quartier de Valmoissine, une sorte de maison abandonnée, appartenant au citoyen Cartier, tailleur de pierre. Les brigands avaient coutume de s'y rassembler.

Dans la nuit du 6 au 7 brumaire an IX, tandis que treize brigands, commandés par Daurel de Salon, après une excursion très fatigante sur Comps, se livraient aux douceurs du sommeil, tout à coup la vieille maison tremble, se soulève, s'écroule avec un grand fracas, écrasant les bandits sous ses ruines. Dès quatre heures du matin, la troupe de ligne et la gendarmerie avaient déjà cerné le théâtre de ce drame singulier. On fouille les décombres. Trois cadavres sont retirés d'abord. Trois bandits sont retirés expirants, parmi lesquels Daurel, le chef, qui eut le temps de fournir au juge de paix les renseignements ci-dessus. Puis, vers le soir, quatre autres sont retirés horriblement écrasés, tous, d'ailleurs, armés de poignards, ayant « une ventrière contenant environ quarante cartouches chacun ». On trouva treize fusils ; et sur le corps des bandits, des correspondances, des « prières manuscrites en l'honneur de Jésus-Christ » et deux crucifix suspendus au cou de Daurel et d'un autre [1]. Les trois bandits qui avaient été retirés vivants des décombres succombèrent le même jour ; ce qui porta à dix le nombre des victimes. Quant aux trois qui furent seulement blessés, ils parvinrent à se sauver. Ils se réfugièrent tout d'abord à la bastide de Braou, où ils trouvèrent, en arrivant, la bande Turriès à qui ils racontèrent l'événement ; puis après un pan-

---

[1] L'association bizarre des pratiques religieuses avec une existence pleine des plus affreux désordres est un fait qui ne doit pas nous surprendre, et qui n'est même pas rare de nos jours, chez les bandits espagnols, italiens et autres. Lors de la fusillade qui eut lieu à l'auberge Isard, à St-Martin, la domestique de l'établissement, nommée tante Marie, courut se réfugier dans sa chambre. Un des brigands se voyant perdu, va frapper à cette chambre et prie la domestique de passer la main sous la porte. Elle refuse d'abord, puis hésite, enfin se décide, passe la main sous la porte, et reçoit deux doubles en or, deux bagues, deux ronds d'oreilles et quelque peu de monnaie. En lui remettant ces objets, le brigand lui dit : « *Je vous recommande de m'en faire dire des messes* et si vous êtes une brave femme, vous n'y manquerez pas ». (Procédure, 2ᵉ partie, t. III, fᵒ 6.) Ce fait indique bien la survivance du sentiment religieux au milieu des plus affreux débordements, et cet appel à l'honnêteté, de la part d'un brigand, est un trait de mœurs assez piquant.

sement sommaire, ils furent transférés à la bastide de Vaubelle, où un chirurgien de la Verdière venait les soigner. La guérison prit un mois environ, après lequel les trois bandits recommencèrent le cours de leurs exploits [1].

On devine ce qui s'était passé. Une certaine quantité de poudre avait été placée dans les sous-sols de la maison préalablement minée. Au moment favorable, guetté depuis longtemps, le feu avait été communiqué à la mèche. On sait le reste.

Une mesure administrative qui contribua certainement à disperser les brigands, ou du moins, à rendre leurs incursions moins faciles et partant moins nombreuses, fut la formation de deux corps d'éclaireurs, un dans le Var, l'autre dans les Bouches-du-Rhône. Ces corps, commandés chacun par un général de brigade, devaient poursuivre les brigands sans avoir égard aux limites des départements, se porter partout où ils les sauraient réfugiés et rester constamment à leur poursuite. Chacun de ces corps avait à sa suite une commission militaire extraordinaire qui devait juger les brigands dans les vingt-quatre heures de leur arrestation. (Loi du 29 frimaire an IX).

---

[1] Voir Procédure, etc., 1re partie, t. II, f° 467 et seq. — *Ibid*, 1re partie, t. I, f° 22-23. — *Ibid*, t. I, f° 72. — *Ibid*, t. III, f° 253.

Ces mesures furent efficaces ; et moins d'un mois après leur mise en exécution, le préfet en constatait en ces termes les heureux résultats : « ... Déjà, « disait-il, dans une proclamation du 21 nivôse « an IX, déjà, ces compagnies ont rendu plus « libres les communications du département des « Basses-Alpes avec ceux des Bouches-du-Rhône et « du Var. Déjà les brigands, effrayés de la présence « et de l'activité de ces compagnies, ont cherché « leur salut dans la fuite et dans la dispersion.

Mais, il ne fallait pas laisser à l'ennemi le temps de s'enfuir ; il fallait, après avoir brisé sa force par la dispersion, le saisir et le mettre hors d'état de nuire. Car ce n'est pas son déplacement qu'on poursuivait, mais bien son extermination. En même temps que les éclaireurs chassaient le gibier de sa retraite, il fallait lui tendre un piège pour le saisir. De nouveau, le préfet organise un service de surveillance de jour et de nuit dans chaque commune, défend à tout habitant des campagnes de recevoir n'importe quel étranger inconnu, ordonne à tout citoyen de signaler à l'autorité civile ou militaire tout voyageur qu'on trouverait, suivant des chemins ou sentiers détournés [1].

---

[1] Arrêté du 21 nivôse an IX.

Puis, sur l'invitation du général Legrand commandant les Basses-Alpes, il met en réquisition permanente les gardes nationales depuis Estoublon jusqu'à Gréoux et depuis Sisteron jusqu'à Corbières ; ordonne l'établissement de postes permanents, et l'organisation de patrouilles qui devront se croiser continuellement pour assurer la tranquillité des routes et appuyer les mesures prises pour la complète destruction des brigands [1].

Ce fut comme un immense filet tendu sur une partie des Basses-Alpes. La surveillance de jour et de nuit exercée aux abords du pays, l'impossibilité de se produire sans un passe-port, le déplacement continuel de la force armée, les poursuites incessantes des corps d'éclaireurs, qui, sous la conduite de Pouget, circulaient d'un département à l'autre, les menaces de mort affichées dans toutes les communes contre quiconque aurait communiqué avec un brigand, etc. [2], cet ensemble de mesures, habilement concertées, eut pour effet de faire tomber

---

[1] Arrêté du 24 pluviôse an IX.
[2] Pouget avait fait afficher dans toutes les communes cette sentence comminatoire qui produisit son effet : « Je ferai « traduire par devant les commissions militaires pour être « fusillés dans les vingt-quatre heures, tous les individus « qui auraient eu avec les brigands quelques rapports directs « ou indirects ».

bon nombre de bandits entre les mains de la justice. Les uns, surpris, mouraient en se défendant ; d'autres, séparés de la bande, isolés, erraient çà et là dans les bois, se cachaient dans les vallons perdus, et, torturés par la faim, se laissaient prendre en venant s'approvisionner de pain dans quelque localité voisine.

Ces mêmes mesures, prises simultanément dans les Basses-Alpes, le Var, les Bouches-du-Rhône, ayant produit partout le même résultat, il se trouvait que les prisons se remplissaient de criminels d'un genre tout spécial, vis-à-vis desquels le gouvernement jugea qu'il fallait procéder d'une manière spéciale.

Voilà pourquoi un tribunal spécial fut créé dans le département des Basses-Alpes par arrêté du premier consul en date du 4 ventôse an IX [1].

Ces tribunaux devaient entrer en activité le 1er germinal, et les commissions militaires cesser leurs fonctions, sur la signification faite par le préfet au commandant de division de l'installation du tribunal spécial. Toutefois, les commissions militaires

---

[1] Le même arrêté porte création de tribunaux spéciaux dans vingt-six autres départements, parmi lesquels les Bouches-du-Rhône, le Var, le Vaucluse, les Alpes-Maritimes, les Hautes-Alpes, la Drôme, c'est-à-dire dans tous les départements limitrophes du nôtre.

instituées en exécution de l'arrêté du 29 frimaire an IX pour agir à la suite des colonnes d'éclaireurs dans le Var et dans les Bouches-du-Rhône, devaient continuer de suivre le mouvement de ces colonnes, mais ne jugeraient plus que les individus pris les armes à la main.

Le tribunal spécial criminel établi à Digne, siégeait dans le bâtiment de l'évêché. Il était composé : d'un président, M. Thomas, devenu plus tard conseiller à la Cour d'Aix ; de deux assesseurs, M. Fruchier, père, et M. Guieu ; d'un commissaire du gouvernement remplissant les fonctions dévolues aujourd'hui au procureur ; c'était M. J.-B. Arnaud, devenu plus tard procureur général ; d'un greffier qui fut M. Joseph. Il jugeait sur le verdict des jurés à qui était soumise la question de fait.

Le brigandage allait diminuant d'intensité. A la vérité, quelques débris de plusieurs bandes décimées avaient essayé de se reconstituer pour reprendre le cours de leurs exploits un moment interrompu. Ils signalèrent leur présence surtout vers la pointe méridionale du département, dans les environs du bois de Cadarache, où ils s'étaient réfugiés.

Sur l'ordre du général Cervoni qui commandait la 8ᵉ division militaire, les généraux subdivisionnaires des départements de Vaucluse, Basses-Alpes, Var, Bouches-du-Rhône, formèrent chacun une colonne d'éclaireurs de cinquante hommes. Celle de Vaucluse se porta à Mirabeau et à Beaumont; celle des Basses-Alpes se dissémina entre Gréoux et Quinson; celle du Var battit les quartiers situés entre Vinon et les Rouvières, et celle des Bouches-du-Rhône opéra à Cadarache et à St-Paul-lès-Durance. Elles se prévenaient réciproquement, se réunissaient au besoin, bivouaquaient quand il le fallait, et, une fois sur les traces des brigands, s'attachaient à leurs pas et les poursuivaient à outrance sans avoir égard aux limites du département [1].

Alexandre de Lameth [2], ancien député aux Etats généraux de la noblesse de Péronne, célèbre par son opposition à Mirabeau, venait d'être envoyé par Bonaparte, en qualité de préfet, dans le département des Basses-Alpes pour y ramener l'ordre et la tranquillité en anéantissant le brigandage. Par son esprit de conciliation, il ramena la concorde dans les principaux centres, étouffa les haines de parti qui divisaient Digne, Manosque et Sisteron,

---

[1] Une gratification de cent francs était promise pour chaque brigand pris ou tué en résistant les armes à la main.
[2] Né à Paris en 1760, installé préfet des Basses-Alpes, le 12 prairial an X.

tandis que par des mesures aussi sages que hardies, il pourchassait les bandes et les refoulait hors du territoire.

Mais tout en approuvant, en pratiquant même l'activité dans la poursuite du brigandage, cet homme aux vues élevées, prétendait qu'il fallait songer surtout et avant tout à la régénération des mœurs publiques, la corruption dont nôtre département était atteint lui paraissant une sorte de malaise chronique dont la cause était plus éloignée et moins bien connue, et devant laquelle les remèdes violents resteraient impuissants [1].

Plein de cette pensée, il s'adressa au ministre de la police générale ; et, après lui avoir fait une peinture sombre, mais fidèle, de la situation du département, il lui proposa les mesures de répression morale qu'il crut les plus efficaces, et qu'il réduisit à trois :

1° Le rétablissement du culte. Il insiste auprès du Gouvernement, pour qu'on presse l'arrivée, à Digne, du nouvel évêque, et pour qu'on « délivre l'Eglise de l'évêque constitutionnel qui n'inspirait aucune confiance, parce qu'il était considéré par les catholiques comme un intrus, en dehors de la communion du Saint-Siège [2] ».

---

[1] D'après GUICHARD, f° 22 et passim.
[2] *Ibid*, 31-32.

2° La réorganisation et la diffusion de l'instruction publique « dans un pays qui en est absolu-
« ment dépourvu, et dans lequel on ne peut, le plus
« souvent, trouver des fonctionnaires publics [1] ».

3° Enfin l'ouverture et l'entretien des routes ; rien, selon lui, ne contribuant davantage à l'existence du brigandage que l'état affreux des chemins dans le département [2] ».

Ces moyens, bien qu'efficaces de leur nature, ne pouvaient pas produire des effets immédiats. Aussi, quelques attentats isolés se produisirent encore vers la fin de l'an X et au commencement de l'an XI. C'étaient les dernières convulsions du brigandage expirant. Le préfet de Lameth et le général Cervoni activèrent l'exécution des mesures déjà prises et en édictèrent de nouvelles, qui visaient plus particulièrement les départements voisins. Cette démonstration et l'heureuse capture d'un des plus fameux brigands de la région, dont les révélations très nombreuses et très circonstanciées fournirent à la justice les moyens d'appréhender et de punir un grand nombre de coupables, contribuèrent puissamment à rétablir d'une manière définitive l'ordre et la sécurité dans nos montagnes ; on n'eut plus

---

[1] On n'est plus dans cet embarras aujourd'hui !...
[2] GUICHARD, op. cit. passim.

à déplorer dans le département que quelques crimes isolés qui ne se rattachaient pas au brigandage.

C'en était fait ! Les bandes, décimées, traquées, disloquées, ne furent plus en état de se reformer, et disparurent. De tous ces brigands qui avaient terrorisé nos campagnes, il ne restait plus que quelques individualités impuissantes et apeurées. Les uns avaient été fusillés par les commissions militaires, les autres avaient perdu la vie dans des rencontres sanglantes ou des catastrophes comme celle d'Aups ; quelques-uns s'étaient expatriés ; d'autres, sous les verrous, attendaient leur jugement ou commençaient d'expier leurs crimes dans les fers. Il y en avait bien quelques-uns qui, se croyant moins coupables parce que moins connus, étaient rentrés chez eux, et vaquaient tranquillement à leurs occupations habituelles. Mais la justice les guettait et vint les saisir à son heure. Il n'en restait plus dans les bois, ni sur les chemins. Force restait à la loi.

L'ère du brigandage était finie !

DEUXIÈME PARTIE

CHAPITRE PREMIER

DU 29 NIVOSE AN VI A VENDÉMIAIRE AN VIII

Validation des opérations électorales du département, 22 floréal an VI. — Arrêté contre les délits religieux, 28 thermidor an VI. — Premiers brigandages, 12 vendémiaire an VII. — Enlèvement d'un bandit réquisitionnaire par d'autres bandits. — Vol à St-Etienne, 23 vendémiaire ; à Forcalquier, 26-27 vendémiaire. — Mesures de sûreté, 10 nivôse. — Arrestation de Savoyan, 13 nivôse. — Assassinat de Laugier, à Volx, 24 nivôse — Vol du convoi. — Battue, 29 nivôse. — Accalmie. — Arrestation de Blanc à Villeneuve, 30 floréal an VII. — Tentative d'assassinat sur Mayenc, à Corbières. — Recrudescence en prairial. — Assassinat du commissaire de la Tour-d'Aigues et de Vachier, près Banon, messidor. — Enlèvement de prisonniers. — Incursion à Allemagne, 25 messidor. — Battues. — Assassinat de Beroard. — Arrestations nombreuses au Pas-de-l'Evêque (St-Jeannet), thermidor; *id.* à Puimoisson, 17 fructidor.

E Conseil des Anciens venait de déclarer valables les opérations de l'assemblée électorale du département des Basses-Alpes, sauf en ce qui concernait Barlatier, dont la nomination à la place d'accusa-

teur public était nulle, sauf également les opérations de la fraction qui avait tenu ses séances dans le local des Bains, lesquelles opérations furent déclarées de nul effet. Barrière, ex-accusateur public près le tribunal criminel, fut admis, dès le 1er prairial, et pour une période de trois ans, comme représentant du peuple au Conseil des Cinq Cents [1].

Les quelques mois qui suivirent ne furent marqués par aucun incident grave, dans notre département; et l'administration centrale, n'ayant rien de mieux à faire, dirigea les efforts de son zèle et toute sa rigueur contre des gens parfaitement tranquilles, qui ne demandaient qu'à n'être pas tracassés, et à profiter sans abus de la liberté qu'on leur avait promise.

Des mouvements fanatiques, disait-elle, s'étaient manifestés, le 6 messidor, à .....Mallefougasse ; et... le 7 thermidor, à Méailles !...

Que s'était-il donc passé ? Tout simplement ceci : Les braves campagnards de ces deux minuscules villages de nos Alpes avaient voulu célébrer leur fête patronale dans le même appareil, avec la même pompe que ci-devant, alors que soi-disant ils n'étaient pas encore libres. Ils avaient fait la procession traditionnelle, ceux de Mallefougasse, le 6 messidor,

---

[1] Loi relative aux élections de l'an VI, 22 floréal an VI.

fête de S. Jean, ceux de Méailles, le 7 thermidor, jour de S. Jacques, leur patron, et, naturellement, sans penser à mal, « ils avaient porté, en dehors « de l'enceinte sacrée, des signes particuliers au « culte catholique, avec des habits affectés à des « cérémonies religieuses ». Et, circonstance aggravante, « l'agent municipal de Mallefougasse, loin « d'interposer son autorité pour le maintien de la « police, s'était montré à la tête du rassemblement ». Le misérable !...

Ces faits étaient des délits caractérisés par les lois, et en particulier par l'article XIII, section II, de la loi du 7 vendémiaire an IV, et les articles XVI et XIX, section III. Mais on se demande en quoi les processions de Mallefougasse et de Méailles pouvaient compromettre la tranquillité publique dans le département !

Ce fut, néanmoins, sur un considérant de cette nature que le maire de Méailles fut mandé devant l'administration, et sérieusement admonesté ; que celui de Mallefougasse fut suspendu de l'exercice de ses fonctions ; et que ces délits furent dénoncés, les uns au tribunal de Sisteron, et les autres au tribunal de Digne [1].

[1] Extrait des registres des arrêtés de l'administration centrale du 23 thermidor an VI.

Un si bel acte de rigueur méritait les honneurs de la plus grande publicité. Les administrateurs Daumas, Réguis, Hodoul, Guieu et Barlatier, votèrent l'impression de l'arrêté pris le 28 thermidor an VI sur ce délit, et son affichage dans toutes les communes du département. La chose en valait la peine !...

Mais voici que le beau zèle de nos administrateurs va trouver plus ample matière à s'exercer, et que le champ s'ouvre devant eux ! Il ne s'agira plus de sévir contre d'honnêtes ruraux, processionnant paisiblement sous la houlette de leur pasteur et sous la tutelle de l'écharpe municipale, dans les rues tortueuses et calmes de leur modeste hameau. C'est contre le banditisme déclaré, contre l'assassinat organisé, le pillage et la dévastation qu'il va falloir sévir !

En effet, les bandes de brigands, refoulées dans le Var et le Vaucluse, se réfugient dans les Basses-Alpes, et se montrent aux confins de la partie méridionale du département.

A la fin de l'an VI, celle du bois de Cadarache rôde aux environs de Gréoux, arrête, dévalise, maltraite des bouchers qui se rendaient à la foire. Les habitants de la commune prennent les armes, courent sus aux brigands, les poursuivent avec acharnement, même au-delà de leur territoire, mais sans pouvoir en atteindre aucun.

La bande de Vaucluse pénètre dans les Alpes du côté de Viens et de Sault, de la Drôme, et sème la terreur dans l'arrondissement de Forcalquier et surtout dans le canton de Banon.

Le 8 floréal an VI, à l'entrée de la nuit, « quinze
« de ces cannibales s'introduisirent dans la maison
« de campagne du citoyen Castor, sur le terroir de
« Simiane, et après avoir assassiné un des proprié-
« taires et attaché les autres, ils pillèrent le linge,
« les effets et tout l'argent qu'ils purent trouver.
« Hâtons-nous, citoyen général, d'arrêter ces mons-
« tres qui ne respirent que carnage, si nous ne vou-
« lons voir couler encore des flots de sang dans notre
« département ».

C'est le procureur général, qui s'adresse en ces termes au général Chabran, commandant la force armée dans le département des Basses-Alpes, et il le supplie de mettre au plus tôt en état de siège les communes de Banon, de Simiane et de Noyers, « où il y a des émigrés, des prêtres réfractaires et « des fuyards frappés par des mandats d'arrêt ». (Archiv. départ., Série L.)

Le 12 vendémiaire, deux gendarmes, Villepran et Gaudet, conduisaient au dépôt un réquisitionnaire déserteur, prévenu de plusieurs assassinats. Arrivés sur le terroir de Volx, ils sont assaillis par dix brigands armés qui font feu sur eux, blessent grièvement Villepran, criblent de balles les habits de Gaudet, qui, plus heureux que son collègue, n'eut aucune blessure sérieuse, et leur enlèvent prestement le prisonnier.

Le 23 vendémiaire an VII, une vingtaine de personnes se rendant à la foire de Sisteron, sont arrêtées et volées, tant à l'aller qu'au retour, dans le terroir de Consonoves [1], et dans les gorges isolées qui s'étendent de Mallefougasse à Châteauneuf [2].

Quelques-uns veulent fuir dans la direction du Val de St-Donat ; ils sont atteints et assommés.

Le même jour, d'autres voyageurs, suivant la route de Peyruis à la Brillane, sont poursuivis à coups de fusil, entre Pont-Bernard et le moulin de la Serre.

Dans la nuit du 26 au 27 vendémiaire, une bande de chauffeurs s'introduit dans une maison de campagne de Forcalquier et s'y livre au pillage. L'argent est enlevé, les meubles sont fracassés et « les habitants, épouvantés, n'ont pu conserver leur vie qu'à

---

[1] Aujourd'hui compris dans le terroir de Mallefougasse.

[2] Il y a, sur le parcours de cette route, un quartier qui, depuis, porte le nom de « la Mouor de l'ome ».

force de larmes ». Leur audace est telle, ajoute le rapporteur, qu'ils attaquent des compagnies de dix et même vingt voyageurs, et que les habitants de ces contrées sont terrorisés ! [1]

L'administration centrale, « constatant (avec « une émotion légitime cette fois), que les brigands, « voleurs, chauffeurs, assassins attroupés, occu- « pent les forêts, infestent les routes, dans le ci- « devant district de Forcalquier et dans la partie « basse de celui de Sisteron ; qu'ils y commettent « des vols, assassinats, brigandage de toute espèce », mit en réquisition permanente et sous les ordres du général commandant le département, les colonnes mobiles des cantons de Forcalquier, Banon, Lurs, Reillane, St-Etienne, Volx, Château-Arnoux et Noyers ; ordonna deux battues par mois, et l'arrestation de tout individu trouvé hors de son canton sans passe-port, des émigrés, des prêtres déportés rentrés, des réquisitionnaires et déserteurs, etc. Cet arrêté fut imprimé à mille exemplaires et affiché dans toutes les communes, 5 brumaire an VII [2].

De son côté, le général, commandant la force armée dans le département des Basses-Alpes, signalait à l'administration centrale les points sur les-

---

[1] Arch. départ., Série L., n° 41, f° 39 et seq.
[2] Archiv. départ., Série L., n° 41, f° 39 et seq.

quels devait se porter plus particulièrement sa vigilance. « ... L'arrondissement de Forcalquier exige une surveillance soignée à cause des délits qui y
« ont été commis pendant la réaction, etc........ On
« peut lui assimiler celui d'Oraison, dont le chef-
« lieu s'est fait horriblement remarquer pendant la
« réaction....., le canton de Noyers est travaillé par
« le fanatisme. Il est limitrophe de Banon, de la
« Drôme, des Hautes-Alpes ; ce concours lui a at-
« tiré un grand nombre de fuyards......... la com-
« mune chef-lieu est en état de siège [1] ». Le canton de Reillane ayant été terrifié par quatre brigands, dont le chef est Vacher, de Viens, des piquets de soldats sont établis à Reillane, à Céreste ; la force de la place de Banon est portée de dix à vingt soldats, celle de St-Etienne, à dix, etc.

Ces mesures n'empêchaient guère les brigands de poursuivre leurs opérations.

Un tailleur, Savoyan, se rendant de Pierrevert à Montfuron, est arrêté et dévalisé dans le bois de la Canelle par quatre hommes masqués et enveloppés de roupes. Cabassud revenant de sa campagne, subit le même sort. On se contenta pour cette fois, de les dépouiller ; ils eurent la vie sauve. C'est le

---

[1] Rapport du 10 nivôse an VII.

cas de dire : « *Beneficium latronis non occidere* ».
(13 nivôse.)

Moins heureux fut le citoyen Laugier, de Dauphin. Il se rendait dans la commune de Villeneuve, en compagnie du citoyen Aillaud, commissaire du canton. Deux coups de feu retentissent ; Laugier tombe, foudroyé. Aillaud n'eut que son habit percé. (24 nivôse an VII.)

Les quatre brigands soupçonnés de cet assassinat et désignés par la rumeur publique, gagnèrent la Durance le lendemain matin, et se tinrent cachés dans les fourrés des iscles. Leur retraite ayant été découverte, la garde nationale d'Oraison, réunie aux troupes cantonnées dans cette commune, se mit résolument à leur poursuite. Deux furent fusillés au cours de cette chasse à l'homme ; un autre fut blessé au bras d'un coup de feu ; le quatrième ne fut pas atteint [1].

La veuve de l'infortuné Laugier porta plainte, et invoqua les dispositions de la loi du 10 vendémiaire an IV. Un jugement, rendu le 16 ventôse an VII, condamna les habitants de Villeneuve à payer à chacun des trois enfants de Jean-Baptiste Laugier, assassiné par un attroupement armé, la somme de

---

[1] Précis des délits commis par B. D. de Villeneuve.

sept cents livres, plus quatre cents livres pour dommages-intérêts.

Il est à présumer que ce crime était l'effet d'une vengeance politique, Laugier remplissant les fonctions d'agent municipal, et Aillaud, pour lors commissaire du canton, s'étant attiré de vives animosités par le zèle trop ardent qu'il avait mis jadis à rechercher et à faire incarcérer les suspects du canton, par ordre du farouche Dherbès-Latour.

Le crime qui occasionna la battue générale du 29 nivôse an VII eut un autre caractère. Un convoi de six mille francs que le payeur du département dirigeait de Digne à Aix, fut arrêté dans le bois de Cadarache; la somme passa dans l'escarcelle des brigands. Une active surveillance fit connaître que la bande qui avait opéré ce vol, venait de pénétrer dans les Basses-Alpes par Vinon et Gréoux. Le commissaire du pouvoir près le département fit établir une ligne armée de Moustier à Oraison. Cette ligne devait occuper le triangle de terrain formé par le Verdon et la Durance, et, en se concentrant vers la pointe de Vinon, rabattre les bandits et les serrer entre les baïonnettes et ces deux cours d'eau. Sans répéter ici ce que nous avons dit au chapitre IV, première partie, sur cette opération militaire, nous dirons qu'elle eut pour effet de refouler, momentanément au moins, les bandits du Var qui menaçaient de nous envahir, de déjouer leurs desseins, et de procurer aux populations quelques mois de sécurité.

C'est à peine, en effet, si de nivôse à messidor an VII, soit pendant cinq mois, on eut à signaler quelques délits de brigandage, tels que l'arrestation de Blanc, dit Quèqué, au Pont-du-Pâtre (30 floréal)[1], celle de J^h Mayenc, à Corbières, qui, assailli dans les champs par quatre hommes masqués, fut roué de coups de bâtons, couché en joue, et ne dut son salut qu'à la défectuosité de l'arme et non à la générosité des bandits (prairial).

Mais ce moment de calme fut de courte durée. Bientôt les bandes, un instant refoulées, reparaissent et se mettent en campagne. Un rassemblement d'environ quarante individus, fuyards et déserteurs, se cache dans la montagne de Lure (18 floréal). C'était la bande de Vaucluse.

De l'autre côté de la Durance, une bande apparaît aussi, et le commissaire du Gouvernement écrit aux administrateurs des cantons de Riez, Mous-

---

[1] Le Pont-du-Pâtre est sur la route de la Brillane à Volx. On vola à Blanc, douze francs et deux mouchoirs. Comme il priait les brigands de lui en laisser au moins un pour son usage, il faillit payer de la vie cette *indiscrétion*.

tiers, Senez, Puimoisson, Valensole : «... Le bri-
« gandage recommence à désoler vos contrées. Des
« voleurs attroupés s'introduisent sur le territoire
« de vos communes... Sonnez le tocsin... battez la
« générale... Rassemblez toutes les forces de la com-
« mune, etc.[1] ». C'était une bande du Var qui rôdait,
toute prête à opérer.

Au commencement de messidor an VII, le commissaire du canton de la Tour-d'Aigues se rendait à Banon. Trois jeunes gens qui voulaient se débarrasser de lui, sollicitent le concours de Vacher, de Viens, chef de la fameuse bande de Vaucluse. Conduits par lui, ils se mettent à la poursuite du commissaire, l'atteignent entre Vachères et Banon et le mettent à mort. Puis, épouvantés par les conséquences du crime qu'ils viennent de commettre, se défiant peut-être de la discrétion de Vacher, craignant surtout de partager le sort qui attendait Vacher s'ils étaient saisis en sa compagnie et sous ses ordres, ils décident de se débarrasser de ce témoin importun et lui plongent le poignard dans le sein. Du coup, la bande dite de Vaucluse perdit son chef, et ce fut le sous-chef, R. de P. (Basses-Alpes), qui fut appelé à recueillir son horrible succession [2].

[1] Archiv. dép., Série L.
[2] *Ibid.*

Peu de jours après, 11 messidor, quatre hommes masqués et armés, attaquent et mettent à mort le commissaire du Directoire, sur la route de Banon à Valréas [1].

Entre Pierrerue et Lurs, deux gendarmes chargés de conduire à Digne le fameux Bonnefoy, se voient tout à coup investis par vingt-deux brigands armés et masqués, qui, leur mettant le fusil sur la poitrine, les somment de leur livrer le prisonnier, et leur enlèvent toutes les pièces de la procédure (messidor) [2].

Dans le même temps, la bande du Var, refoulée par les colonnes mobiles, se jette sur les Basses-Alpes. Le 15 messidor, un groupe de vingt-cinq bandits investit soudain le village d'Allemagne, assaillit la maison du nommé Gilles, enfonce les portes, pille l'argent, le linge, etc., tandis que douze arrachent à sa jeune épouse l'enfant qu'elle allaitait et assouvissent leur brutalité sur elle. De là, le rassemblement se porte au domicile du nommé Arnoux, brise les portes, pille tout ce qui est à sa convenance et s'en retourne, chargé de butin, dans les forêts du Var [3].

[1] Archiv. dép., Série L.
[2] *Ibid.*
[3] *Ibid.*

Un détachement militaire fut aussitôt dirigé sur Allemagne pour y stationner, et faire des battues à la Fuste, à Rousset, aux bois de Valensole, qui sont infestés de brigands [1].

Puis, diverses opérations militaires s'exécutent dans ces quartiers. Le 27 messidor, le commandant de la force armée se porte à Gréoux à la pointe du jour, pour se joindre à un fort détachement de la garde nationale de Valensole. « ..... Vous cer-
« nerez le village et ferez une fouille dans les lieux
« qui vous paraîtront suspects. Après, vous dissé-
« minerez des pelotons dans la campagne de Gréoux,
« et vous vous adjoindrez la garde nationale de
« cette commune. Cette battue faite, vous rétro-
« graderez en continuant vos recherches sur le ter-
« rain qui borde le Verdon, en embrassant le plus
« d'espace possible, et vous placerez de loin en loin
« des piquets [2] ».

Une autre battue était faite en même temps dans le canton d'Oraison, par la troupe qui y stationnait, renforcée de vingt-cinq hommes de la garde nationale des Mées qui s'y rendirent à la pointe du jour.

Il s'en déployait une autre entre Valensole et Brunet, chargée de battre les hubacs de l'Asse jus-

[1] Archiv. départ., Série L.
[2] Lettre du commissaire du Gouvernement au commandant du détachement d'Allemagne.

qu'à l'embouchure de la Durance, tandis qu'une aile se déployait du côté de Gréoux et atteignait les troupes qui opéraient dans le rayon.

On recommandait, cela va sans dire, aux divers détachements qui parcouraient les plateaux, les bois, les vallées de ne pas se méprendre sur la rencontre des divers pelotons des gardes nationaux des cantons voisins qui marchaient aussi à la poursuite des brigands. La recommandation n'était pas inutile.

Qui le croirait ? Les brigands échappent à toutes ces poursuites ! Refoulés sur un point, ils reparaissent sur un autre ; la force armée croit les chasser du côté de Gréoux et les jeter dans le département du Var où les colonnes mobiles les attendent, alors que, glissant pour ainsi dire entre les baïonnettes, ils se répandent sur le plateau qui s'étend depuis Oraison jusqu'à Mézel.

C'est là, dans ces quartiers inexplorés, dans ces gorges solitaires, qu'ils transportent pour le moment leur quartier général. Jacques Béroard, berger, est assailli dans sa hutte (terroir de St-Jeannet), et tellement roué de coups qu'on lui écrase les deux bras... « sans lui faire aucun mal [1] ».

---

[1] Messidor an VII. Déposition de Plauchud, maire de St-Jeannet. Il voulait dire sans doute : « Sans que le berger eut provoqué son agresseur en lui faisant du mal ».

En thermidor an VII, les brigands arrêtent presque journellement les voyageurs qui passent au Pas-de-l'Evêque (St-Jeannet). Un autre détachement de la bande occupe les hubacs de Telle, situés de l'autre côté de la rivière d'Asse, et les voyageurs qui échappent aux premiers tombent entre les mains des seconds. C'est ainsi que, le 17 fructidor, deux brigands masqués, armés de carabines, arrêtent, sur le terroir de Puimoisson, non loin de Telle, les citoyens Nicolas et Lachaud, de Sisteron, les dépouillent de leur argent, de leurs bijoux, de leur linge et même de leurs habits, etc., etc.

Il faut le reconnaître, néanmoins, la lutte de la force armée contre les bandits, se poursuit maintenant de plus en plus vive et incessante. On cherche leur gîte, leur repaire, on suit leur trace, on s'acharne à leur poursuite, on combine les moyens les plus efficaces pour les anéantir, on met en œuvre, avec un zèle louable, toutes les ressources qu'un pauvre département épuisé, privé d'armes et de soldats, ruiné par des impôts multipliés, par des réquisitions incessantes, peut encore fournir. A peine aperçoit-on quelque part un signe de leur passage, l'ordre arrive de voler à leur poursuite et de leur faire une guerre sans merci.

Hélas ! toute cette énergie dans la poursuite,

cette ardeur dans la recherche, toute la sévérité déployée dans la répression, ne devaient pas entraver la marche ascensionnelle de ce flot de sang et de boue qui montait sans cesse, et qui, particulièrement au cours de l'an VIII, devait submerger la partie méridionale de notre malheureux département.

CHAPITRE II

De Vendémiaire a Prairial an VIII

Horrible massacre de onze personnes à Riez, 23 vendémiaire an VIII. — Arrêté du Directoire, 26 vendémiaire. — Tentative de vol chez Berbeyer. — Vol chez Bec au Plan des Mées. — Arrestation du courrier et de cinq bouchers à Puimoisson, 15 nivôse. — Arrestation de Vialet, bijoutier à Telle. — Arrestation à Volx. — Divers assassinats à Bras, Montlaux, Corbières. — Vol aux Taillandiers (Brunet), 3 germinal. — Vols à Puimichel. — Assassinat d'un gendarme à Château-Arnoux, 29 germinal. — Arrestation de deux gendarmes et d'un huissier à Fontienne, 3 floréal. — Arrestation d'une caravane. — Vol ; assassinat Chauvet. — Meurtre d'une jeune fille entre Riez et Quinson, 3 floréal. — Assassinat à St-Jeannet. — Arrestations au Chaffaut. — Attroupement armé à Villeneuve et assassinat de Blanc, 26 floréal. — Incursion à Pierrerue. — Assasinat de Martin. — Incursion de Sigonce, 28 floréal. — Assassinat de Manus. — Arrestations nombreuses à Roméjas et dans le terroir d'Entrevennes, 28 floréal.

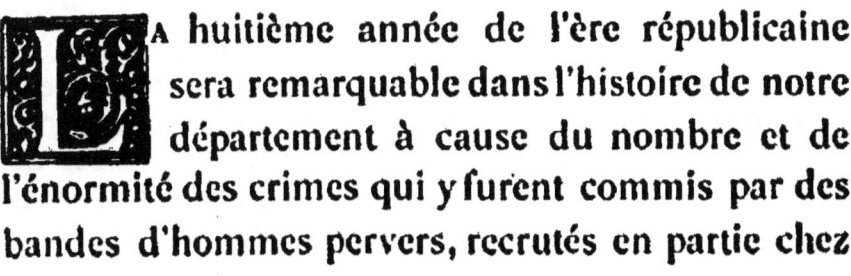

La huitième année de l'ère républicaine sera remarquable dans l'histoire de notre département à cause du nombre et de l'énormité des crimes qui y furent commis par des bandes d'hommes pervers, recrutés en partie chez nous, mais vomis surtout dans notre territoire par les départements voisins.

C'est, en effet, au cours de l'an VIII et particulièrement au printemps, que le brigandage exerça ses plus grands ravages et atteignit son maximum d'intensité dans la partie méridionale de nos Basses-Alpes.

Cette année sanglante s'ouvrit par l'horrible massacre de onze victimes assommées à coups de massue dans la campagne des Aubeïres, dite autrefois, la campagne des Blancs [1]. Cette campagne d'accès difficile, située au point le plus resserré du petit vallon d'Aubeïres, entourée de bois de tout côté, et à proximité d'une autre campagne très suspecte à l'époque, ne devait pas échapper à la visite des bandits. Elle n'y échappa point. Rien ne trouva

[1] Le 7 vendémiaire, un Bas-Alpin avait été arrêté et volé sur les limites des Hautes et Basses-Alpes ; il y avait eu, même, assassinat. Le 11 vendémiaire, Joseph Don, négociant de la Javie, avait été arrêté et dévalisé sur la grande route entre Vinon et Ginasservis, au sommet de la montagne des Boudres. On lui vola 1958 francs en monnaie métallique, plus, sa montre, dix-huit sixains de cartes, ses effets, etc. « — Oh ! te voilà, scélérat, acquéreur de bien national, tu es bien Don ? tu n'échappes pas de nos mains, nous te pendrons ici ». On ne le pendit pas, et il put venir faire sa déposition à la municipalité de Vinon. Comme ces crimes ne furent pas commis dans notre département, nous nous contentons de les signaler en passant. (Procéd., t. IV, 2ᵉ partie, fᵒ 519 et seq.

grâce devant ces féroces brigands qui ne reculèrent ni devant les cheveux blancs d'un vieillard inoffensif de 85 ans, ni devant les langes d'un pauvre enfant de 3 mois.

C'était le 23 vendémiaire an VIII. A l'heure du repas du soir, alors que maîtres, valets et journaliers étaient à table, la bande fait irruption dans l'unique salle du rez-de-chaussée, sous prétexte de demander à boire, et s'adressant au maître lui ordonne de livrer son argent. Le propriétaire fait la réponse habituelle en pareil cas, et déclare qu'il n'en possède point. Les brigands profèrent les plus terribles menaces. A ce moment, une femme de la ferme ayant reconnu à sa voix celui qui avait servi d'introducteur à la bande et qui se montrait le plus pressant, lui dit : « *Eh ben ! n.. En que cas vous metès aqui, en faguen ce que fès !* » Il n'en fallait pas davantage pour exciter leur fureur. Effrayés de se voir reconnus, ils décident de tout exterminer, et s'armant de leurs gourdins comme d'une massue, ils frappent sur la tête de leurs victimes désarmées avec une fureur inouïe.

Quelques-uns tentent de fuir ; ils sont assommés dans la cour. Trois autres se réfugient dans le petit caveau contigu à la cuisine et ferment la porte sur eux. Précaution inutile ; la porte cède bientôt sous la poussée, et le lendemain, on trouve, étendus sur les trois marches d'escalier de ce caveau, les cadavres de ces trois victimes. Une jeune enfant de trois mois que sa mère allaitait ne trouva pas grâce devant la fureur des brigands ; elle eut la tête fracassée ; et la malheureuse mère, seule survivante à ce carnage, fut trouvée le lendemain avec un souffle de vie ; elle expira sur le brancard pendant qu'on la transportait à l'hospice de Riez avec les autres victimes.

L'officier de police judiciaire de Riez, Jacques Morenon, se transporta sur les lieux, le lendemain, 24 vendémiaire, à trois heures du soir, et constata que onze victimes de tout sexe et de tout âge, gisaient çà et là, dans la maison et dans la cour, ayant tous « la tête écrasée à coups de massue ou « entièrement fracassée avec les débris épars », comme nous le lisons dans le procès-verbal de constat. C'étaient : Joseph Charabaud, granger, âgé de 45 ans ; Marie Charabaud, sa fille, âgée de 16 ans ; Maxime Reymond, de Riez, berger, âgé de 55 ans ; Marguerite Segond, épouse Blanc, âgé de 53 ans ; Joseph Blanc, propriétaire, âgé de 85 ans, « trouvé « ayant la tête entièrement fracassée avec une mas- « sue » ; Marguerite Charabaud, âgée de 3 mois, « trouvée sous le corps de sa mère assassinée » ;

Jean Martin, de Seyne, âgé de 36 ans; Antoine Gasagne, de Quinson, garde de bestiaux; Joseph Charabaud, âgé de dix-huit ans, trouvés tous les trois à l'escalier de la cave, la tête fracassée à coups de massue; Suzanne Reymond, journalière, âgée de soixante-deux ans; Anne Arnaud, de Riez, âgée de vingt-neuf ans, veuve depuis hier de Joseph Charabaud, trouvée, à trois heures après-midi, conservant encore un reste de mouvement et de chaleur, courbée sur le devant et vomissant du sang, expira en route, sur un brancard, à la suite des coups aigus qui avaient été portés à sa figure et à sa tête [1] ».

Une réflexion qui vient naturellement à l'esprit en parcourant cette longue et lugubre nomenclature est celle-ci : Comment se fait-il qu'aucune des onze victimes ne porte ni coup de poignard, de stylet, ni blessure provenant d'une arme à feu? Les brigands n'avaient-ils pas leurs armes en venant

---

[1] Extrait des registres de l'état-civil de la ville de Riez. La plume se refuse à décrire les monstruosités qui accompagnèrent cette tuerie, et les scènes d'horrible libertinage auxquelles se livrèrent les assassins. Ajoutons seulement, d'après le procès-verbal que nous avons sous les yeux, que quelques victimes furent trouvées attachées avec des cordes, portant des brûlures sur diverses parties de leur corps; qu'on trouva une massue teinte de sang, et que les cannibales firent un repas au milieu de cet affreux carnage.

envahir cette campagne isolée; ou, les ayant, ont-ils négligé de s'en servir? Ils savaient sans doute que Blanc n'en possédait point, et peut-être les avaient-ils laissées dans la campagne voisine de Peyramane qui leur servait de refuge et d'hôpital pour les brigands blessés, comptant sur leur supériorité numérique pour avoir raison de toute résistance éventuelle. Peut-être y eût-il commencement de lutte entre les assassins et les victimes. Il y avait là, en effet, six hommes à la fleur de l'âge; ces hommes ont dû certainement essayer de résister, de lutter, et n'ont dû finalement succomber que par défaut de moyens de défense et sous un nombre notablement supérieur d'assaillants.

Cependant, un tout jeune enfant de trois ans, épouvanté par les menaces des brigands, était parvenu à se dissimuler derrière un entassement de sacs, au fond de la cuisine, et de là avait assisté à l'horrible boucherie. Amené à Riez avec le convoi lugubre, et tandis qu'on déposait les victimes devant la porte de l'hôpital, il aurait aperçu dans la foule des curieux qui stationnait devant l'église, un homme qui se répandait en propos indignés contre les auteurs d'un pareil carnage, et le désignant du doigt, aurait dit : « *Vaqui aqueou qu'a tua moussu* ». Saisi, convaincu, le bandit entre dans la voie des aveux, déclare, soit par forfanterie, soit pour décharger ses compagnons, que sur onze victimes, lui seul en avait assassiné neuf. Là se bornèrent ses aveux ; il ne dévoila jamais le nom de ses complices. Il fut fusillé à Riez [1].

L'administration centrale fut émue en apprenant la nouvelle de ce forfait, et prit un arrêté dont nous allons faire connaître les dispositions principales.

« ... Considérant, y est-il dit, les assassinats et les
« forfaits auxquels aucune nuit n'avait encore prêté
« ses ombres, des forfaits, dont le récit épouvan-
« tera tous les pays dans tous les siècles ; considé-
« rant que des cannibales que la nature rougit
« d'avoir placé dans la classe des humains, etc... »
Arrête : Les attentats commis à Riez sont dénoncés à l'accusateur public. L'administration centrale promet une récompense de trois cents francs à tout citoyen qui contribuera à faire arrêter un individu

---

[1] Les époux Blanc s'étaient fait donation mutuelle ; la question se posa de savoir lequel des deux était mort le dernier, et avait, par conséquent, hérité de son conjoint. Le tribunal décida que Blanc, le mari, avait dû être frappé le premier et succomber avant son épouse, qui, par ce fait, héritait de son mari. La famille Segond, à laquelle appartenait la femme Blanc, hérita donc de la campagne, qui passa depuis en différentes mains et appartient aujourd'hui à M. Charray.

qui sera convaincu d'avoir fait partie de cette bande. Il sera fait des battues dans toute la partie méridionale du département, et l'on mettra en usage tous les moyens susceptibles de la délivrer des brigands qui l'infestent. On établira à Riez un détachement de vingt hommes de cavalerie qui feront continuellement patrouille sur les chemins ; on placera des postes de surveillance où l'on montera la garde nuit et jour à Gréoux, Valensole, Brunet, Puimoisson, St-Julien, Estoublon, Bras, Mézel, St-Jurs, Le Chaffaut, Beynes, Trévans, etc... Ce service devra durer tant que dureront les craintes menaçant la tranquillité publique. Et lorsqu'une commune aura lieu de craindre l'invasion des brigands, elle avertira du danger qui la menace par le tocsin, bruit de tambours, feux allumés, signaux d'alarme, répétés de commune en commune, etc., etc.[1] ».

Ces mesures de surveillance et les recherches de la force armée, eurent-elles pour effet de refouler la bande du Var dans ses quartiers ? On le croirait ; car les mois de brumaire et de frimaire se passèrent sans qu'on eût à déplorer, dans les environs, aucun nouveau délit de brigandage bien caractérisé.

---

[1] Archiv. départ. Arrêté du 26 vendémiaire an VIII. Série L., f°* 49-50-51 et seq.

Mais voici que la bande dite d'Oraison va se mettre en campagne et semer la terreur dans tous les environs.

Le citoyen Jean-François Berbeyer, riche métayer qui exploitait le domaine de Paillerols, avait vendu des cochons gras à la foire de Riez, et avait retiré de cette vente, une somme d'argent considérable. Un espion de la bande l'apprend, en informe ses compagnons; et le projet de dépouiller Berbeyer est arrêté. Un dimanche soir, à la nuit tombante, l'espion se présente chez le métayer et après les compliments d'usage, lui demande familièrement s'il a bien vendu ses bêtes, s'il n'a pas peur..., etc., etc... Berbeyer lui répond qu'il est bien armé, et qu'il ne craint personne; et soupçonnant dans son interlocuteur des intentions criminelles, il le congédie brusquement, barricade sa porte et monte au second étage pour se mettre en observation à une lucarne qui donnait dans les champs. Il entend bientôt un coup de sifflet retentissant, et distingue fort bien deux hommes armés qui sortent du bois, s'entretiennent un moment avec l'espion, et disparaissent dans les ombres de la nuit.

Le coup était manqué. Il fallait tenter fortune d'un autre côté. Une heure plus tard, les bandits envahissent la campagne de J.-B. Bec, après avoir brisé la porte extérieure. Deux d'entre eux pénètrent dans la maison, le poignard à la main, se saisissent du fusil de Bec qu'ils passent au troisième larron faisant sentinelle sur le seuil, enfoncent les meubles, pillent l'argent, et disparaissent dans la nuit, se dirigeant à pas précipités vers une campagne voisine.

Le 15 nivôse, les bandes d'Oraison et du Var, réunies, campent dans les hubacs de l'Asse et rayonnent dans les environs. Elles arrêtent, au-dessus de Puimoisson, André Granoux, courrier des dépêches de Digne à Riez et lui volent le sac et de nombreuses valeurs. Le même jour, elles arrêtent Gallet Louis, André Imbert, Caille, bouchers de Riez et Louis Tournatori, qui se rendaient à la foire de Sisteron, les dépouillent de leur argent, de leurs marchandises et de leurs effets.

Mais un fait qui fit plus de bruit et fit connaître au loin la fameuse descente de Telle, fut l'arrestation en plein jour, de Vialet, marchand bijoutier; elle eut lieu au commencement de ventôse an VIII. Quatre fameux brigands de la bande du Var, Félix et Laurent Barthélemy, Nicolas Revest et Truffier, dit le Grava, postés en lieu propice, arrêtèrent ce malheureux et le dépouillèrent de tous ses bijoux, estimés trente-sept mille francs. « En nous racon-

« tant cette aventure, dit Turriès, dans son inter-
« rogatoire, ces quatre individus nous disaient
« qu'ils l'avaient échappé belle, parce que, aussitôt,
« il y eut peut-être environ trois cents hommes
« armés qui se mirent à leur poursuite et que, sans
« contredit, ils auraient été saisis et arrêtés, s'ils
« n'avaient eu l'adresse et le bonheur de se cacher
« entre deux terres, comme l'on dirait dans un
« vala, dont on ne passa qu'à la distance d'environ
« dix ou douze pas, sans qu'on les aperçut, tandis
« qu'ils voyaient eux-mêmes ceux qui étaient à leur
« recherche et poursuite. Après avoir ainsi échappé
« au danger d'être saisis et arrêtés, ils allèrent encore
« ce soir même souper à la bastide dite Seguin,
« aux plaines de Valensole..... Les quatre indivi-
« dus ci-dessus nommés qui commirent le vol par-
« dessus Puimoisson, laissèrent une grande quan-
« tité de bijoux volés, à Esparron de Verdon, chez
« Marie Jourdan, la Belle-Marchande, et portèrent
« tout le reste dans la commune de Rougiers, où
« ils parurent tous, ayant les doigts remplis de ba-
« gues et d'anneaux, après en avoir donné pareil-
« lement à la femme de Laurent Barthélemy et à
« la femme dudit surnommé le Bout-de-Barre.....
« La femme dudit surnommé Bout-de-Barre était

« la receleuse des brigands, chargée d'aller vendre
« les effets volés [1] ».

Nous ne faisons que mentionner en passant quelques-unes des arrestations devenues communes en ce temps-là, telles que celle d'un soldat, à Volx, auquel on prit le fusil; celle de Royer, inspecteur des barrières, qu'on dépouilla de son argent; celle d'Antoine Masse, de Bras, qui fut volé sur la route de St-Jeannet (ventôse an VIII); la tentative d'assassinat sur Boniface de Montlaux qui, un soir à quatre heures, tomba, sans s'en douter, au milieu d'une bande de onze brigands, essuya trois coups de feu, et en fut quitte pour la peur; l'assassinat consommé de Jean-Jérôme Blanc, dit « le Bienheureux », égorgé par Pierre Roux, dit « lou Piétous », dans le terroir de Beaumont et transporté dans celui de Corbières, jeté dans un ravin et recouvert d'une légère couche de terre et de broussailles. (27 ventôse an VIII.)

Arrivons au crime commis à la campagne des Taillandiers, commune de Brunet.

Durant toute la journée du 2 germinal, huit brigands étaient restés cachés dans les hubacs de

---

[1] Copie de la procédure instruite contre les prévenus de brigandage comme auteurs ou comme complices. (A Draguignan, chez Fabre an XII, 1" partie. t. I, f" 160-161.)

l'Asse, entre les deux campagnes dites le Grand et le Petit Telle. Ils avaient vu passer à côté d'eux, une voiture escortée par quarante militaires, et n'avaient pas osé arrêter ce convoi. « Si nous avions « été trente de notre côté, disaient-ils, en prenant « leur repas du soir, à la campagne de Laincel, « située non loin de là, le trésor que cette voiture « devait porter n'aurait pas passé plus loin ».

Il y avait moins de risque à courir en allant attaquer, à l'heure de minuit, une pauvre veuve dans une campagne isolée. Cet exploit de bandit leur convenait : voici de quelle façon ils s'y prirent pour le perpétrer.

Vers minuit, ces huit brigands, armés et masqués, se portent à la campagne de Jean-Baptiste Démol, le forcent de sortir de son lit, de les conduire à la campagne de la citoyenne Elisabeth Martin, veuve Nicolas, quartier dit « les Taillandiers ». Là, le poignard sous la gorge, ils obligent le malheureux Démol d'appeler la veuve Nicolas qu'il connaissait depuis longtemps, de l'inviter à ouvrir sa porte, pensant bien qu'à la voix d'un voisin, d'un ami, la pauvre femme ouvrirait sans aucune défiance.

Le stratagème imaginé par les brigands leur réussit. Trompée par la voix d'un homme qu'elle connaissait, elle entr'ouvrit sa porte. Aussitôt les brigands se précipitent dans la maison, entraînant avec eux Démol devenu désormais instrument inutile, ainsi que Louis Giraud, voisin, qui, attiré par le bruit, avait paru sur la porte de son habitation. Après les avoir enfermés tous deux dans une sorte de caveau contigu à la cuisine, et que nous avons visité, ils tourmentent la pauvre victime, lui font subir les derniers outrages et lui demandent tout son argent. La malheureuse veuve, livrée sans défense à ces huit tigres à face humaine, privée de tout secours, tremblant pour la vie des jeunes enfants qui sont là à côté d'elle, se résout à fouiller ses tiroirs pour en sortir les petites économies du ménage. Pendant qu'elle cherche, dit le procès-verbal que nous possédons, deux brigands la suivent de près, placent la pointe de leur poignard sur le cou de la malheureuse victime, et la piquent de temps en temps. Puis, voyant que la somme trouvée ne correspond pas à celle qu'ils attendaient, ils la saisissent, la suspendent par le cou à un crochet de la cuisine, pour lui faire avouer sa cachette. Sur un signe affirmatif on la détache ; et la veuve Nicolas va retirer, de dessous la paillasse, les derniers écus, suprême ressource qu'elle conservait. Les brigands ne sont pas contents. De nouveau ils saisissent leur victime, lui passent au cou la corde fatale ; de nouveau ils la suspendent ; et tandis qu'elle se débat, en râlant, contre les étreintes de la mort qui approche, les misérables fouillent la maison en tout sens, éventrant les sacs de blé, fracturant les vieux coffres, répandant le linge çà et là ; puis la fouille achevée, ils sortent précipitamment, chargés de butin, sans se préoccuper autrement de leur victime qui agonisait suspendue au plafond, et qui eût bientôt succombé, si Démol et Giraud, comprenant au silence qui régnait que les brigands avaient fui, ne fussent sortis de leur caveau et n'eussent mis fin au supplice de la victime [1].

De là, la bande descend dans les hubacs de l'Asse, cache le butin à la campagne de Laincel, traverse la rivière, et, au jour, arrive à la bastide de Louis Bremond, terroir d'Entrevennes. Le berger, Antoine Auzet, qui se trouvait seul, s'empresse de donner à manger aux brigands affamés. Eux ne veulent point perdre du temps, ils s'emparent d'un jambon, et autres provisions de bouche, et forcent le berger de les accompagner à la bastide de Sauveur Provens, au hameau des Blancs. En les voyant venir, Provens se cache, sa femme qui veut faire bonne

[1] Extrait de la procédure instruite contre X. Pouli-Pâtre,

contenance est outragée, menacée; les bandits font main basse sur l'argent, le linge, les vêtements et disparaissent.

C'est vers cette époque (19 germinal), que le préfet des Basses-Alpes, à peine installé, adressait aux habitants du département une proclamation dans laquelle il constatait que le voyageur ne pouvait plus traverser nos montagnes sans être arrêté, dépouillé, mis à mort; et que chaque jour, notre territoire se trouvait baigné du sang de quelque victime; et le 25 du même mois, il prenait l'arrêté qu'on a pu lire au chapitre IV de cet ouvrage (1re partie).

Le pouvoir central veillait; la police n'était pas inactive; et, si les gardes nationales des cantons ne faisaient pas toujours et partout preuve d'un grand empressement à courir aux armes, la gendarmerie, elle, se multipliait et déployait la plus grande activité dans la poursuite des bandits.

Rien d'étonnant, dès lors, que les brigands la regardassent comme leur pire ennemi, et lui eussent déclaré une guerre sans merci.

Combien de fois les bandes, se montrant plus nombreuses que les brigades, les cernaient, les enfermaient, pour ainsi dire, dans le périmètre de leur résidence; ou bien, les rencontrant sur les grands chemins, les arrêtaient, les dépouillaient de leur correspondance, leur arrachaient les prisonniers ! Malheur à celui que les circonstances ou les exigences du service mettaient dans le cas de marcher seul !

Le 29 germinal, le gendarme Manent, de la résidence de Peyruis, revenait de Sisteron, porteur de la correspondance. Arrivé aux gorges sauvages du quartier de Barrasson, entre Château-Arnoux et Montfort, il essuie une fusillade qui l'étend raide mort sur le chemin. Les brigands s'approchent alors, le fouillent, le dépouillent de ses papiers, et d'une partie de ses vêtements, négligeant d'emporter le chapeau « criblé de coups de balles ». On voit que les brigands ne visaient pas aux jarrets !... Ce ne fut que par la rumeur publique que la gendarmerie fut informée de cet assassinat [1].

Quatre jours plus tard, une autre chasse au gendarme avait lieu aux environs de Fontienne. La bande qui tenait ces quartiers venait d'être informée que deux gendarmes, Arnaud et Bâtisson, de la résidence de Forcalquier, devaient passer à Fontienne, en retournant de St-Etienne. Ils entrent

[1] Procès-verbal de Faure, lieutenant de gendarmerie, 30 germinal an VIII.

donc au nombre de six, bien armés, dans une auberge, ayant eu soin, au préalable, de placer un des leurs en sentinelle pour surveiller le passage de la maréchaussée. Quelques habitants de cet honnête village devinent leur dessein, prennent les devants et courent informer les gendarmes.

Les brigands étaient en train de dîner, lorsque les deux gendarmes, qui n'avaient sans doute pas jugé à propos de modifier leur itinéraire, passent devant l'auberge, au grand galop de leurs chevaux. Il était environ une heure après-midi. Les brigands laissent là leur dîner, se jettent sur leurs armes et courent à la poursuite. Mais, devancés par les gendarmes qui marchaient à une allure folle, ils n'eurent que le temps de décharger leurs carabines qui n'atteignirent personne.

Comme ils revenaient à Fontienne, tout essoufflés, et de fort mauvaise humeur, ils rencontrent sur la route, le malheureux huissier, Bonnefoi, qui, voyageant avec les gendarmes, et n'ayant pu les suivre dans leur course précipitée, avait mis pied à terre et tenait son cheval par la bride. Le coucher en joue, le fouiller, lui voler son argent, sa roupe, son chapeau, etc., fut l'affaire d'un instant.

Puis, sans s'attarder davantage, ils se rendent à l'auberge; et, au lieu de continuer leur repas si subitement interrompu, ils prennent à la hâte les mets qui restent sur la table, payent l'aubergiste en honnêtes brigands qu'ils sont, et décampent à grands pas. Chemin faisant, ils s'entretenaient de l'insuccès de leur entreprise, et des cultivateurs couchés derrière des haies, purent les entendre se dire les uns aux autres : « Peu s'en est fallu qu'il n'y ait eu deux habits de reste » (3 floréal an VIII).

La bande se dirige sur la Rochegiron ; entre dans une bergerie, trouve des provisions que le propriétaire, J^h Vial, venait d'y apporter pour le berger. Bonne aubaine! Ils mangent tranquillement ; le maître arrive ; ils veulent payer. Vial, en homme qui s'y connaît, refuse d'accepter ; et repus, les bandits s'éloignent. « Il a bien fait de refuser », disent-ils en se retirant!... [1].

Si la bande dite de Vaucluse opérait dans l'arrondissement de Forcalquier, celle du Var ne restait pas inactive dans la partie méridionale de l'arrondissement de Digne.

En effet, ce même jour, 3 floréal, vers quatre heures du soir, une caravane de voyageurs, les uns à pied, les autres à cheval, cheminait tranquillement sur la route qui mène de Quinson à Riez,

---

[1] Extrait de la procédure instruite contre J. B. P. de Forcalquier.

comptant bien arriver dans cette ville avant la nuit close. Nos voyageurs, négociants pour la plupart, revenaient de la foire de St-Maximin, dite « foire de la quinzaine », et portaient des marchandises et de l'argent. Tout à coup surgissent du fond d'un ravin huit brigands armés et masqués, qui, les couchant en joue, leur ordonnent de s'arrêter. Eussent-ils possédé des armes, les voyageurs n'auraient pas pu en faire usage contre leurs agresseurs, si prompte, si soudaine avait été l'arrestation, tant était inévitable la perspective de payer de la vie la moindre tentative d'un mouvement défensif. Toujours en les tenant en joue, on contraint ces malheureux d'entrer, avec leurs chevaux et leurs mulets, dans un ravin écarté très ombragé, afin de pouvoir les dépouiller plus à l'aise.

Là, tandis que six bandits les entourent et guettent leurs moindres mouvements, deux autres se livrent aux plus minutieuses perquisitions, sur eux d'abord, puis dans les bagages qu'on jette à terre, qu'on éparpille çà et là, mettant de côté ce qui doit être emporté.

Or, tandis que la fouille terminée, les brigands étaient occupés à partager le butin, un des prisonniers, le jeune Antoine Chauvet, de Quinson, crut le moment favorable pour s'échapper et aller réclamer du secours. Il part comme un trait, comptant, grâce au feuillage et à l'entre-croisement des chênes, nombreux à cet endroit, pouvoir échapper aux poursuites et au feu des bandits.

Hélas ! il n'avait pas fait trente pas, qu'un coup de carabine l'étendait par terre. Deux brigands courent sur lui, traînent le corps au milieu des autres captifs tremblants d'épouvante, les menacent du même sort s'ils tentent de fuir. Puis, voyant que le malheureux Chauvet respire encore, et fait quelques mouvements convulsifs, ils le poignardent avec rage.

La nuit approchait ; le butin était partagé ; il y avait moins de danger à congédier les prisonniers qui ne pourraient avertir à temps la force armée. Ils les laissent donc recueillir le reste de leurs bagages et s'en vont à la campagne de la citoyenne N..., où un plantureux repas leur fut servi.

« ..... Après avoir fait leur repas, dit le procès-
« verbal de la gendarmerie, ils étaient ivres com-
« me des bêtes ». Dans cet état d'ébriété qui surexcitait leurs mauvais instincts de lubricité et de pillage, ils se rendent à la ferme du citoyen François Aillaud, ménager (terroir de Montagnac), et s'y livrent à tous les excès possibles. Après avoir odieusement outragé son épouse, ils accablent de mau-

vais traitements, de piqures de poignards, de coups de crosse, dans le dos, l'infortuné mari qui s'obstinait à ne pas leur découvrir sa cachette. Finalement ils le saisissent, le suspendent au plancher, et par un raffinement de barbarie, pour avoir plus promptement raison de sa résistance, ils allument du feu sous ses pieds, lui criant, tandis que la fumée l'étouffe : « *Mountè es toun argen ? Douno toun argen !...* » Aillaud résista aussi longtemps qu'il put à cet horrible supplice. Puis, à bout de forces, étranglé, asphyxié, grillé, ne pouvant même plus prononcer une parole, il fait signe. La corde est coupée; Aillaud tombe comme une masse; puis, se relevant, il donne aux chauffeurs jusqu'à son dernier liard, heureux par ce dépouillement complet, absolu, d'avoir la vie sauve.

Pendant que s'accomplissait ce drame, un autre se passait dans un appartement contigu qui eut un dénouement plus tragique; car, si Aillaud aima mieux perdre son argent que la vie, sa servante préféra faire le sacrifice de sa vie plutôt que celui de son honneur.

Tandis, en effet, qu'Aillaud est maltraité de la manière qu'on a vu, dans le rez-de-chaussée de la ferme, deux brigands se saisissent d'Agnès-Françoise Brun, fille de service, et lui font connaître la brutalité de leur dessein. La jeune fille se débat avec l'énergie du désespoir, et oppose à ces libertins une résistance à laquelle ils ne s'attendaient pas; elle leur déclare au surplus qu'elle préfère la mort au déshonneur. Pour toute réponse, un brigand lui traverse le bras droit d'un coup de stylet. Agnès s'échappe de leurs mains; et affolée, éperdue, court, monte l'escalier, va se jeter au hasard dans une mansarde contiguë au grenier à fourrage, se blottit tremblante, dans un coin, se dissimule tant qu'elle peut, non sans avoir soigneusement fermé la porte. Hélas! les féroces libertins la poursuivent, brisent la porte, renouvellent leurs criminelles tentatives. Agnès résiste plus que jamais, et leur répète qu'elle préfère la mort. « ... Alors, ce monstre de « rage, tire un estilet de sa poche et lui plonge en-« tre les deux seins et la pauvre misérable est morte « sur le coup [1] ».

Cependant, Joseph Martin, un des voyageurs arrêtés, n'avait eu rien de plus pressé, une fois relâché, que de venir porter plainte à la gendarmerie de Riez. Le commandant se concerte immédiatement avec le chef des troupes polonaises cantonnées dans cette ville, et fait battre la générale.

---

[1] Procès-verbal de la gendarmerie. Vid. et. Procédure instruite, etc., f° 64

« ..... La généralle a batue, le peuple de Riez n'a
« point voullu prendre les armes. Moy, comman-
« dant les gendarmes, jai dit au peuple : ci lon
« venait vous ravager dans vos contrée ne ceriez-
« vous pas bien aize que lon vous donna du se-
« cour. A ces mots tout le monde me tourna le der-
« rière ils ont disparu. Cependant deux gardes
« nationalle ce sont venu mettre dans nos rangs
« avec la troupe qui sont les nommés Arnoux cor-
« donnier et Enry cordonnier. Le commandant
« voyant la mauvaise vollonté du peuple de Riez
« a fait faire par flanc a droit et nous avons partis
« au nombre de quarante hommes. Si au contraire,
« la garde nationale de Riez avés obéi nous ne pou-
« vions pas les manquer surtout marchant sur trois
« collonnes comme le plan a été tiré [1] ».

La colonne partit de Riez vers minuit et marcha sur Allemagne ; de là, sur Esparron qu'elle investit, et, dès la pointe du jour, opéra des visites domici-

---

[1] Procès-verbal de gendarmerie signé par Bonnet, Antoine Chastant, Louis Baille, Jacques Jeanjean, gendarmes, Meynier, brigadier, contresigné et déclaré conforme par Faure, lieutenant de gendarmerie, et daté de Montagnac, 4 floréal an VIII. Nous avons donné cet extrait, en vue surtout de faire bien connaître l'état d'esprit des populations à l'égard des brigands et l'attitude qu'elles prenaient souvent et presque partout, en présence du danger.

liaires. Elle se dirigea ensuite vers le plateau qui domine Quinson, fit une battue générale des bastides, des bois, et revint à Montagnac où fut dressé le procès-verbal. Quant aux brigands, ils restèrent deux jours cachés dans la bastide de la citoyenne N..... (terroir de Montagnac), visitèrent et pillèrent la campagne de la citoyenne Lieutaud, originaire de Marseille, et se dirigèrent tranquillement, toujours au nombre de huit, vers le village de Saint-Martin [1].

Après quelques jours d'un repos bien mérité, qu'ils passèrent dans des bastides amies, sur les plaines de Valensole et dans les hubacs de l'Asse, les assassins recommencèrent le cours de leurs exploits. La bande s'était accrue de six nouveaux bandits pour la nouvelle campagne. Ils viennent donc, au nombre de quatorze bien armés, investir en plein jour, la bastide de Jacques Aymes, au terroir de St-Jeannet. Ils envahissent les appartements, exercent les violences les plus graves sur ce malheureux vieillard, le pendent par le cou, etc. Son fils était là ; il ne put voir maltraiter ainsi son vieux père, sans chercher à le défendre. Un coup de crosse

[1] Voir le procès-verbal ci-dessus cité. Voir aussi : « Procédure instruite contre G. dit Pouli-Pâtre et A. dit Badasse, etc., etc.

de fusil appliqué sur la nuque, l'étend par terre ; et tandis que quelques bandits le maintiennent et l'assomment de coups, les autres font main basse sur l'argent, le linge, les provisions et autres objets facilement transportables ; puis, chargés de butin, ils gagnent tous le plateau solitaire coupé de nombreux et profonds ravins, qui s'étend entre Saint-Jeannet et le Chaffaut. C'était le 10 floréal an VIII [1].

Trois jours après devait se tenir à Volonne, l'importante foire du 3 mai (13 floréal).

Dès cinq heures du matin, les brigands sont à leur poste, en embuscade sur un des nombreux mamelons qui commandent la route du Chaffaut à Malijai.

Vers 7 heures, un convoi de voyageurs se montre sur le chemin. Cinq brigands se détachent, les couchent en joue, les arrêtent, les dévalisent. Un des voyageurs, Hermite de Mézel, n'y allait pas de bonne grâce, et faisait quelque difficulté de vider ses poches. Trois coups de poignard mettent fin à ses hésitations. Son fils se donne à la peur et veut fuir ; on tire sur lui, il est assez heureux pour éviter le coup.

Les voyageurs dépouillés n'en continuent pas

---

[1] Voir la procédure instruite contre Badasse et Pouli-Pâtre.

moins leur route; et passant à Malijai, déposent une plainte à la gendarmerie. Un fort détachement de la garde nationale se porte à la recherche des brigands; on leur dit qu'on les a vus se diriger vers Espinouse, et se diviser en deux bandes. On les poursuit vainement jusqu'à Chénerilles; puis, « per- « dant l'espoir de les atteindre, nous nous sommes « retournés sur notre même route et avons été en « surveillance dans la commune, tandis que la gen- « darmerie a fait patrouille sur la route de Malijai « à Volonne [1] ».

Et que devenait, pendant ce temps, la bande de la rive droite, que nous appellerons la bande de Vaucluse? Elle avait bien perdu son chef, Vacher, de Viens, dans les circonstances que nous avons fait connaître; mais un Bas-Alpin que nous ne nommerons pas, avait recueilli son horrible succession; et avec D. et V. pour sous-chefs, elle continuait d'opérer, nous allons voir comment.

Déjà, le 3 floréal, un attroupement armé s'était porté dans la commune de Villeneuve, s'était introduit par force dans plusieurs maisons pour les piller, et entr'autres, dans celle de Louis Décory, qu'on

[1] Procès-verbal de gendarmerie, signé Faure, lieutenant, Vid. et. Procédure instruite contre Badasse et Pouli-Pâtre.

tenta d'assassiner et qu'on pilla, pendant que les bandits faisaient le guet autour du village.

Mais le 26 floréal, un assassinat fut consommé. Joseph-Melchior Blanc, de Villeneuve, travaillait dans une de ses propriétés, située au quartier de Coste-belle, près le bois d'Asson, en compagnie de Rose Bonnefoi, veuve Bernard, sa belle-mère. Tout à coup, vers 11 heures du matin, cinq brigands dissimulés derrière une touffe d'arbres, s'approchent de lui, et, sans échanger un seul mot, le couchent en joue. Trois coups de carabine atteignent l'inoffensif travailleur. Il tombe ; les brigands se précipitent sur lui et l'achèvent en lui portant *dix-sept* coups de poignard.

Cependant, un témoin de cette scène travaillait à quelques pas de là ; c'était Pierre-Paulin Blanc. Il avait pu voir ces bandits, bourrant leurs fusils et visant la victime. Il avait pu constater également que, aperçu par eux, ses jours à lui n'étaient pas en sûreté, les bandits se débarrassant volontiers et d'une façon expéditive de tout témoin incommode. La frayeur lui donnant des jambes, il partit comme un trait à travers champs, monta sur un côteau à pic, et, dissimulé dans une anfractuosité de roche, il put voir les brigands, fatigués de le poursuivre, s'approcher du nommé Louis Courbon et décharger sur lui un coup de carabine qui, heureusement, ne l'atteignit pas [1].

Dès le lendemain, 27 floréal, une bande, évaluée par les procès-verbaux à seize ou vingt bandits, tous armés et masqués, après avoir erré environ une heure sur le grand chemin, aux environs d'un pont appelé la Lèche, sur la route de Forcalquier à Pierrerue, se porta, vers deux heures de l'après-midi, dans ce dernier village, et se dirigea vers la maison du citoyen Martin, ex-commissaire du gouvernement près l'administration municipale du canton de Lurs. Son fils était allé, ce jour-là, à Forcalquier. Une fois entrés dans les appartements, ils accablent d'injures le citoyen Martin, exercent sur lui toute sorte de violences et le criblent de coups de poignard, auxquels, néanmoins, il survécut. La maison fut dévastée ; la plus grande partie de son mobilier fut brisée ou volée ; on lui enleva tout son argent monnayé, toute sa vaisselle, et cela, en plein jour, et sans qu'aucun des habitants de Pierrerue ait eu la force et le courage de lui prêter le moindre secours.

---

[1] Extrait du procès-verbal de transport du juge de paix de Volx, 27 floréal, *id.* du procureur d'Apt, *id.* du rapport de Saint-Jean, brigadier de gendarmerie à la Bastide-des-Jourdans, etc.

Les brigands s'enfuirent, et les recherches qu'on fit pour les reconnaître et les appréhender restèrent sans résultat.

Le citoyen Guérin Sersilly, président de la commission militaire, séant, pour lors, à Digne, prit des informations. Mais, ces informations une fois prises, et avant que la procédure fût entièrement instruite, la commission militaire reçut l'ordre de quitter le département. Elle dut laisser les procédures commencées entre les mains du général Legrand, commandant les Basses-Alpes, lequel les remit plus tard au greffe du tribunal spécial.

Cependant, le tribunal civil de Forcalquier rendit, en date du 23 thermidor, un jugement par lequel la commune de Pierrerue était citée à comparaître dans la personne du maire pour donner ses raisons au sujet de la demande de 40.000 fr. en dommages-intérêts faite par le commissaire près ledit tribunal, et relative au vol et à l'assassinat commis sur la personne et sur les biens du citoyen Martin, le 27 floréal ; et ce, en vertu de la loi du 10 vendémiaire an IV [1].

Il n'entre pas dans notre sujet de dire la suite qui fut donnée à cette affaire.

[1] Archives municipales de Pierrerue. Arrêté du 14 fructidor an VIII.

Suivons nos brigands.

Aussi bien, ils ne vont pas loin; et elle est vraiment effrayante cette audace des bandits, qui prennent si peu la peine de dissimuler leur marche, de se cacher; qui ont l'air de se soucier si peu de la justice, qu'ils ne portent qu'à quatre pas le champ de leurs nouvelles opérations. Oui, le 26 floréal, nous les avons vus à Villeneuve; le 27, nous les voyons à Pierrerue; le 28, nous les verrons à Sigonce, toujours dans le même rayon.

Donc, après le coup de Pierrerue, les bandits se rendent à la campagne Véran Arnaud, à une petite heure de marche, et s'introduisent dans le grenier à foin pour y passer la nuit. Arnaud entend du bruit; se lève; on le rassure, on lui promet de ne lui faire aucun mal.

Le matin venu, H. L..., qui devait leur servir d'indicateur dans l'incursion de Sigonce, vient les prendre. « Allons, leur dit-il, il est temps de partir; allons dépêcher ce Manus![1] ».

Ils partent donc. C'était, nous l'avons dit, le 28 floréal. « ...Ils répandirent, ce jour-là, une si « grande terreur dans la commune de Sigonce, « que presque tous les habitants se cachèrent ou

[1] Manus était le nom d'une des victimes qu'on devait voler, puis assassiner à Sigonce.

« prirent la fuite, et deux familles furent victimes
« de la scélératesse et de la cupidité de ces ban-
« dits [1] ».

La horde, guidée par L..., se dirige tout d'abord vers la maison du nommé Manus, désigné d'avance au poignard des assassins. A leur vue, Manus s'esquive par une porte de derrière ; les brigands le poursuivent dans la rue, tirent sur lui plusieurs coups de fusil sans l'atteindre ; Manus était sauvé ; mais sa famille restait à la merci des autres brigands qui gardaient la maison. Son père est maltraité, accablé de coups, sa femme est odieusement outragée et sa maison mise à sac.

Le rapport que nous avons sous les yeux, dit que le misérable qui leur servit d'indicateur dans cette expédition, placé à quelques pas de la maison, entendant la fusillade que Manus essuyait, disait cyniquement, en se frottant les mains : « *Aro réga-
« loun aquèou, tout aro nen va régala un aou-
« tré !* »

En effet, au sortir de la maison de Manus, les bandits se répandirent dans le village, à la recherche d'une autre victime. L'indicateur qui les précède de quelques pas, désigne, par un signe convenu

---

[1] Extrait du rapport sur l'incursion de la commune de Sigonce.

d'avance, la maison qu'il faut assaillir. C'est celle de Laurent Rolland. Brutalement, sans aucun préambule, Rolland est sommé, le fusil sur la poitrine, de donner séance tenante la somme de six cents francs. Rolland affirme, jure, qu'il ne possède point pareille somme. On lui répond par deux coups de poignard qui lui font de larges blessures. Son jeune enfant, épouvanté par cette scène, se pressait contre son père. Il est brutalement saisi, placé sous le poignard de l'assassin qui menace, à chaque instant, de l'égorger, si les six cents francs ne sont pas versés aussitôt. Rolland, désespéré, souffrant de ses blessures, plus encore du danger qui menace son fils, demande humblement à ces tigres, et comme une faveur suprême, la permission d'aller emprunter à ses amis la somme qu'on exigeait de lui et qu'il ne possédait pas. La *faveur* est accordée. Trois brigands l'accompagnent donc dans le village, de maison en maison, lui tenant le fusil dans les reins, et retirent eux-mêmes les sommes que Rolland empruntait pour leur donner. « Ces faits, nous dit la procédure, sont attestés par « de nombreux témoins, de notoriété publique, et « reconnus par l'accusé lui-même [1] ».

---

[1] L'indicateur auquel revient une large part de responsabilité dans cette affaire, était un jeune homme de vingt-deux ans, coupable des plus grands crimes. Traduit deux fois

Le plan de l'expédition portait l'invasion de la commune de St-Etienne et l'assassinat du citoyen Rochebrune, juge de paix du canton, coupable sans doute d'avoir lancé quelques gendarmes à la poursuite des brigands. Ce magistrat, ayant été averti à temps du danger qui le menaçait, prit des mesures qui le mirent, lui et la commune, à l'abri de l'incursion projetée.

La bande du Var opérait aussi de son côté, selon ses petits moyens, et au hasard des rencontres; et nous savons que ce même 28 floréal, après avoir passé la journée, couchés sous des peupliers le long de l'Asse, ces messieurs étaient allés se poster en lieu propice, à Roméjas, terroir d'Entrevennes, pour arrêter et dépouiller les nombreux voyageurs qui retournaient de la foire de Riez. Il paraît même que la recette fut, ce jour-là, particulièrement abondante, puisque messieurs les bandits en vinrent jusqu'à dédaigner la grosse monnaie qu'ils trouvaient dans les poches des voyageurs, et leur disaient, avec une désinvolture de grands seigneurs, en jetant avec dédain les gros sous : « Nous en donnons autant aux pauvres [1] ».

---

devant les commissions militaires, il n'avait échappé que par la ruse aux châtiments qu'il avait mérités. Il fut enfin condamné à vingt-deux ans de fer par le tribunal spécial.

[1] Extrait de la procédure instruite contre B...

Qui croirait que ce pauvre pays des Alpes, si tranquille aujourd'hui, où la criminalité est si minime que, bien des fois, les assises n'y sont point tenues, faute d'affaire à juger, a été, il y a un siècle à peine, le théâtre de crimes qu'on voudrait appeler fabuleux, si les documents officiels n'en attestaient la triste réalité? Que le vol, l'assassinat, le viol, y ont été perpétrés en même temps, sur tant de points à la fois, et avec un pareil raffinement de cruauté? Que nos malheureux pères, après tous les maux inséparables d'une révolution qui avait si profondément modifié les conditions politiques, économiques et sociales du pays, épuisé leurs ressources, vidé leurs greniers, décimé leurs familles, ont pu voir ainsi leur foyer violé, leurs dernières économies ravies, leurs jours menacés par le banditisme? Et qu'en cet an VIII qui voyait finir un siècle et commencer un autre, alors que la révolution était finie, et qu'une ère nouvelle semblait se lever sur la France, la barbarie la plus cruelle, celle du Français contre le Français, fût venue se réfugier au sein de nos montagnes, et ajouter à tant de maux dont nous avions déjà souffert, les épouvantables horreurs du plus féroce brigandage!...

CHAPITRE III

DE PRAIRIAL A FRUCTIDOR AN VIII

La force armée quitte le département. — Le brigandage augmente. — Assaut nocturne des prisons de Forcalquier. — Invasion de Peyruis, 1er et 2 prairial. — Invasion de Villeneuve, 3 prairial. — Réunion chez C... d'Entrevennes. — Plan de campagne arrêté. — Attaque chez Barou, au plan des Mées. — Outrages et vols, 5 prairial. — Arrêté préfectoral, 6 prairial. — Attaque de neuf gendarmes à Mardaric (Peyruis). Mort du prisonnier qu'on voulait délivrer, 9 prairial. — Attaque chez la veuve Clarensy à Valensole, 11 prairial. — Arrestation de conducteurs de troupeaux, 12 prairial. — Assassinat à Beynes, 18 prairial. — Nombreuses arrestations à Riez, Valensole, St-Jeannet, Castellet, Brunet, etc., en messidor. — Fusillade de l'Asse, 1er thermidor. — Incursion de Brunet, 26 fructidor. — Incursion et double assassinat à Majastre. — Vol à diverses campagnes, 27 fructidor.

En voyant l'audace toujours grandissante de ces soldats du crime; en lisant le récit de ces incursions à main armée, se suivant à si faible intervalle et dans des communes si rapprochées les unes des autres, le lecteur se demande sans doute, s'il n'y avait plus de force armée dans le département, et quelles mesures prenait l'administration centrale pour entraver les progrès du brigandage.

Oui, l'administration veillait; elle prenait des arrêtés, prescrivait les mesures que réclamaient les circonstances; mais ne pouvait plus, hélas ! les faire exécuter.

La force armée était considérablement diminuée, et ne se composait presque plus que de quelques gendarmes, éparpillés çà et là sur les points les plus populeux des Basses-Alpes.

En effet, le 29 floréal, l'administration départementale constate avec terreur que le brigandage augmente chaque jour depuis que les forces militaires sont sorties pour défendre les frontières; qu'il y a lieu de craindre une invasion à l'intérieur qui menacerait les caisses et les établissements publics. Elle arrête : « que toute la gendarmerie du dépar-
« tement se réunira en nombre à peu près égal sur
« trois points qui seront Digne, Sisteron, Forcal-
« quier [1] ».

On le voit, la crainte d'une invasion, du pillage des caisses publiques, faisait concentrer les dernières forces sur les centres importants; en pourvoyant

---

[1] Archives départementales, arrêté du 29 floréal an VIII.

à la sécurité du numéraire, cette mesure n'augmentait-elle pas le danger dans les campagnes et les hameaux qu'on laissait ainsi sans défense ?

Les brigands savaient bien que nos soldats, jadis cantonnés dans certaines communes du département, avaient dû quitter le pays pour voler à la défense des frontières ! Leur audace s'en augmentait, et se traduisait par une recrudescence d'attentats, de crimes, commis en plein jour, particulièrement après leur départ, c'est-à-dire depuis le printemps de l'an VIII.

Croirait-on, si nous n'en possédions la preuve, que dans la nuit du 25 au 26 floréal, cent brigands ont pu pénétrer, arme au bras, dans la ville de Forcalquier, cerner les prisons, s'en faire ouvrir les portes, afin de rendre à la liberté quatre des leurs qui y étaient détenus ; et cela, sans que les habitants de Forcalquier aient fait aucune opposition ou essayé de les poursuivre ?

De ce fait, la ville de Forcalquier fut soumise provisoirement à une police extraordinaire. Tout rassemblement de plus de trois personnes fut considéré comme un attroupement séditieux et poursuivi comme tel ; la garde nationale y fut mise en état de réquisition permanente, et quarante hommes furent commandés chaque jour pour le service de la place [1].

Les brigands n'étaient désormais que plus à l'aise dans les campagnes et sur les chemins pour opérer, et nous allons les voir, durant ces quatre derniers mois, redoubler d'audace et de cruauté, marquer, pour ainsi dire, chaque journée, d'une nouvelle trace sanglante, et semer l'épouvante et la terreur plus que jamais dans les hameaux, dans les bastides de la partie méridionale du département.

Il ne faut pas perdre de vue que, généralement, chaque bande avait un ou plusieurs correspondants dans la plupart des communes; que ces espions les tenaient au courant, par des correspondances confiées à des hommes sûrs, de la tournure des affaires, des mouvements des troupes, des battues projetées, du passage des convois, de la présence ou de l'absence de la gendarmerie, du va-et-vient des voyageurs; leur donnaient des indications précises sur la fortune personnelle des particuliers, sur leurs habitudes, sur les transactions commerciales opérées par eux, sur l'endroit même où ils avaient coutume de cacher leur argent, soit à la maison, soit en voyage; de telle sorte que les brigands,

---

[1] Archives départementales, série L. Arrêté du 1ᵉʳ prairial an VIII.

bien qu'étrangers parfois au pays où ils opéraient, étaient toujours assurés de frapper juste, et de trouver de l'or, là où ils venaient en chercher [1].

La bande du Var s'était rapprochée de la rive gauche, de la Durance, et tenait les plateaux qui dominent le plan des Mées. Celle dite de Vaucluse tenait la rive droite, et avait, en ce moment, son quartier général sur les hauteurs de Ganagobie. Elles résolurent de réunir leurs forces pour « faire un bon coup ».

L'invasion du village de Peyruis fut décidée, et l'attaque fixée au 1er prairial (21 mai).

Dès le matin, la mobilisation mystérieuse de ces forces antisociales, commence. Les brigands arrivent par petits détachements. Vingt-deux s'établissent dans l'auberge de « la Guinguette », aux abords du pays, tandis que d'autres, plus nombreux, se répandent sur les hauteurs environnantes et se dissimulent dans les bois de pins.

On se prépare à l'attaque. Archier, d'Auriol, chef de la bande du Var, est général en chef ; il dispose ses hommes, leur développe le plan de l'attaque ;

[1] Un soir, dans un cabaret de Peyruis, le nommé C..., montrant une lettre qu'il venait de recevoir, disait : « Si je voulais, dans une heure, je ferais venir cinquante hommes dans le village ; voilà une lettre qui en est la preuve. »

et, en attendant le moment de donner le signal de la marche en avant, affile son poignard sur le cuir de ses guêtres. Il se blesse gravement au mollet.

« ...Cet événement fait, heureusement pour notre
« commune, différer les meurtres qui étaient diri-
« gés sur nos habitants ».

Archier souffrait trop de sa blessure pour pouvoir diriger l'attaque. Elle fut différée, et la bande s'occupa sans retard de mettre son chef en sûreté. Vers dix heures du soir, on le hisse sur un mulet et on le dirige, dûment escorté, vers une campagne amie, où des soins lui seront prodigués.

Arrivée au vallon de Bevon, à une faible distance du bourg, l'escorte fait la rencontre de deux voyageurs, Blanvert, bijoutier, et Anglois, négociant, tous deux de Gap. Les arrêter, les détrousser, les maltraiter même quelque peu, fut l'affaire d'un instant. De peur qu'ils n'aillent porter plus loin la nouvelle, deux bandits se détachent de l'escorte et conduisent les voyageurs, bien allégés, à l'auberge de la Guinguette, pour les mettre sous la garde des brigands. La journée ne fut donc pas complètement perdue !...

Le lendemain, 2 prairial, vers trois heures du soir, les brigands, désormais tranquilles sur le sort de leur chef, sortent de la Guinguette, et se dirigent, l'arme au bras, vers le village qu'ils ont résolu d'attaquer. La première maison envahie, est celle de Paul-Ange Maurel. Ils s'y précipitent. Mais le maire, informé depuis la veille, surveillait le mouvement [1]. A peine les brigands ont-ils commencé le pillage que de tout côté retentit le cri « Aux armes ! aux armes ! ». Le tocsin mêle sa note lugubre à ces appels désespérés dont retentissent les rues du modeste village. En un instant, la population est là, nombreuse, bien armée, et fait feu sur les sentinelles qui fermaient l'accès de la maison envahie. Plusieurs brigands sont blessés. La foule, d'ailleurs, grossit d'un moment à l'autre, crie, injurie, menace, fait feu un peu à l'aventure ; à tel point que les brigands, jugeant toute résistance impossible, n'ont rien de plus pressé que de fuir par les fenêtres, les portes dérobées, et se dispersent dans les forêts de pins qui avoisinent le pays [2].

[1] Extrait du rapport détaillé de Salvat, maire de Peyruis, sur l'attaque de ce bourg. C'est surtout de ce rapport que nous extrayons les détails nombreux relatifs à cette fameuse attaque.

[2] Détail curieux : le père du misérable qui avait servi d'indicateur aux brigands en cette circonstance, courait aussi les rues, et, comme tout le monde, criait : « Aux armes ! Aux armes ! » Son fils passe, l'entend crier, le voit courir avec son fusil, et l'arrête en lui disant : « Qu'est-ce que vous f... là, V. C. ? Rentrez chez vous et fermez la porte ! Cela ne vous regarde pas ! »

Ils ne s'attendaient pas sûrement à une si vigoureuse résistance ! Ils pensaient, sans doute, que la peur que leur seule présence inspirait, paralyserait les bras des habitants de Peyruis, comme elle l'avait fait à Pierrerue, Sigonce et Villeneuve.

Chassés de Peyruis, ils se retirent dans les bois touffus de Ganagobie, où l'espion leur faisait savoir, le soir même, qu'un gendarme de Forcalquier, nommé Aubergier, était de passage à Peyruis, qu'il y passerait la nuit, et qu'ils ne manquassent pas de l'attendre, le lendemain, bon matin, au défilé de Ganagobie « pour le faire ». Heureusement, un brave homme, qui, profitant des ténèbres de la nuit, se recueillait en ce moment, dans un coin discret de la rue, surprit la conversation, et se hâta d'avertir Aubergier du sort qui l'attendait. Grâce à lui, le gendarme « ne fut pas fait [1] ».

L'attitude de la commune de Peyruis, en cette

---

[1] Ainsi que nous l'avons dit plus haut, les détails qu'on vient de lire sur l'attaque de Peyruis, détails que nous avons dû forcément abréger, sont extraits d'un curieux rapport du maire du pays au commissaire du département. On y lit, en post-scriptum, cette prudente recommandation : « Que cette « note ne soit que pour vous, vu le désagrément qu'il y a « pour un administrateur d'une petite commune où les liai-« sons des habitants sont plus fréquentes par rapport à la « localité ».

circonstance, fut louée par les administrateurs, et servit de thème à des proclamations qui furent adressées soit par le préfet, soit par le commissaire administratif, soit par le général Férino à diverses communes dont la conduite était loin de mériter les mêmes éloges.

Le lendemain, 3 prairial, ce fut le tour de la commune de Villeneuve. Tandis que la bande du Var traverse la Durance et revient opérer dans ses quartiers, ceux de la bande de Vaucluse, au nombre de douze, passent la journée dans une maison amie, au hameau de la Tuilière, et vers le soir se dirigent vers l'agglomération de Villeneuve. Quatre pénètrent dans l'intérieur du pays tandis que les autres en gardent les avenues. Le plan était d'assassiner et de piller Louis Décory et l'ancien maire. Les deux victimes visées eurent le temps d'échapper à la mort, mais leurs maisons furent livrées au pillage, ainsi d'ailleurs que celles de plusieurs autres particuliers [1].

Après avoir repris possession de la rive gauche, la bande, que nous avons vu hier se disjoindre de celle de Vaucluse, voulut réparer l'échec de Peyruis.

La campagne de Vaudonier, perdue dans une

---

[1] Extrait de la procédure instruite contre B. D.

gorge sauvage, non loin d'Entrevennes, et tenue à ferme par C..., était un véritable repaire de bandits. C'est là qu'ils se réunissaient, qu'ils concertaient leurs mesures, qu'ils dressaient les plans d'expédition.

Or, le 4 prairial, vers la nuit tombante, arrivent à cette campagne cinq brigands des environs, tous armés. On cause, on soupe, on joue, on boit, puis on monte au grenier pour dormir. Le pâtre de la ferme s'y trouvait, blotti dans un coin et feignant de dormir. On l'appelle, on lui dit que ses moutons sont aux blés, etc... il fait la sourde oreille, et peut, grâce à ce stratagème, jouir de la conversation qui s'établit entre les bandits.

— « Il faut aller demain chez Barou, dit l'un
« d'eux, nous en apportons une panal d'écus ».

— « Je n'ose pas y aller, moi, dit Pouli-pâtre,
« je suis trop connu dans ce quartier ».

— « N'aie pas peur !... en arrivant, je saute sur
« les épaules de Barou, etc., etc. [1] ».

Et la conversation que nous ne pouvons pas entièrement reproduire, se prolongea fort avant dans la nuit. Il fut décidé que l'expédition aurait lieu le lendemain ; qu'on passerait à la bastide N..., qu'on

---

[1] Déposition du berger Antoine Silvy. Procédure instruite contre C...

y prendrait G. C..., ancienne domestique de Barou, laquelle, feignant d'être renvoyée de chez son nouveau maître, se ferait ouvrir la porte et les introduirait aisément.

Le lendemain, 5 prairial, ils partent vers deux heures de l'après-midi. C... qui avait perdu son fusil dans l'expédition de Peyruis, en prend un, en passant, chez Antoine Exhuby, soi-disant pour tirer un lapin ; puis l'ayant examiné, il le change pour un autre « parce qu'il ne porte pas balle ».

A la nuit tombante, ils arrivent à la campagne N... Trois restent dehors, trois entrent en coup de vent. Ils trouvent le propriétaire, la servante et Etienne Giraud, des Mées, qui se trouvait là fortuitement. Un chevreau rôti était là, tout prêt, qui les attendait. Il fallut modifier la tactique pour donner le change au malencontreux étranger, à la domestique, et surtout pour écarter tout soupçon d'entente préalable. Les bandits menacent donc N..., l'injurient, lui demandent son argent. L'assailli se défend, supplie, conjure ; et pendant ce jeu, on éconduit Giraud, on ferme sous clef la domestique ; et une fois seuls, voleurs et volé se mettent à table, savourent le chevreau. Puis, le repas achevé, ils font sortir N... et la servante, et tous ensemble marchent à travers champs, au milieu des ténèbres.

La domestique, très inquiète, ne cessait de leur demander quelle part on la conduisait. On refusa de le lui dire jusqu'au moment où, arrivés auprès de la campagne d'Etienne Barou, au plan des Mées, les bandits lui ordonnèrent, le fusil dans les reins, de frapper à la porte de Barou, de se faire connaître, et de demander asile, sous prétexte que son maître venait de la congédier. Barou, trompé par cette ruse, reconnaissant, d'ailleurs, la voix de son ancienne servante, n'hésite pas à ouvrir sa porte. A l'instant, les six bandits s'y précipitent entraînant la servante avec eux. Cinq étaient masqués ; un seul, P..., d'Aubagne, était à visage découvert.

En un clin d'œil les domestiques et familiers de Barou sont poussés et enfermés dans la cuisine ; Barou et sa femme restent seuls entre les mains des bandits. On les somme de donner de suite tout leur argent ; ils hésitent d'abord, on les menace ; ils en donnent un peu, on les couche en joue, on les pique avec la pointe du poignard, on s'acharne contre Anne Lantelme qu'on larde de coups et qu'on suspend au plancher.

Profitant du moment où les bandits torturaient sa femme et fouillaient la maison, Etienne Barou se sauve par une ouverture de derrière, et vole vers le poste militaire cantonné au hameau de

Dabisse. Un détachement prend les armes et court vers le point signalé. Entendant venir la force armée au pas de course, les brigands jugent prudent de vider les lieux, et, chargés d'argent, de nippes, de linge, de fusils, de souliers même, s'enfuient précipitamment, protégés par l'obscurité de la nuit. La domestique jugeant le moment favorable, les quitta au sortir de la maison et se réfugia dans une bastide du quartier appartenant à un nommé Thumin (5 prairial an VIII [1]).

L'administration préfectorale fut justement émue de cette série d'attentats qui se renouvelaient tous les jours et dans un rayon relativement restreint; et, le 6 prairial, prit un nouvel arrêté que nous avons fait connaître au chapitre IV de cet ouvrage (1re partie) et sur lequel nous n'avons pas à revenir.

Nous dirons seulement que les dispositions sévères qu'il édictait n'entravèrent pas, momentanément du moins, la marche du brigandage, ainsi que nous allons le constater.

Le 9 prairial an VIII, L. B..., prévenu, d'abord traduit à Manosque devant la commission militaire, puis ramené à Forcalquier, était finalement

---

[1] Extrait de la volumineuse procédure instruite contre N.. et A. C... procès-verbaux, déposition des témoins. Jug. du tribunal, etc., etc.

dirigé sur les prisons de Digne. Neuf gendarmes l'escortaient, dont deux marchaient en avant-garde. Le détachement venait de traverser Peyruis et se trouvait au quartier de Mardaric, lorsque les deux gendarmes d'avant-garde essuyent une terrible fusillade qui les oblige à rétrograder pour venir se joindre au détachement qui les suivait à la distance de 300 pas. En ce moment, les brigands débouchent en nombre considérable du défilé de St-Donat, s'élancent sur les gendarmes en criant : « Courage, « mes amis, allons délivrer le prisonnier ! »

B... profitant du désarroi, dans un effort suprême, parvint à se dégager des mains des gendarmes, et, levant vers les bandits ses mains liées de cordes, leur crie, en suppliant : « Délivrez-moi, mes amis ». Les gendarmes font feu, tout d'abord, sur le prisonnier évadé, qui tombe raide mort, puis foncent sur l'attroupement. Mais, se voyant de beaucoup inférieurs en nombre aux assaillants, ils déchargent leurs armes et se replient sur Peyruis au galop de leurs chevaux. La garde nationale est bientôt sous les armes, et se précipite vers le vallon de Mardaric. Mais déjà les bandits ont gagné les gorges accidentées et les bois qui s'étendent depuis St-Donat jusqu'à Mallefougasse, et la force armée ne trouve que le prisonnier mis désormais hors d'état de s'échapper (9 prairial an VIII [1]).

Le surlendemain, 11 prairial, six brigands armés et masqués font irruption dans la maison de campagne de la citoyenne Suzanne Bernard, veuve Clarensy, au terroir de Valensole, exercent sur elle les violences et les outrages les plus graves, la suspendent par le cou à une poutre, fouillent la maison et s'en vont, emportant une grande quantité d'argent, de linge et d'effets [2].

Le lendemain, sept conducteurs de troupeaux transhumants sont arrêtés vis-à-vis le hameau de Couës, terroir d'Oraison, par quatre bandits armés de pistolets et de poignards qui leur enlèvent une somme d'argent considérable. Les transhumants, pour éviter d'être volés en route, cachaient parfois une partie de leur argent dans les touffes de laine que le tondeur laisse, au nombre de trois ou de cinq, sur le dos et le flanc de certains moutons, à l'époque de la tondaison. Les brigands avaient découvert cette ingénieuse cachette ; et, quand ils n'étaient pas contents de la quantité d'argent trou-

---

[1] Extrait du procès-verbal de gendarmerie signé : « Pinoncelly » lieutenant, et lettre de Jacob, directeur du Jury de Forcalquier.
[2] Extrait de la procédure instruite contre Pouli-Pâtre.

vée sur les conducteurs, palpaient et coupaient hardiment les touffes laineuses les plus apparentes qui recélaient souvent ce qu'ils convoitaient (12 prairial).

Le 18 du même mois, un autre crime était commis dans une campagne de Beynes, canton de Mézel. Vers minuit, trois hommes, armés de fusils et de poignards, se présentent à la bastide de la Casse, habitée par la veuve Isnard et par son fils. L'un d'eux appelle Isnard qui dormait au grenier à foin, se fait passer pour déserteur, et le supplie de se lever et de venir lui donner à manger.

Trompé par cette annonce, Isnard se lève, sort du grenier, et se dirige vers la porte de la ferme. Il est aussitôt entouré par les trois brigands qui le piquent avec la pointe de leurs poignards. La mère, éveillée par les clameurs de son fils et ne pensant qu'à le secourir, s'empresse d'ouvrir la porte. Deux brigands s'y précipitent entraînant le malheureux jeune homme, tandis qu'un troisième reste sur le seuil pour faire sentinelle. La femme Isnard feint d'ignorer la perversité de leur dessein et s'empresse de leur offrir à manger et à boire. « Nous ne vou- « lons ni manger, ni boire ; nous voulons les 100 « écus que vous avez retirés des quatre charges de blé « vendues à Mézel ». La veuve proteste qu'elle n'a

pas d'argent. Les brigands n'avaient pas le temps de parlementer. Il fallait faire vite. Les chiens aboyaient dans les campagnes voisines et pouvaient donner l'éveil ; le bandit, chargé du guet, ne cessait de leur crier : « Faites vite ! faites vite ! ». Ils ont bientôt fait de passer une corde au cou de la victime et de l'étrangler. J^h Isnard veut empêcher qu'on ne pende sa mère ; un des brigands le larde de coups de poignard, tandis que l'autre assénant un coup de crosse de fusil sur la tête de la pauvre femme l'abat par terre inanimée. Les ayant mis ainsi hors d'état d'opposer la moindre résistance, les brigands fouillent la maison, enfoncent les coffres, brisent les armoires, s'emparent des économies, des salaisons, des poules, d'un fusil, etc. Puis, sur le point de partir : « Nous connaissez-vous ?... Nous vien-
« drons vous assassiner et mettre le feu à la bastide
« si vous dites que vous nous avez reconnus ! »

Les victimes ne déclarèrent rien, tout d'abord, mais le fils Isnard avait reçu des blessures mortelles. Il ne fut pas possible de cacher au chirurgien l'origine de ces blessures.

Le bruit public désigna bientôt les coupables ; une enquête les fit découvrir. L'un ne fut jamais appréhendé ; l'autre mourut au cours de la procédure ; le troisième, enfin, fut condamné le 11 thermidor et exécuté le 12, à 10 heures du matin, an IX [1].

Passons rapidement sur les autres délits dont le récit nous entraînerait trop loin, et notons seulement au courant de la plume une série d'arrestations : celle de plusieurs voyageurs sur le grand chemin de Riez à Valensole, auxquels on déroba leur argent et leur manteau (25 prairial) ; celle de Jacques Aymès de St-Julien, à qui on déroba son argent et une partie du vin qu'il portait dans des outres ; l'invasion de la maison de campagne de Jean Manent à St-Jannet ; l'arrestation de huit négociants qui revenaient de la foire de Valensole, qui furent arrêtés au quartier de la Croix, commune du Castellet, volés, lardés de coups de poignard, le 5 messidor, entre 5 et 6 heures du soir ; celle de Louis Brès, négociant du Castellet et de Sappe d'Allemagne qui furent arrêtés tous deux, dépouillés de leur argent, dans les bois de Brunet, en messidor an VIII, ainsi que les vols et excès commis à la campagne dite Lineaux (Gréoux), appartenant au citoyen Barberin, et à une autre de la même commune, où les brigands, au nombre de neuf, commirent un vol considérable, excédèrent de coups trois personnes, pendirent André Girard

---

[1] Extrait de la procédure instruite contre X..., de Mézel.

et César Blanc, son domestique, et les laissèrent jusqu'à ce que Thérèse Gouin, épouse de César Blanc, étant entrée fortuitement, eut le temps de les dépendre avant qu'ils eussent rendu le dernier soupir.

Le général Férino, commandant la 7me division militaire, venait d'arriver, revêtu par le premier consul, de pouvoirs extraordinaires dans les départements de l'Ardèche, de la Drôme, du Vaucluse et des Basses-Alpes.

Dès le 9 messidor, il avertissait les communes qu'il marchait avec du canon, et qu'il ferait mettre le feu dans toutes les localités où les assassins auraient été reçus sans résistance. Ces menaces, l'annonce de l'amnistie, et surtout la rentrée dans le département de la force armée, dont l'absence momentanée avait donné lieu à tant de crimes. eurent pour effet de ralentir un peu la marche du brigandage. Les troupes de ligne, de nouveau disséminées dans divers cantonnements, avaient redonné du nerf à la garde nationale, rassuré les populations qui commençaient à se ressaisir. C'est ce qui explique l'arrêt momentané dans la perpétration des crimes.

Toutefois, quoique moins agissantes, les bandes n'avaient pas abandonné nos quartiers ; et, si elles se montraient moins souvent afin de ne pas attirer sur elles l'attention de la force armée, elles n'en formaient pas moins de sinistres complots dont le mois de fructidor devait amener l'exécution.

Une de ces bandes avait fixé son quartier d'été dans les Hubacs de l'Asse, bois épais, touffus, fourrés impénétrables particulièrement au bord de la Rivière, et sur une ligne qui s'étendait entre Brunet et l'embouchure de l'Asse dans la Durance.

Malgré toutes les précautions dont ils s'entouraient pour n'être pas découverts, quelqu'un vint signaler à Oraison, la présence de cette réunion de bandits. C'était le 1er thermidor.

La troupe de ligne, cantonnée dans ce pays, renforcée d'un détachement de la garde nationale, part immédiatement, et arrive, vers trois heures du soir sur la rive droite de l'Asse, en face du point où avait été signalée la présence des brigands. Tandis que la force armée cherchait à s'orienter et prenait un peu au hasard ses positions contre un ennemi jusque-là invisible, une décharge formidable éclate. Les bandits, dissimulés dans les fourrés de l'iscle, venaient de prendre l'offensive en ouvrant le feu ; « et, dit un témoin, dans sa déposition, ils « avaient tiré environ 100 coups avant que la troupe « pût tirer sur eux ». Le commandant du détachement jugea, par le nombre et la succession rapide des coups de feu, que la bande était probablement supérieure en nombre à ses soldats, n'osa pas traverser la rivière pour aller forcer l'ennemi dans sa retraite impénétrable. La fusillade n'en continua pas moins de part et d'autre, un peu au hasard, jusqu'à 6 heures du soir.

Les brigands alors, craignant qu'en prolongeant la lutte ils ne donnassent aux renforts le temps d'arriver et de les cerner, voyant aussi leurs munitions diminuer et la nuit descendre, jugèrent prudent de battre en retraite et se dispersèrent lentement dans les bois de Valensole et de Brunet. Ce fut la fin des incursions à Oraison.

La présence et l'attitude des troupes régulières, plusieurs battues générales, quelques actes de répression énergique, jetèrent pour quelque temps le désarroi dans les bandes qui désertèrent la contrée; et, sauf trois tentatives d'assassinat, une à Annot, le 22 messidor, une à Colmars le 22 thermidor, qui avait sa source dans des dissentiments politiques, et une à Castellane provenant d'animosités personnelles, le département fut calme pendant près de deux mois [1].

[1] Il convient toutefois de noter quelques exploits de bandits qui, bien que commis hors des limites du département,

Mais il était dit que cette terrible année huitième de l'ère républicaine, qui avait commencé dans le pillage et le meurtre, devait s'éteindre dans le sang et dans la boue !

La fameuse bande du Var, dite « bande de Pourrières », qui avait pour chef Archier, dit d'Auriol, de son vrai nom Martin Blanc, type aux belles allures du brigand classique, avec son chapeau de général au plumet rouge, ronds d'or aux oreilles, épingles et coulants d'or au cou [1], cette bande, dis-je, chassée des Basses-Alpes, se trouvait réunie, un soir, vers la fin de l'an VIII, dans la bastide de Beauvillard, terroir d'Ollières, sur la route d'Esparron de Pallières.

Archier propose une expédition dans les Basses-Alpes. On se dirigerait sur Brunet, de là on marcherait sur Majastre, le Poil, on ferait, au retour, quelques bastides du plan de Canjuers et on rejoindrait le quartier général. La bande comptait, dans

---

se rattachent à notre histoire parce qu'ils ont été commis sur des Bas-Alpins, tel que l'assassinat commis au pont du Logis-d'Anne (Var) sur un soldat qui allait aux bains de Digne ; l'arrestation de la messagerie de Digne, de plusieurs charretiers et autres voyageurs Bas-Alpins. (Voir Procédure, etc., 1ʳᵉ partie, t. 1, f° 43 et 735 et passim).

[1] Archier fut fusillé par jugement de la commission militaire.

ces divers quartiers, des correspondants qui connaissaient l'état des chemins, la situation des lieux, des personnes, et leur fourniraient les indications de nature à favoriser le succès de l'expédition. On s'adjoindrait, d'ailleurs, quelques collègues de la bande locale qui les guideraient et leur prêteraient leur concours.

Ils partent donc au nombre de trente[1]. Ils guèyent le Verdon au passage étroit situé près de la chapelle rurale de sainte Maxime et se dirigent vers la campagne de X..., aux plaines de Quinson. On s'y repose ; puis, la nuit venue, on se remet en marche et on arrive, vers deux heures après minuit, à la bastide de Vaudonier, terroir d'Entrevennes. Quelques bandits les y attendaient ; d'autres qui y étaient attendus pareillement, manquèrent au rendez-vous.

On mit à profit le séjour dans cette campagne hospitalière à se reposer, à arrêter définitivement le plan de la campagne et à dresser la liste des maisons de Brunet où devait s'opérer le pillage.

Le soir, vers trois heures, la bande quitte la campagne et arrive par plusieurs contours, près du vil-

---

[1] Leurs noms sont imprimés à la page 62, t. 1, 1ʳᵉ partie, de la copie de la procédure instruite contre les prévenus de brigandage (Draguignan, an XII).

lage de Brunet, à cinq heures. C'était le 26 fructidor (13 septembre).

Les brigands de la région, qui eussent été trop facilement reconnus, furent désignés pour se poster sur les hauteurs dominant le village. Ils devaient faire sentinelle, intercepter tout secours et garantir la sécurité des opérateurs ; les autres se répandirent dans le petit village, et le pillage commença de la façon ordinaire.

On se présentait devant une maison ; on y pénétrait de gré ou de force ; on demandait de l'argent... on le prenait. Si le propriétaire se montrait... commode, on le laissait tranquille ; s'il avait l'air d'hésiter, s'il s'avisait surtout de refuser, on le menaçait, on le lardait de coups, on le pendait au besoin ; s'il se défendait, on le tuait.

Quatre se présentèrent à la maison du citoyen Mounet, réputé pour avoir beaucoup d'argent. Prudemment il avait barricadé sa porte et se tenait coi. Un voisin, un complice occulte peut-être, lui persuade d'ouvrir sans crainte, l'assurant qu'il ne lui sera fait aucun mal. Une fois entrés, les brigands lui demandent son argent, et comme il hésite, balbutie, tarde à s'exécuter, ces messieurs, ennemis des lenteurs, toujours préjudiciables dans des opérations de ce genre, se saisissent de sa personne, lui attachent les pieds et le suspendent la tête en bas, à sa fenêtre, dominant un précipice de quinze mètres de hauteur. Le malheureux crie qu'on le retire vite de là, qu'il indiquera sa cachette. On le retire; il donne une somme assez ronde. Les brigands soupçonnent que tout n'y est pas, que le coquin en garde encore; il passe pour fort riche... Le supplice recommence, et le voilà de nouveau suspendu au-dessus de l'abime... « Cette fois, je donnerai tout... » Il donne, en effet, jusqu'à son dernier liard, heureux, dans son dépouillement, d'avoir la vie sauve. Il n'en mourut pas, en effet; mais son épouse ne put survivre à l'ébranlement de ces émotions violentes, et succomba peu de temps après.

Vers 6 heures, l'expédition prenait fin. Le partage du butin eut lieu sur la plaine. Deux ou trois se retirèrent alors, emportant leur part des dépouilles; tandis que les autres, continuant leur route, passèrent au-dessus de Puimoisson, s'arrêtèrent durant quelques heures dans une bastide, et à la pointe du jour, arrivèrent à la campagne dite : « En Aups », au terroir de Moustiers. Ils y passèrent la journée. Deux brigands de la localité vinrent les y rejoindre. Le soir, un des bandits va à Moustiers, fait viser son passe-port, fait provision de tabac, etc., pour la bande, et le lendemain, vers deux heures après minuit, sous la conduite de M..., dit « le Ménager », la troupe se met en marche, traverse le Serre-de-Mondenier et arrive à Majastre au soleil levant.

Déjà, la plupart des hommes valides de ce minuscule village étaient aux champs. Ceux qu'on rencontrait sortant du hameau étaient contraints de s'en éloigner par les brigands postés aux alentours, qui leur enjoignaient de poursuivre leur chemin. Ceux qui se trouvèrent encore dans le village, furent, pour ainsi dire, faits prisonniers dans leur propre demeure ; car le chef avait donné pour consigne : « Que chacun rentre chez soi », et pour faire exécuter cette consigne, il avait eu soin de placer une sentinelle, arme au bras, à chacune des issues du modeste village, avec ordre de faire feu sur quiconque sortirait de sa maison. Quatre de ces coupe-jarrets occupent le chemin qui domine le village, le reste de la bande se répand dans les habitations.

Rien ne fut épargné ! Ce fut un saccagement général, un bouleversement complet pour trouver ces rares économies que le paysan parcimonieux avait prélevées sur son pain quotidien.

Mais tandis que les uns brisaient les meubles, éventraient les vieux bahuts, fracturaient les armoires, lacéraient les paillasses, éparpillaient le linge, pour faire main basse sur tout ce qui tentait leur convoitise, d'autres chassaient au gibier humain.

Un des plus hideux bandits de cette horde, dont nous tairons le nom quoiqu'il soit imprimé dans la procédure, ayant pénétré dans la maison de François-Isidore Guichard, n'y trouva que sa femme, Suzanne Beraud, âgée de vingt-huit ans, qui se relevait à peine de ses couches [1]. Le bandit se précipite sur elle, faisant connaître la brutalité de ses desseins. La pauvre femme résiste, crie, pleure, supplie, appelle vainement à son secours. Le barbare persiste. Alors puisant dans sa pudeur et dans son désespoir même, une force et une énergie que son état semblait lui refuser, elle se dresse et déclare fièrement qu'elle aime mieux mourir que de céder; et le féroce libertin, sans se laisser émouvoir par les larmes d'une malheureuse femme sans défense, par la vue de ce berceau où repose son enfant, plonge à deux reprises le poignard dans son sein, et arrache la vie à celle dont il n'avait pu ravir l'honneur ni corrompre la vertu [2].

[1] Elle avait donné le jour à une fille, Marie-Madeleine Guichard, le 14 thermidor précédent.
[2] Cette femme s'appelait Suzanne Beraud, née à Norante, fille de Beraud, Antoine, et de Marie-Madeleine Mariaud. (Archiv. de Majastre. Voir aussi : Procédure, t. I, f. 42 et passim., 1'" partie).

Le brigand n'avait pu éteindre le feu de sa passion dans le sang de sa victime ; il se précipite dans une maison voisine, et trouve Claire Daumas, jeune femme de dix-huit ans, qu'il se dispose à outrager. Celle-ci s'enfuit en criant ; et ne pouvant descendre dans la rue dont les issues sont gardées, vole sur les toits de sa maison. Avec une légèreté et un courage que seuls peuvent donner l'affolement et le désespoir, elle court, saute d'une toiture à l'autre, traverse même une rue, et finalement se blottit, tremblante, derrière un tuyau de cheminée. Le bandit est à sa poursuite, le poignard à la main. Il essaye de franchir la rue ; il va atteindre sa victime, lorsque tout à coup, le sifflet du chef retentit ; c'est le signal du départ, l'expédition est terminée. Elle a duré trois heures. Chargés de tout le butin qu'ils peuvent emporter, les bandits, fusil sur l'épaule, s'éloignent à grands pas du village dévasté.

Or, à une faible distance du pays, un homme guettait. C'était Joseph Guichard. Sorti du village au moment où les brigands y entraient, il n'avait pu ni rebrousser chemin, ni se décider à aller plus loin ; et trompant leur vigilance, il s'était blotti derrière un rocher qui surplombe le hameau, pour voir ce qui allait se passer. De sa cachette, il avait pu voir une jeune femme courir, affolée, sur les toits des maisons poursuivie par le brigand ; il avait pu entendre les appels désespérés, les cris de terreur de cette malheureuse créature humaine placée entre ces trois terribles alternatives : la chute mortelle, le poignard, l'outrage ; et cette malheureuse, il l'avait compris ! cette malheureuse était... son épouse ! . . . .

. . . .

Les brigands sont là, maintenant ! Ils vont passer à dix pas de lui ! s'il pouvait les dévisager ! s'il pouvait reconnaître le misérable qui voulait lui ravir l'honneur. Il s'écarte, se met un peu à découvert. Un des bandits le reconnaît !... « Cache-toi « vite, lui dit-il, et surtout ne nous regarde pas ». Hélas ! Guichard ne connaissait pas assez les mœurs de la bande, malgré tout ce qu'il avait vu ! Au lieu de tenir compte de cet avertissement, il s'obstine à suivre des yeux la troupe qui s'éloigne. Un brigand se retourne, le couche en joue et lui lâche un coup de carabine qui l'étend raide mort ! Il était neuf heures du matin ! Le malheureux Guichard n'avait que vingt ans ![1] Son épouse ne lui survécut pas longtemps ; tant d'émotions la brisèrent, et elle

---

[1] Guichard était fils de Valentin Guichard et de Marie Isnard. (Archives de Majastre. Registre de l'état-civil.)

succomba un mois après, âgée de dix-huit ans, ne précédant que de quelques jours au tombeau une de ses sœurs que la terreur avait rendue idiote.

La bande devait, de là, aller faire une incursion au Poil. Elle en fut empêchée, et dut se diriger à travers la montagne, vers le plan de Canjuers. Arrivés à Aiguines, les brigands qui s'étaient joints à la bande pour cette expédition, voulurent rentrer chez eux. On procéda au partage du butin, après quoi, les uns réintégrèrent leurs foyers, les autres dévalisèrent, chemin faisant, quelques bastides du plan de Canjuers (Var) ; puis, toujours conduits par Archier, allèrent se reposer des fatigues de l'expédition sous les ombrages frais des forêts d'Ollières [1].

[1] Extrait d'une déposition écrite de la main d'un des brigands qui fit partie de l'expédition, et que nous possédons. *Vide etiam.* « Procédure instruite contre, etc. », t. I., f° 62, 377, 379 et passim.

CHAPITRE IV

DE VENDÉMIAIRE AN IX A VENDÉMIAIRE AN X

Arrestation de huit voyageurs à St-Symphorien, 11 brumaire. — Investissement de Gréoux et siège du château, 12 frimaire. — Terrible fusillade. — La porte est incendiée. — Le château est envahi et pillé. — Le propriétaire échappe à la mort. — Partage du butin. — Arrivée tardive des secours demandés. — Procès intentés à la commune. — Essai de formation d'une bande à Moustiers. — Ses opérations. — Pillage de la maison de la veuve Arnaud. — Invasion de la bastide Second, à Puimoisson; de la campagne Chauvet, à Moustiers. — La dislocation de la bande. — Vol à Puimichel, chez Provent. — *Id.* au « Cabanon », près Riez. — Vol à Dabisse. — Les brigands aux alentours de Reillanne — à Lincel, etc. — Rapport fait aux consuls par Français de Nantes, sur la situation dans les Basses-Alpes. — Accusations de brigandage dirigées contre Sicard, curé de St-Michel. — Son arrestation. — Bons témoignages donnés par la population et par le maire. — Ordonnance de non-lieu en sa faveur. — Sa mise en liberté, 27 thermidor. — Divers délits sur plusieurs points.

Les mesures répressives édictées par le préfet, à la date du 20 vendémiaire an IX, la mise en réquisition permanente des gardes nationales dans les arrondissements de Digne, Forcalquier, Sisteron[1], le redoublement de vigilance

---

[1] Voir les dispositions de cet arrêté dans le chapitre IV de cet ouvrage, 1ʳᵉ partie.

de la part des autorités locales, etc., eurent pour effet de refouler dans leurs départements les bandes exotiques, qui, durant deux mois environ, ne reparurent plus dans nos contrées.

Mais la bande dite d'Oraison ne s'accommodait pas de cette inaction. Le brigandage était devenu, en effet, pour la plupart de ces soldats du crime, une sorte de fatale nécessité. Ne pouvant plus opérer à l'aise dans leurs quartiers sillonnés en tout sens par des patrouilles, cinq des plus déterminés de la bande décident de changer un peu le champ de leurs opérations, et vont se poster sur un point où il leur serait d'autant plus facile de *travailler* avec sécurité, que le brigandage n'y avait pas fait encore son apparition.

La foire de Sisteron approchait. Le 10 brumaire, les cinq bandits en question [1] se rendent à Vilhosc, petit village à sept kilomètres nord-est de Sisteron, prennent logement dans l'auberge du sieur Hermitte, et, tout en faisant la partie aux cartes, prennent des informations sur le passage probable de tels ou tels voyageurs. Le lendemain matin, onze brumaire, veille de la foire [2], ils partent, armés de fusils et de

---

[1] Leurs noms sont dans la procédure spéciale instruite sur cette arrestation.

[2] Elle eut lieu, cette année-là, le lundi après la Toussaint qui était le 3 novembre.

poignards et vont se poster sur le col, au bord du chemin de Digne à Sisteron, à une faible distance du village de St-Symphorien. Ils n'eurent pas à attendre longtemps la proie qu'ils guettaient. Bientôt paraît une caravane composée de dix voyageurs [1]. Ils leur crient de s'arrêter et les couchent en joue. Trois parviennent à se sauver en rebroussant chemin ; les sept autres furent dépouillés de leur argent, de leurs manteaux, etc., mais eurent la vie sauve.

L'opération terminée, les bandits traversent les collines accidentées de St-Symphorien, de Beaudument, de Sourribes, passent par-dessus Volonne, toujours à travers des coteaux et des ravins, et viennent souper à la bastide C..., terroir de l'Escale. Puis, reprenant leur marche, on dirait mieux, leur course, ils viennent, la même nuit, faire le partage du butin, et jouer une partie de l'argent volé dans la maison de R..., à Entrevennes. La rapidité de cette longue marche, faite pendant la nuit et hors

---

[1] Ces voyageurs étaient : Sauve Joseph ; Meynier Joseph, dit Callot ; Saturnin Sicard, officier de santé à Courbons ; Jean-Baptiste Martin, dit Gendron ; Gabriel Reynaud et Ambroise Julien, tous de Courbons ; Sivan fils, de Digne ; plus trois autres dont nous ne possédons pas les noms et qui ne figurent pas dans la procédure parce qu'ils se sauvèrent et ne purent être dépouillés.

des sentiers battus, nous explique très bien comment la force armée, qui se porta dès le lendemain sur le théâtre du délit, ne put appréhender aucun de ceux qui l'avaient commis, ni même parvenir à connaître la direction suivie par les bandits.

Ce n'était là, d'ailleurs, qu'une arrestation d'un ordre vulgaire, qui ne demandait ni un grand déploiement de forces, ni la mobilisation de plusieurs bandes, encore moins la mise en œuvre des ressources que procure la stratégie.

Il en fut autrement de cette autre incursion, à plus large envergure, qui eut un si grand retentissement au cours de l'an IX, autant par sa durée et les diverses circonstances qui l'accompagnèrent, que par l'audace avec laquelle elle fut opérée. Nous voulons parler du siège et du pillage du château de Gréoux, sorte d'immense forteresse qui domine au loin la vallée du Verdon. Ce siège, commencé en plein jour, continué pendant cinq heures, dans un pays relativement populeux, accompagné d'une longue fusillade, de l'incendie de la porte, se termina par l'envahissement du manoir, le pillage général, le partage du butin, fait publiquement, sans que les bandits aient été aucunement dérangés au cours de leur longue et bruyante besogne.

Ce siège nous paraît mériter d'être raconté avec

quelques détails; mais auparavant, quelques explications sont nécessaires : les voici.

Arnoux Guibert, notaire, autrefois juge de paix, s'était rendu acquéreur du château de Gréoux, immense bâtiment carré flanqué de tours avec donjon, qui s'élève fièrement au-dessus du village et domine au loin la contrée. En l'an IV, il avait acquis pareillement le beau domaine nationalisé de Vaulongue. Or, le 7 nivôse de l'an V, plusieurs bergers ayant conduit leurs troupeaux de moutons et de chèvres dans les bois relevant de ce domaine, Guibert avait dénoncé les divers propriétaires de ces troupeaux. Il se trouvait que, faute d'avoir acquitté le prix du domaine de Vaulongue aux époques portées par la loi, Guibert avait encouru la déchéance; conséquemment, la régie de l'enregistrement et du domaine en avait repris et gardé l'administration. L'acquéreur évincé prétendait que, ayant réclamé contre cet arrêté, il était parvenu à le faire révoquer; que le ministre des finances l'avait réintégré dans la possession en messidor an VII; au surplus, il invoquait en sa faveur l'axiome de droit : *Pendente lite, contractus tenet*. Le procès suivit son cours. Cette procédure, que des incidents multipliés firent durer pendant cinq ans, et porter devant cinq tribunaux différents, avait eu pour résultat, il est à peine besoin de le dire, d'indisposer gravement la population contre Guibert, et ce fut au cours de ce long procès que se produisirent les événements dont nous allons parler.

D'autre part, le terroir de la commune de Gréoux, formant un point triangulaire limitrophe de trois départements, à proximité de deux rivières, et de bois fort étendus et très fournis, favorisait par sa position, l'abord et le séjour des bandes. Une maison de campagne, située à gauche du Verdon vis-à-vis de Gréoux, était réputée pour servir de lieu de rendez-vous ordinaire aux brigands qui voulaient passer le Verdon. Vers l'an VI, déjà, des bouchers avaient été dévalisés sur la grande route, non loin de Gréoux, par une bande nombreuse. Les habitants s'étaient mis à leur poursuite avec acharnement, et les avaient chassés bien au-delà de leur territoire. Sur la fin de l'an VIII, des bandits s'étaient portés à plusieurs campagnes et y avaient commis des excès que nous avons fait connaître au cours du chapitre précédent.

Or, le 12 frimaire an IX, après quelques jours de neige et de pluie, le temps s'étant remis au beau, les habitants valides de la localité en profitèrent pour faire la cueillette des olives, et il ne resta guère, dans le village, que quelques propriétaires-rentiers, des vieillards, des femmes et des enfants.

Les brigands, disséminés sur les coteaux d'alentour, attendaient, pour se montrer, que tous ceux qui pouvaient gêner leur incursion eussent laissé le champ libre.

Vers huit heures et demie, plusieurs compagnies investissent le village à distance. Douze ou quinze brigands se postent sur la petite colline dite « la Garenne »; quinze font sentinelle sur la digue du Verdon; quelques autres prennent position du côté de la porte de Valensole et gardent les avenues, autant pour intercepter tout secours étranger que pour empêcher le retour au village de ceux qui, sortis pour aller aux champs, auraient essayé de rétrograder.

Une fois ces dispositions prises, une bande des plus déterminés se dirige hardiment vers le château, bâti, comme nous l'avons dit, au sommet du coteau sur lequel est étagé le village, essaye d'y pénétrer par violence, et, ne pouvant y parvenir, se met en mesure d'en faire le siège [1].

Une fusillade commence, très nourrie d'abord, dirigée contre la porte et les nombreuses fenêtres de la façade ouest, derrière lesquelles on soupçon-

---

[1] On trouvera le nom des douze brigands qui pénétrèrent dans le château, après en avoir brûlé la porte, à la page 17-18 de la procédure instruite, 1ʳᵉ partie, t. I.

naît la présence des assiégés. Le citoyen Guibert, barricadé dans son château, soutint seul l'attaque, avec une rare énergie. Placé dans l'appartement situé au-dessus de la grande porte, il faisait le coup de feu par une meurtrière ouverte à fleur de sol du plancher de la chambre dont il avait laissé, d'ailleurs, la fenêtre ouverte. Il pouvait ainsi tirer sur les assiégeants sans être exposé aux projectiles ennemis qui pénétrant dans l'appartement, allaient décrire des éraflures au plafond. Le mémoire que nous possédons prétend qu'il faisait précéder chaque coup de feu de ce refrain sinistre, qui prit naissance lors des exécutions journalières des émigrés après la fameuse loi du 19 fructidor : « Ils iront p... à la muraille [1] ».

La veuve Fanchin, belle-sœur de Guibert, et une domestique, assiégées avec le propriétaire dans le château, furent tellement épouvantées par la fusillade et par la perspective du sort qui les attendait que, dans leur affolement, et ne sachant plus où se cacher, elles se laissèrent glisser dans la conduite

[1] C'était le refrain de la fameuse chanson intitulée : « La fusillade aux émigrés », chanson que les jacobins chantaient parfois devant les portes des royalistes. Il est à peine besoin de faire remarquer que ce refrain fait allusion à la position « visage au mur », que l'on faisait prendre aux condamnés, lesquels recevaient ainsi le coup par derrière.

d'une fosse d'aisance, d'où on ne put les retirer plus tard, passablement meurtries, d'ailleurs, qu'en agrandissant l'issue inférieure à coups de marteau.

Ces nombreux coups de fusil, répétés à une faible distance du village, eurent bientôt instruit les habitants de l'événement qui se passait à côté d'eux, et du danger qui les menaçait eux-mêmes.

Le maire, Burle, se rend immédiatement au lieu des séances de l'administration municipale, et fait tout ce que les circonstances exigent et ce que son devoir lui commande.

Il fait venir auprès de lui, Ferrier, juge de paix, grand ami de Guibert; ses assesseurs, etc., pour aviser ensemble aux moyens de chasser les bandits qu'on disait être très nombreux. Il requiert, par écrit, le commandant de la garde nationale de mettre sur pied la force armée. Il rédige des dépêches pour demander du secours à Valensole et à Saint-Martin, communes limitrophes. Puis, apprenant que Nègre, commandant de la garde nationale, était, ce jour-là, à Vinon, que les capitaines étaient aux champs, il ceint l'écharpe; et, suivi de son adjoint, il parcourt les rues du village pour exhorter ceux auxquels leur état permet d'agir, à se joindre à eux. Il parvient à recruter sept à huit hommes, leur distribue des fusils, et la petite troupe se met en marche dans la direction du château.

Ils quittaient à peine la place publique et prenaient la rue tortueuse qui, de là, se dirige vers le lieu de la fusillade, lorsqu'ils se voient poursuivis par six brigands qui, ayant suivi les mouvements du maire, accouraient pour les empêcher d'aller plus loin. Saisie d'épouvante, la petite troupe ne songe plus à marcher à l'ennemi, encore moins à faire front à ceux qui la poursuivent. Elle se disperse à la plus grande hâte, chacun veut échapper à la mort qui le suit. Le maire se trouve bientôt seul, avec le commis des barrières, et n'a que le temps d'enfiler une ruelle en impasse et de se jeter, avec son compagnon, dans la maison d'un paysan qui voulut bien les tenir cachés tous les deux, tant que les brigands restèrent dans le pays. Il était alors environ dix heures du matin.

Cependant le siège du château se poursuivait, et la fusillade devenait plus nourrie. Les balles des assiégeants ne parvenaient guère, comme nous l'avons dit, qu'à faire des éraflures au plafond sans mettre jamais personne hors de combat. Dans ces conditions, le siège pouvait se prolonger longtemps encore et tout aussi inutilement, car les munitions de Guibert étaient loin d'être épuisées, et la lourde porte en chêne du vieux manoir offrait une résistance désespérante aux décharges des carabines.

Les brigands trouvaient que l'expédition traînait en longueur, ils craignaient qu'un plus long retard permît aux secours d'arriver et ne compromît le succès de l'entreprise. Ne pouvant donc ni forcer la porte ni l'ébranler, ils résolurent de la brûler.

Tandis qu'une partie des assaillants observe les fenêtres et continue le siège, d'autres apportent des fagots et quantité de menu bois qu'ils entassent devant la porte principale, et y mettent le feu.

L'expédient leur réussit. La porte bientôt calcinée n'offrit plus de sérieuse résistance et céda sous la poussée.

Les brigands aussitôt de se précipiter, au nombre de seize, dans l'intérieur, tandis qu'au dehors, quatre font sentinelle. Tous les appartements sont envahis à la fois, et minutieusement fouillés. Meubles, linge, effets d'habillement, provisions de bouche volent par les fenêtres, et s'entassent dans un pêle-mêle indescriptible au pied des murs où d'autres brigands les prennent, les portent sur les aires, lieu choisi pour le partage du butin.

Un des bandits, C... de C...[1] négligeant de prendre une part active au pillage, scrutait, son poignard à la main, les coins et les recoins du châ-

---

[1] Le nom est imprimé dans la procédure, t. I, 1re partie, f° 18.

teau. Il cherchait Guibert !... Guibert seul le préoccupait dans ce va-et-vient incessant. C'est lui seul qu'il voulait, qu'il chassait avec la férocité du tigre, pour lui planter son poignard dans la gorge !...

Guibert avait compris à temps que la résistance ne pouvait plus se prolonger, et qu'il fallait, par un autre moyen, songer à sa sûreté personnelle. Il y pourvut en se dissimulant habilement entre deux poutres de la charpente où les bandits ne parvinrent pas à le découvrir.

Une fois l'habitation saccagée, quelques brigands firent une descente dans le village, visitèrent la maison du maire, du juge de paix, puis, se rendant aux aires, partagèrent le fruit de leur rapine et se dispersèrent, emportant chacun sa part du butin que les uns cachèrent à Vinon chez un aubergiste receleur, les autres chez le nommé C..., les autres dans le bois de Cadarache. Il était alors deux heures de l'après-midi.

Il est malheureusement vrai que quelques habitants peu délicats profitèrent de cet événement et ne rougirent pas de ramasser, au pied des murs du château, les objets que les brigands jetaient par les fenêtres ; que d'autres s'approprièrent sans scrupule certains objets que les bandits avaient laissés sur place comme trop encombrants, ou abandonnés sur le chemin dans leur fuite. Cette circonstance permit de supposer tout d'abord un lien de complicité, de connivence, entre les habitants et les dévaliseurs. Toutefois, il est juste d'ajouter que plusieurs des objets cueillis au pied des murs du château, ramassés sur le chemin ou sur les aires du puits, furent bientôt rendus, soit spontanément, soit sur l'invitation officielle qu'en fit le maire [1].

Entre temps, les porteurs de dépêches étaient arrivés à destination. A deux heures du soir, l'adjoint de St-Martin de Brômes, nommé Bouteil, recevait la demande de secours adressée par le maire de Gréoux; « et, après avoir pris et nous être donné
« tous les mouvemens qui sont en notre pouvoir
« et n'ayant pu ramasser aucune force, attendu
« que tous les habitans en cette commune sont à
« leur campagne, nous nous sommes déterminés
« à faire passer le double de la lettre au comman-
« dant de l'arrondissement de Riez ».

Le porteur dirigé sur Valensole fut arrêté aux

---

[1] Nous possédons « l'état des meubles et effets apportés par divers particuliers » par devant le maire, le juge de paix, etc... Il est daté du 13, 14, 15 frimaire an IX. Quatorze femmes ou filles viennent rapporter différents objets, dont la nomenclature ne contient pas moins de sept pages. Tous ces objets furent rendus immédiatement par le maire au citoyen Guibert qui lui en donna décharge et signa « Guibert » *sans préjudice à aucun de ses droits.*

Preds-Laval par les brigands, qui, après l'avoir fouillé, sans pouvoir toutefois découvrir la lettre dont il était porteur, le laissèrent passer. Il arriva à Valensole à midi un quart.

Les administrateurs de ce pays l'interrogèrent avec anxiété sur le nombre approximatif des brigands qu'il s'agissait d'exterminer; et, apprenant que ce nombre était considérable, ils jugèrent nécessaire d'envoyer une force imposante. Après avoir écrit, sur un mouchoir de cou, ces simples mots : « on s'occupe de votre commission », et l'avoir remis au porteur [1], le maire fit sonner le tocsin et battre la générale pour rassembler la colonne mobile et la garde nationale. Les habitants étaient disséminés dans les champs, et ce ne fut que vers trois heures et demie qu'on put former un premier peloton de colonne mobile, composé de 35 hommes. Cette petite troupe, commandée par J. Villeneuve, arriva à Gréoux vers sept heures du soir. De leur côté, les lieutenants Fabre et Barquin, commandant chacun un détachement de la 47ᵉ demi-brigade, partirent de Riez et arrivèrent à Gréoux à onze heures du soir.

[1] Le porteur avait refusé de se charger d'une réponse autrement libellée à la lettre du maire de Gréoux, et s'était mis le mouchoir au cou en guise de foulard.

Il y avait neuf heures que les brigands en étaient partis. Onze d'entr'eux étaient tranquillement couchés à Vinon, goûtant les douceurs du sommeil, jusqu'au matin, où, étant informés que la troupe les cherchait, ils prirent la fuite, laissant leur butin dans la maison hospitalière qui les avait reçus [1].

Mais, que devenaient le maire et le juge de paix ? Dès qu'ils eurent la certitude que les brigands avaient quitté les lieux, ils étaient sortis de leur cachette, et avaient accédé au château pour dresser un procès-verbal de situation, faisant connaître la nature et l'étendue des dégâts, ainsi que l'état de dévastation de l'immeuble [2].

Malgré l'exécution de cette formalité et l'attitude correcte du magistrat municipal en ces tristes circonstances, la commune fut accusée de complicité. Des malveillants dénoncèrent la municipalité auprès du préfet, et surprirent si bien sa religion, que ce

---

[1] Voir pour ce détail et le nom de ces onze : « Procédure instruite, etc. » 2ᵉ partie, t. III, f° 321.

[2] L'article II, titre V, de la loi du 10 vendémiaire an IV porte : « Lorsqu'un délit de la nature de ceux exprimés aux
« articles précédents aura été commis sur une commune, les
« officiers municipaux ou l'agent municipal seront tenus de
« le faire constater sommairement dans les vingt-quatre
« heures, et d'en adresser procès-verbal sous trois jours au
« plus tard au commissaire du pouvoir exécutif près le tri-
« bunal civil du département. »

magistrat dénonça à son tour la commune de Gréoux aux tribunaux, défendit le port d'armes à tous les habitants, hors le cas de service dans la garde nationale, envoya vingt hommes de garnison dans la commune, et demanda pour ses lâches habitants une punition prompte, exemplaire, frappante. On lui avait dit, en effet, que le maire n'avait pas donné les signaux prescrits, n'avait pas fait sonner le tocsin, et que, plusieurs habitants, directement réquisitionnés, avaient refusé de déférer aux appels de l'autorité. Cet arrêté est du 18 frimaire an IX [1].

Le commissaire du Gouvernement intenta une action et cita la commune pour venir se voir condamner au paiement d'une indemnité de 15.000 fr., et en outre, à l'amende portée par la loi, se fondant principalement sur ce que, disait-on, il y avait eu des habitants de Gréoux mêlés aux brigands.

Le sieur Guibert ne trouvait pas son compte dans les calculs du commissaire, et jugeant que l'indemnité fixée à 15.000 francs n'était pas suffisante, il demanda incidemment qu'elle fût portée à la somme

---

[1] Il fut imprimé à 350 exemplaires, envoyé au ministre de la police générale, aux généraux Férino, St-Hilaire et Pelletier et affiché dans toutes les principales communes du département des Basses-Alpes.

de 120.973 francs [1]. Par jugement en date du 21 nivôse an IX, le tribunal d'arrondissement de Digne déclara Guibert mal fondé en ses prétentions, et mit la commune hors d'instance et de procès [2].

Guibert déclara appel de ce jugement.

Il n'entre pas dans le cadre de notre sujet d'étudier cette procédure dans ses phases diverses, notre but étant seulement de faire connaître les faits se rapportant au brigandage, et non d'en étudier les conséquences.

Les brigands ne furent pas saisis. Ce ne fut que deux ans après, environ, que plusieurs d'entr'eux,

[1] Il basait ses prétentions sur les articles I et II, titre IV, de la terrible loi du 10 vendémiaire an IV.

[2] Des enquêtes poursuivies sur ces événements, il résulta que les allégations par lesquelles on avait essayé d'égarer l'opinion de l'administration centrale étaient dénuées de fondement, et que le maire avait fait son devoir. Douze jours avant l'incursion, le maire s'était opposé à la vente de la cloche de la chapelle de St-Sébastien parce qu'elle servait à sonner le tocsin (arrêté municipal du 30 brumaire an IX. Archives municipales de Gréoux). D'ailleurs le *tocsin, établi pour avertir quand on est menacé, est plus dangereux qu'utile quand on est garrotté.* Le tribunal basa donc sa décision sur l'article V, titre IV, de la loi du 10 vendémiaire an IV ainsi conçu : « Dans les cas où les rassemblements auraient été formés d'individus étrangers à la commune, et où la commune aurait pris toutes les mesures qui étaient en son pouvoir à l'effet de les prévenir et d'en faire connaître les auteurs, elle demeurera déchargée de toute responsabilité ».

dénoncés par Turriès, tombèrent entre les mains de la justice.

En attendant, ils continuaient d'opérer, et peu de jours après, quatorze d'entr'eux arrêtèrent et pillèrent quarante voyageurs entre Valensole et Gréoux, et sur la route d'Allemagne. Ils allèrent, de là, souper le même jour dans une auberge de Ginasservis, où un des voyageurs qui avaient été dépouillés, reconnut un des bandits, le dénonça, le fit saisir et traduire par devant la commission militaire de Brignoles qui le condamna à la peine de mort [1].

Les grandes bandes allaient se disloquant, décimées qu'elles étaient par les commissions militaires. Mais à mesure que les grandes se fondaient, les débris cherchaient à se reconstituer pour former de petites bandes locales qui mettaient les petits pays environnants en coupe réglée.

Quelques individus de cette espèce habitant la commune de Moustiers et ses environs formèrent une association de ce genre et se mirent à ravager les pays d'alentour.

Le 6 brumaire an IX, six brigands armés et masqués, se présentèrent, vers minuit, à la bastide de la veuve Arnaud, née Marguerite Bertrand, située

---

[1] Voir procédure instruite, etc., 1re partie, t. I, f° 18 et 2e partie, t. IV, f° 487. Déposition d'Ambrois (Jean-François).

dans la partie haute de la vallée de St-Apollinaire, entre Puimoisson et Moustiers. Ils pénètrent par violence, maltraitent la propriétaire, s'emparent de son argent, linge, bijoux et autres objets facilement transportables et disparaissent en menaçant la victime de revenir la tuer et mettre le feu à la bastide si elle s'avise de parler. Ce ne fut, en effet, que par le bruit public que la nouvelle de cette attaque nocturne fut connue.

Un mois plus tard, dans la nuit du 13 au 14 frimaire, six brigands armés et masqués, probablement les mêmes, se présentent à la maison de campagne habitée par Antoine Segond, ménager, située, comme la précédente, entre Puimoisson et Moustiers. Après avoir enfoncé les portes, et épouvanté par leurs menaces et leurs mauvais traitements tous les habitants de cette campagne isolée, ils enjoignent au fermier en lui appuyant le canon du fusil sur la poitrine, de leur déclarer en quel endroit il cache son argent. Le malheureux, tremblant de peur, incapable de se défendre, balbutiait qu'il n'avait point d'argent caché. On lui passe une corde au cou, on le suspend à différentes reprises, en lui demandant toujours d'indiquer sa cachette. « ...On « le coucha en joue différentes fois, dit le rapport, « et finalement, touchés peut-être par les larmes et

« les supplications du patient et de sa famille éplo-
« rée, ils se contentèrent de le frapper à coups de
« crosse et à le garder à vue, tandis que quatre
« bandits fouillent la maison de fond en comble,
« mettant à part tout ce qu'ils veulent emporter ».
Ces événements se passaient à demi-heure de distance de Puimoisson où était cantonné, en ce moment, un fort détachement de troupe de ligne. Mais la garde dormait au village tandis que les bandits rôdaient aux champs.

Peu de temps après, en nivôse an IX, quatre hommes armés et masqués, se portèrent à l'habitation de campagne du citoyen Chauvet, terroir de Moustiers. Il était environ 7 heures du soir quand ils cognèrent à la porte. Chauvet était couché ; sa femme parut à la fenêtre ; les hommes la prièrent de leur ouvrir. Chauvet, les prenant pour des voyageurs égarés qui demandaient asile contre la rigueur du froid, leur ouvrit. Il ne tarda pas à reconnaitre son erreur. Ces quatre hommes, armés et masqués, entrèrent chez lui ; et soit afin d'écarter tout mauvais soupçon, soit pour éloigner toute velléité de résistance, demandent à manger pour vingt-cinq personnes. Bientôt ils demandent de l'argent et emploient leurs moyens ordinaires pour s'en procurer. Ils torturent Chauvet et accablent sa femme de mauvais traitements. Mais voilà que, dans les mouvements qu'il se donne, l'un des bandits tombe son masque. Il le relève vivement ; et contrefaisant sa voix et son accent, il essaye de se faire passer pour un habitué de la Cannebière ! Cette ruse ne lui réussit pas. Chauvet le reconnut et le dénonça à la commission militaire qui le passa par les armes à Digne [1]. Les autres prirent la fuite ; quelques-uns furent arrêtés plus tard. Leur procès, instruit par la commission militaire, fut égaré, et on dut recommencer la procédure qui fut close le trente ventôse an XI [2].

Le général Guillot venait d'établir son quartier général au cœur même de la forêt d'Ollières, hantée par les bandes. Ce coup d'audace avait redonné du cœur aux populations du Var et des pays limitrophes des Basses-Alpes. « ...Nous ne craignons « plus les incursions des scélérats, écrivait le maire « de Vinon, Sias, au maire de Gréoux, le 27 nivôse. « Mais s'ils avaient l'audace de revenir, dussions- « nous nous ensevelir sous les décombres de nos « murailles, comme les pauvres Troyens, ils y « trouveront leurs tombeaux » [3]. Et le 13 pluviôse,

---

[1] Voir « Procédure instruite », 1ʳᵉ partie, t. I, fᵒ 110.
[2] Extrait de la procédure instruite contre B... et R...
[3] Lettre du maire de Vinon au maire de Gréoux, 27 nivôse an IX. (Archives municipales de Gréoux.)

en lui annonçant une battue qui devait avoir lieu le lendemain : « ...Nous sommes flattés de pouvoir « vous montrer combien nous sommes décidés de « battre les bandes assassines... Il faut tomber sur « les brigands comme sur des loups [1] ».

En effet, des battues plus nombreuses étaient faites ; des gardes étaient placés sur les bords du Verdon, et le général Guillot avait promis cinq cents francs par tête de brigand pris ou tué. Chose étrange, les bandits ne cessent d'opérer ; traqués sur un point, ils reparaissent sur un autre ! et pour ne citer que ce qui nous touche, nous les voyons arrêter la diligence de Digne, dans le bois de Cadarache, et enlever tout un assortiment de pièces de mousseline, d'indiennes, de dentelles. Quelques jours plus tard, ils trouvent le moyen de s'emparer, sur la grande route, d'une caisse de pistolets destinés à la gendarmerie des Basses-Alpes, arrêtent l'amiral de Villeneuve, puis, toujours en germinal, ils vont, au nombre de treize, « entre Seillons et « Esparron de Pallières, au quartier de la Basti- « dasse, tous armés de fusils, de pistolets, de sty- « lets, où nous arrêtâmes neuf muletiers pour les

---

[1] Lettre de Sias, maire de Vinon, au maire de Gréoux, du 13 au 20 pluviôse an IX. (Archives municipales de Gréoux. Pièces diverses).

« voler ; à mesure que ces muletiers ne voulaient
« pas nous donner leur argent, ni déclarer où ils le
« tenaient caché, l'un de nous fit entrer dans le
« bois un de ces muletiers pour le forcer à révéler
« la cache de son argent, et il le maltraita si cruel-
« lement qu'il le laissa pour mort sur la place, à
« environ cinquante pas de distance du chemin,
« après lui avoir donné quantité de coups de stylet.
« Les autres muletiers, voyant un de leurs compa-
« gnons de voyage ainsi maltraité, se déterminèrent
« de suite à donner leur argent. Je ne me rappelle
« plus la somme à laquelle se montait le produit
« dudit vol, mais je me rappelle que l'un des dits
« muletiers avait caché quinze louis en or dans le
« bât d'un mulet. Ces muletiers étaient, partie de
« *Mézel* et partie d'*Establon* (Estoublon), départe-
« ment des Basses-Alpes. Les habitants d'Espar-
« ron furent dans l'alarme en voyant le muletier
« blessé, tout couvert de sang, dans l'idée qu'il ne
« pourrait échapper à la mort »[1].

Chez nous, les derniers débris de la bande dite d'Oraison essayent de se reconstituer pour *tra-vailler* dans les environs. Nous les trouvons, en

---

[1] « Procédure instruite », imprimée, 1re partie, t. I, f° 162-163. On pourra voir f° 163 les noms de ceux qui firent partie de cette expédition.

germinal, à Puimichel, chez Dominique Provent qu'ils volent, pendent et maltraitent de toutes les façons ; le lundi de Pâques, à la gargote de Saint-Jeannet dont ils s'emparent ; le 24 floréal, à la campagne dite le Cabanon, terroir de Riez, qu'ils pillent à même ; le 5 prairial, ils signalent leur présence sur le plateau situé entre Puimichel et Dabisse, où ils arrêtent Charles Beargeois, bijoutier ambulant de Sisteron, et lui enlèvent soixante francs d'argent monnayé, quatre montres, un clavier de femme, des boucles d'oreilles et divers objets de mercerie, le tout évalué à six cent soixante francs [1].

Ce ne sont là, néanmoins, que de timides essais, bien localisés, qui font constater la diminution et prévoir l'extinction prochaine du brigandage.

D'autre part, la bande de la rive droite, dite bande de Vaucluse, se trouvait aussi considérablement diminuée, et ses derniers survivants ne savaient plus guère où se cacher, pour échapper aux poursuites de la force armée et aux dénonciations des populations, qui, revenues un peu de leur terreur, commençaient partout à se ressaisir et s'unissaient aux soldats pour leur faire la guerre.

Un noyau de brigands, composé de sept, est

[1] Extrait du procès-verbal de Barras, adjoint de Puimichel, qui reçut la déclaration du dit Beargeois.

signalé dans le canton de Reillane, en prairial an IX.
« .... Ils ne se rassemblent pas souvent, mais atten-
« dent d'être renforcés pour venger la mort de
« Brieugne et de quelques-uns de ses complices
« en frappant les dénonciateurs et en incendiant
« les récoltes [1] ».

Un autre rapport au préfet, daté du 23 prairial,
lui donne des indications très circonstanciées sur
la retraite de quelques brigands, et sur leur état
d'esprit. « .... Leur retraite, dit le rapporteur, est
« dans le territoire de Lincel, tantôt dans un bâti-
« ment inhabité, appelé *Jas Vignosci*, qui se trouve
« au midi et à une portée de fusil dudit Lincel,
« tantôt à une bastide dite la *Teinturière*, terroir
« dudit Lincel, le long du Largue... Ils ne regar-
« dent pas ces retraites comme bien propres à les
« garantir. Au moindre bruit, ils se cachent dans
« les blés, et là, ils sont introuvables. Bientôt
« cette ressource va leur manquer. Ils auraient
« pu être surpris par la garde nationale de Saint-
« Michel qui est très à portée et qui a déjà fait
« quelques démarches, si le nommé V... qui est
« du nombre de ces brigands, n'avait une sœur

---

[1] Extrait d'une lettre au préfet des Basses-Alpes, datée de Forcalquier, 15 prairial.

« mariée à Saint-Michel qui leur donne connais-
« sance du moindre mouvement de la garde na-
« tionale.

« On soupçonne celui qui habite la bastide des
« Teinturiers de leur porter des vivres lorsqu'ils
« sont dans les blés. Ces brigands sont très effrayés
« quoiqu'ils soient bien armés. Un coup de fusil
« tiré par un chasseur les a fait fuir à toutes jam-
« bes dans les fossés et dans les blés. Il n'y a que
« le voisinage de la sœur de V... qui ait pu les
« déterminer à reparaître dans un canton où quel-
« ques-uns de leurs complices ont péri, à moins
« qu'ils ne viennent, comme on le prétend, se ven-
« ger de leur mort.

« Je sais qu'ils ont été isolément dans des cam-
« pagnes où dans le temps ils avaient violé et volé,
« pour menacer les malheureuses victimes de leur
« fureur et pour les empêcher de parler d'eux. Je
« sais aussi qu'une bande de ces scélérats s'est
« réorganisée dans le département de Vaucluse et
« qu'elle est poursuivie par des militaires. Jusqu'ici,
« ceux qui sont dans le canton de Reillane parais-
« sent plus effrayés que disposés à recommencer
« leurs horreurs, mais leur présence et la crainte
« qu'ils ne se renforcent ou qu'ils ne finissent par

« jouer de leur reste, répandent beaucoup d'inquié-
« tude [1] ».

C'est au cours de cette période de décroissance que le conseiller d'Etat, Français de Nantes, chargé par les consuls de dresser un rapport sur la situation de la République dans la huitième division militaire [2], vint dans les Basses-Alpes, et rédigea le rapport un peu optimiste que nous allons mettre en entier sous les yeux du lecteur.

Basses-Alpes. — « J'aurai peu de chose à dire
« sur ce département. Il est le plus tranquille de la
« division après avoir été si longtemps un théâtre de
« rapines et de meurtres. Depuis six mois, il n'y a
« pas eu un seul assassinat, et il n'y a eu que deux
« arrestations. Digne, Forcalquier, Sisteron, En-
« trevaux, Allos, Glandèves, ces villes si connues
« par les fureurs qui les ont ensanglantées, sont très

---

[1] Rapport au citoyen préfet, daté du 23 prairial an IX, Forcalquier. Le préfet, en transmettant ce rapport au commissaire du gouvernement, lui dit que le citoyen de Forcalquier qui l'a écrit, mérite la plus entière confiance. (Lettre du préfet Texier-Olivier au commissaire du gouvernement, près le tribunal spécial).

[2] La huitième division militaire comprenait les départements de Vaucluse, Bouches-du-Rhône, Var, Basses-Alpes et Alpes-Maritimes.

« paisibles. Les campagnes et les routes environ-
« nantes le sont aussi. Le col de Larche qui dé-
« bouche sur Démont, et les cols de la Croix, la
« Traversette et l'Aniel qui coupent le viso et qui
« débouchent entre Pignerol et Saluces, où tant de
« braves militaires voyageant isolément ont été as-
« sassinés par les brigands à leur retour d'Italie, sont
« actuellement purgés. Le col Morin qui communi-
« que de la vallée de Barcelonnette dans celle de
« Seillac, et le col de Vars qui débouche sur Mont-
« Dauphin auprès du camp de Tournoux, tous ces
« passages si fameux et si longtemps occupés par
« les brigands sont libres, et il y a déjà plus d'une
« année qu'on y passe avec la plus grande sécurité.
« Ces pays qui forment la haute chaîne des Alpes
« sont revenus à leur caractère primitif et com-
« mun aux habitants des hautes montagnes. Les
« circonstances révolutionnaires ayant cessé, les
« habitudes de paix et de tolérance si familières
« aux populations pastorales ont repris leur em-
« pire. »

Passant ensuite à la justice, il fait le rapport
suivant : « Les tribunaux de première instance (de
« la 8e division) sont généralement mal composés.
« Ils pourraient sans inconvénients et même avec
« avantage, être réduits de moitié. Les juges de

« paix sont excessivement mauvais. Les prétoires
« sont, dans la plupart des arrondissements, dénués
« de tout meuble. Dans les départements des Basses-
« Alpes et du Var, les juges sont obligés de porter
« leurs chaises à l'audience, etc. [1] ».

Ce rapport est daté du 16 messidor an IX [2].

La mission dont étaient chargés les conseillers d'Etat était, avant tout, une mission d'observation et de critique. Il est permis, en lisant le rapport de Français de Nantes, de regretter qu'il n'ait pas cru devoir faire plus grand usage, au profit de la vérité, de l'esprit d'observation et de l'esprit de critique dont certainement il devait être doué. Ce rapport prête à la discussion ; et nous nous garderons bien de prendre au sérieux les notions topographiques, les allégations erronées et surtout les appréciations par trop optimistes sur l'état de paix, de tolérance, de parfaite tranquillité des *populations pastorales !!* Tout cela est contredit par les faits ; et ce n'est pas en faisant fonds sur de pareils documents qu'on peut

---

[1] *L'état de la France au 18 brumaire, d'après les rapports des Conseillers d'Etat chargés d'une enquête sur la situation de la République,* par Félix Rocquain. Paris, Didier et C‍ⁱᵉ, pp. 13 et 25.

[2] Quelques-uns de ces rapports sont de l'an X et même de l'an XI et ne rendent que très imparfaitement l'état de la France, tel qu'il était au 18 brumaire.

écrire sérieusement l'histoire. L'optimisme exagéré qui constitue la note dominante de ce rapport, n'est-il pas un optimisme de commande ? Auprès de qui Français de Nantes aura-t-il pris ses renseignements pour former son rapport, sinon auprès du préfet qui est à la tête du département et en position pour le mieux connaître ? Et qu'avait de mieux à faire le préfet que de mettre à profit l'occasion qui se présentait de faire apprécier son talent d'administrateur, en apprenant aux consuls, par la voix autorisée d'un Conseiller d'Etat en mission extraordinaire, que son département était enfin pacifié ? [1].

Ici se place un fait qui a une telle connexité avec ceux dont nous écrivons l'histoire que nous ne saurions nous dispenser d'en parler, quelque peine que nous en éprouvions d'ailleurs. — C'est un

---

[1] Certaines appréciations de Français de Nantes sur la situation rétrospective du département, indiquent, d'ailleurs, une tendance à insinuer que tout VA MAINTENANT pour le mieux tandis qu'autrefois !... Après avoir dit que les routes d'Avignon vers Digne, Sisteron, Forcalquier sont moins sûres que la route d'Avignon à Aix et que, cependant, on y voyage de jour, sans crainte, il ajoute : « Du temps du général Férino, ceux qui voyageaient dans ces contrées étaient obligés de prendre des passe-ports du chef des brigands et de payer le rachat du pillage. Des placards avertissaient les voituriers que s'ils ne portaient pas avec eux au moins quatre louis ils seraient fusillés. » (Rapport, pages, 5 et 6.)

devoir pour l'historien de rétablir, dans leur vrai jour, des faits qui ont pu être dénaturés par la haine des partis ou par un sentiment de vengeance personnelle, et qui, si l'on n'y prenait garde, se transmettraient, ainsi dénaturés, d'une génération à l'autre. Ce devoir, nous avons à le remplir. D'autre part, la personnalité dont nous avons à nous occuper, est de celles qui par le caractère dont elles sont revêtues, les fonctions moralisatrices qu'elles exercent, la mission toute pacifiante qu'elles sont appelées à remplir dans la société rendraient plus odieusement infâmante encore, l'accusation de brigandage, si jamais cette accusation pouvait être soutenue.

Or, c'est précisément ce que tentèrent les ennemis de Pierre-Jacques Sicard, curé de St-Michel. Cet ecclésiastique fut, en effet, accusé de brigandage, conduit devant une commission militaire, traîné devant plusieurs tribunaux, emprisonné, jugé par le tribunal spécial qui le reconnut innocent et le relâcha.

Voici l'exposé des faits.

Le curé Sicard comptait quelques ennemis violents dans la paroisse de St-Michel. La chose, qui n'est pas rare de nos jours, était commune à cette époque. Ces ennemis virent dans les troubles politiques civils et religieux qui caractérisèrent la période révolutionnaire, l'occasion et le moyen de perdre celui dont, à tout prix, ils voulaient se débarrasser.

Dès le 7 pluviôse an VI, un mandat d'amener avait été lancé contre Sicard, accusé d'entretenir des relations avec Leydet, ancien vicaire général de Sisteron, et d'avoir, sur ses exhortations, rétracté le serment prêté [1].

Absous sur ce chef, Sicard fut de nouveau dénoncé à l'administration centrale comme curé réfractaire (accusation fort à la mode), et, grief spécial, comme coupable d'avoir composé une chanson fanatique et incendiaire qui circulait dans la contrée. Ceci se passait le 25 vendémiaire an VII.

Il convient de dire que, de suite après le 18 fructidor, Sicard, pour éviter de tomber entre les mains d'ennemis qui depuis longtemps avaient conjuré sa perte, s'était vu dans la nécessité de fuir, d'errer

---

[1] Archiv. département. Arrêtés généraux, série L, f° 152. Sicard avait prêté le serment le 6 février 1791. Il figure comme assermenté dans le tableau organique des ministres du culte dressé en 1803. Le Directoire du district lui délivra un certificat de résidence le 21 pluviôse an III, et le qualifia de ex-curé de Mont-Michel. Il rétracta son serment plus tard par devant le chanoine de Leydet, et fut poursuivi comme réfractaire.

dans plusieurs communes ; et comme sa vie était continuellement en danger, il marchait toujours armé d'un fusil, mais à une époque où le port d'armes n'était pas défendu, ni le brigandage organisé, du moins chez nous.

A l'époque où le général Merck commandait à Manosque, des dénonciations pour fait de brigandage avaient été dirigées contre cet ecclésiastique. Le général avait envoyé plusieurs fois des troupes à Saint-Michel et aux environs pour lui faire la chasse ; et comme le prévenu errait en ce moment aux alentours de Sisteron, les soldats, pour se dédommager, se livraient à des actes de saccagement et de vandalisme dans la maison de son beau-frère.

D'autre part, après la fuite de Sicard et pendant son absence, un autre ecclésiastique était venu s'installer à Saint-Michel. Il eut de suite des partisans, qui, naturellement, grossirent le nombre des ennemis de l'ancien curé.

Après ses pérégrinations, Sicard reparut à Saint-Michel, environ vers prairial an VIII. Sa conduite fut bonne, exemplaire même, et de nature à faire oublier les quelques torts que son imprudence avait fait élever contre lui. Mais ses ennemis étaient loin d'avoir désarmé ; et, ne pouvant l'attaquer dans sa conduite actuelle, ils eurent la malice de faire regarder comme récents, comme actuels, des faits qui dataient déjà de plusieurs années. Ils auraient bien voulu le dénoncer à la commission militaire, plus sévère et plus expéditive que les tribunaux ordinaires. Elle venait de quitter Digne. Ils portèrent l'accusation devant le tribunal spécial chargé de connaître les délits de brigandage. Ce fut sur une lettre du commandant de la garde nationale, adressée au commandant Tellier de l'arrondissement de Forcalquier, que l'arrestation fut ordonnée (prairial).

Or, un jour, la population de Saint-Michel vit avec la plus profonde consternation, la force armée se porter au presbytère, saisir le curé Sicard, le conduire, chargé de fers, aux cachots de Forcalquier (où il fut fort maltraité) et, de là, le conduire à Digne.

Le maire, Bodo, qui était absent au moment de l'arrestation, s'empressa, dès son retour, et sur la demande de la majorité des habitants, de rédiger un certificat dans une forme on ne peut plus favorable au curé persécuté, et voulut le porter lui-même à Forcalquier, où Sicard était détenu. Ce certificat devait contrebalancer, dans l'esprit des juges, les impressions fâcheuses, très défavorables, produites par les odieuses dénonciations que leur faisaient parvenir les ennemis de l'inculpé, et que nous avons, là, sous les yeux. Elles suintent la mauvaise foi la plus insigne, la vieille et basse rancune ; ne nous y arrêtons pas.

Les juges pourtant, s'y arrêtèrent. Le commissaire du gouvernement prit des conclusions, attribuant la compétence au tribunal spécial. Ces conclusions motivées reposaient sur ce que Sicard avait été vu, il y avait trois ans, dans les bois, armé d'un fusil et en compagnie de quelques individus notoirement connus pour faire partie des bandes de brigands ; sur ce qu'il avait été vu encore, depuis moins de quinze mois, dans le terroir de St-Michel ; sur ce que, lorsqu'il errait dans les campagnes, il avait manifesté le projet d'attenter à la vie de deux habitants de St-Michel, etc. On ajoutait : « qu'il « se rendait à l'église cy-devant paroissiale de « St-Michel, où il disait la messe pendant la nuit, « après avoir placé son fusil à côté de l'autel », et qu'après s'être retiré d'avec les brigands qui infestaient la contrée, il avait pris à tâche de diviser les habitants de la commune et les avait mis dans le cas de se battre les uns contre les autres, etc., etc. [1]

---

[1] Ces conclusions sont du 4 messidor an XI.

Les ennemis du curé triomphaient en voyant leur victime devant ce redoutable tribunal spécial qui ne voyait défiler à sa barre que les bandits de haute volée, et n'en renvoyait guère complètement absous.

Le triomphe fut de courte durée. Par jugement du 27 messidor an IX, le tribunal de cassation annula le jugement de compétence rendu par le tribunal spécial le 4 du même mois, et renvoya Sicard devant le commissaire du gouvernement près le tribunal criminel, qui, à la date du 27 thermidor an IX, rendit une ordonnance de non-lieu en faveur de Sicard et le remit en liberté.

Il est nécessaire que nous fassions connaître quelques-uns, au moins, des considérants qui appuient cette ordonnance, afin de rendre plus complète, dans l'esprit du lecteur, la justification à laquelle a droit le prévenu.

« .... Vu toutes les pièces de la procédure prise
« contre le citoyen Pierre-Jacques Sicard, prêtre,
« de la commune de St-Michel. Considérant que
« ledit Sicard était prévenu de complicité de bri-
« gandage, mais qu'il n'est résulté de l'information
« prise contre lui la preuve d'aucun fait considéré
« comme un des délits prévus par la loi du 18 plu-
« viôse an IX.

. . . .

« Attendu qu'il résulte de l'information et des
« renseignements donnés sur le compte du dit
« Sicard par les autorités constituées locales, que
« cet individu a été vu à diverses reprises dans les
« campagnes, armé d'un fusil, en compagnie de
« différentes personnes ; que les témoins ne sont
« pas d'accord sur les époques où il a été vu de
« cette manière ; qu'aucun de ces témoins n'atteste
« lui avoir vu faire aucun acte réputé délit ;

« Que ledit Sicard a déclaré dans ses réponses
« qu'il n'a parcouru les campagnes, armé d'un
« fusil, que pour chasser, dans le temps que le port
« d'armes n'était pas défendu ; que ses réponses
« ne sont pas contradictoires avec les déclarations
« des témoins ;

« Considérant qu'il n'existe contre ledit Sicard
« aucune prévention pour tout autre délit de la
« compétence des tribunaux ordinaires, soit en
« police correctionnelle, soit d'après le code pénal ;

« Le commissaire du gouvernement près le tri-
« bunal criminel du département des Basses-Alpes,
« déclare qu'il n'y a lieu à aucune poursuite ulté-
« rieure contre ledit Sicard et qu'il doit être mis
« en liberté. Digne 27 thermidor an IX [1] ».

[1] Extrait de la procédure instruite contre Sicard (document inédit).

Nous ne ferons que mentionner, pour mémoire, en terminant ce chapitre, les quelques délits qui se produisirent vers le dernier mois de l'année, tels que, un vol avec effraction commis à Château-Arnoux ; un assassinat commis à Annot par suite de perte au jeu ; le meurtre commis à Valensole à 10 h. du soir, le 4ᵉ complémentaire, par un mari sur sa femme, en pleine campagne. Bien que le tribunal spécial se soit déclaré compétent pour connaître de ces délits, ils ne nous paraissent pas devoir être attribués au brigandage tel que nous l'étudions ici.

Autant en dirons-nous de divers délits commis à Seyne et aux environs, et sur lesquels, d'ailleurs, la lumière ne put jamais être faite ; car, dit le juge de paix du canton, « depuis l'établissement d'un « tribunal spécial, chacun (à Seyne) est dans la « plus grande réserve. Il semble que le mot a « passé de fermer la bouche sur les délits qui se sont « commis ici ; si quelqu'un en parle en manière « de conversation, personne ne répond, etc., etc. [1] ».

---

[1] Lettre du juge Bassignot en réponse au commissaire du gouvernement près le tribunal spécial, demandant des renseignements.

CHAPITRE V

DE VENDÉMIAIRE AN X JUSQU'A L'AN XII

Proclamation du préfet, 4 vendémiaire an X. — Décroissance du brigandage. — Difficulté de caractériser certains délits. — Assassinat d'Arnaud à Thorame, 24 vendémiaire an X. — Assassinat d'Elisabeth et d'Antoine Roux à Beynes, 21 frimaire an X. — Pillage du château de Malijai, 29 ventôse. — Arrestations et vols divers entre Riez, St-Martin, Allemagne et Gréoux, prairial an X. — Horrible assassinat d'Esmiol et de Barlet à l'Escale, 30 thermidor an X. — Vol et assassinat à Bras-d'Asse, 20 fructidor an X. — Coup d'œil sur la situation à Barcelonnette — Mesures prises par M. de Lameth. — Capture d'un des plus fameux brigands. — Ses révélations font saisir de nombreux complices et portent le dernier coup au règne du brigandage.

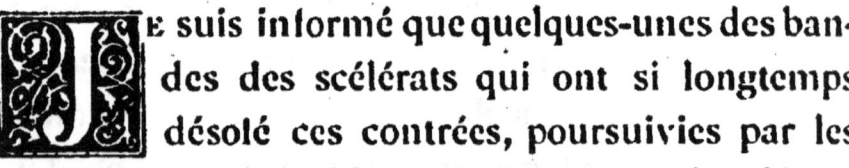e suis informé que quelques-unes des bandes des scélérats qui ont si longtemps désolé ces contrées, poursuivies par les
« colonnes infatigables qui parcourent les départe-
« ments voisins, refluent de temps à autre sur
« celui des Basses-Alpes ; que depuis environ un
« mois, ces hordes sanguinaires ont impunément
« volé, pillé et arrêté plusieurs voyageurs tant
« isolés que réunis dans des voitures publiques....

« ...Vous touchez, citoyens, au terme des malheurs
« qui vous ont affligés pendant si longtemps. Une
« force armée imposante est disséminée sur les
« points les plus importants et les plus exposés de
« ce département. Il suffit qu'elle soit bien secon-
« dée pour atteindre promptement le but de sa des-
« tination. » C'est en ces termes que le préfet des
Basses-Alpes annonçait l'extermination du brigandage et saluait le retour de la paix, 4 vendémiaire
an X.

Vers l'an X, en effet, le brigandage proprement
dit était pour ainsi dire détruit dans le département des Basses-Alpes. La force armée sagement
répartie sur tous les points qui avaient été signalés
comme les plus dangereux ; les exécutions faites par
les commissions militaires ; le fonctionnement du
tribunal spécial, un redoublement d'énergie dans la
poursuite et de rigueur dans la répression avaient
à peu près rétabli la sûreté dans les campagnes et
sur les grands chemins ; aussi bien le nombre des
incursions et des arrestations diminuait d'une manière sensible.

A la vérité, on eut bien à déplorer encore quelques crimes perpétrés avec une férocité rare. Mais
ces crimes se rattachaient-ils d'une manière directe
au brigandage proprement dit ? Quelques-uns, oui,

peut-être ; d'autres nous apparaissent plutôt comme le résultat de la haine, de la vengeance poussées à la limite extrême, ou même comme de simples querelles de clocher.

Il importe peu que quelques-uns d'entr'eux aient été déférés au tribunal spécial, institué pour connaître des délits de brigandage. On ne saurait se baser sur ce fait pour modifier son opinion ; encore moins devrait-on en inférer une conclusion capable de changer le caractère de ces délits au point de vue auquel nous les étudions ; en voici la raison.

L'article 10 de la loi du 18 pluviôse an IX, porte que les tribunaux spéciaux connaîtront des assassinats prémédités, mais concurremment avec le tribunal ordinaire.

Or, lorsque deux tribunaux sont également compétents pour connaître d'une affaire, celui des deux qui prévient l'autre par des actes judiciaires, est légalement et définitivement saisi.

Dans les circonstances difficiles où l'on se trouvait à cette époque, étant donnée la crainte d'une trop grande indulgence d'un jury parfois apeuré, de la subornation de témoins et de toute autre manœuvre illégale employée secrètement pour innocenter un vrai coupable, c'était un acte de prudence de la part d'un substitut que de s'empresser de faire seul les actes préalables ou préparatoires à la procédure, et de renvoyer lui-même l'affaire devant le commissaire du Gouvernement près le tribunal spécial avant d'en saisir le directeur du jury.

Mais si les quelques crimes que nous avons en vue et dont nous parlerons dans ce chapitre, ne sont pas le produit direct et immédiat du brigandage, on peut dire tout au moins, qu'ils s'y rattachent jusqu'à un certain point, par le caractère particulier de férocité brutale, et de véritable sauvagerie que l'ère de brigandage n'avait pas peu contribué à introduire et à développer dans les mœurs. Car, bien que ces crimes eussent pu tout aussi bien être commis dans une époque moins troublée, peut-être que la haine, la soif de la vengeance, la cupidité, qui, en tout temps, ont leur germe dans les bas-fonds de la nature humaine, ne se seraient pas si cruellement révélés, si violemment développés, ni aussi barbarement exercés. Ainsi que nous le disions au commencement de notre travail, et c'est le cas de le redire ici, les grands désastres sociaux développent presque toujours dans certaines natures, une brutalité d'égoïsme et un vertige de férocité et de débauche que nous retrouvons dans tous les climats et à toutes les époques de l'histoire.

Le premier crime qui ouvre la série de l'an X, et que nous relaterons en passant, est l'assassinat de François-Xavier Arnaud de Thorame-Basse. Deux familles voisines avaient des contestations au sujet d'empiètements réciproques de terrain. Durant toute la journée du 24 vendémiaire, on avait échangé de part et d'autre des injures et des menaces. Le soir venu, celui qui allait être la victime, quitte son travail, va à Colmars afin de consulter un homme de loi sur les moyens à prendre pour garantir ses droits. A son retour, tandis que, seul et sans armes, il arrivait au quartier dit « Pré Maurel », le surnommé la Douceur se jette sur lui, le frappe d'un énorme gourdin qui lui brise la mâchoire et l'abat par terre ; puis le voyant à sa merci et hors d'état de se défendre, il l'excède tellement de coups qu'il lui brise les deux jambes et le bras gauche. L'assassin courut vite au village pour se procurer un alibi ; mais la victime le reconnut et le dénonça à la justice qui le condamna à mort. Son principal complice mourut avant que la procédure fût instruite, et l'action fut éteinte à son égard.

Nous passons rapidement sur l'arrestation de

nombreux voyageurs, au retour de la foire de Sainte-Catherine (Valensole), attribuée à la bande du Var (5 frimaire) et nous arrivons à un double assassinat commis dans la nuit du 21 frimaire, à la campagne du Thoronet, terroir de Beynes, sur la personne d'Elisabeth Arnoux, veuve Roux, et sur celle d'Antoine Roux, son fils. L'assassin, une fois le crime consommé, se chargea de linge, nippes, etc., qu'il alla cacher dans une grotte sur la montagne de Creisset. Les recherches de la justice en vue de découvrir le coupable furent vaines ; et ce fut à l'inspection d'un foulard que lavait une femme à la fontaine de Majastre, que le coupable fut reconnu et dénoncé [1].

Le 29 ventôse an X, le château de Louis-Maximilien Toussaint Noguier de Malijai, situé dans le village de ce nom, sur la rive droite de la Bléone, reçut la visite nocturne des voleurs [2]. Ce vol ayant été opéré la nuit avec effraction extérieure et intérieure constituait un délit de la compétence du tri-

[1] Condamné à mort par le tribunal spécial le 27 prairial an X, le jugement fut exécuté le même jour, à 4 heures après-midi. (Voir procédure instruite contre J. A. F.)
[2] Le sieur de Malijai avait émigré et figure dans la liste des émigrés des Basses-Alpes arrêtée le 10 mars 1793. Nommé plus tard représentant du peuple, membre des Cinq-Cents, il fut définitivement rayé de la liste des émigrés par la loi du 16 floréal an VI.

bunal spécial, d'après l'article 9 de la loi du 18 pluviôse an IX.

Le 30 ventôse, le juge de paix des Mées dressa procès-verbal ; et, sur une ordonnance rendue par le commissaire du gouvernement en date du 2 germinal, un lieutenant de gendarmerie partit de Digne, accompagné d'une brigade et de soixante hommes de troupe de ligne. Arrivé à Malijai, il fit fermer à clef le bateau de Volonne et ordonna à ses troupes d'opérer des perquisitions domiciliaires non-seulement dans tout le village, mais dans toutes les campagnes, ainsi que dans la plupart des maisons de l'Escale, de Volonne, de Château-Arnoux et de Montfort, afin de découvrir quelque trace du vol. Ce fut inutilement. De cette grande quantité de linge, de meubles, d'effets, d'armes, etc., dont on avait chargé plusieurs bêtes de somme postées au pied du château, sur le sable de la rivière, rien ne fut découvert, rien ne fut recouvré.

L'arrondissement de Sisteron, qui, jusque-là, avait joui de la tranquillité et n'avait pour ainsi dire rien souffert du brigandage, si l'on en excepte l'arrestation de St-Symphorien, fut quelque peu troublé, à son tour, par des tentatives qui, heureusement, restèrent isolées.

En effet, le 19 floréal an X, trois jeunes malandrins des environs de Valernes, après avoir passé la nuit à jouer et à boire dans un cabaret, voulurent se procurer de l'argent en faisant du brigandage. Ils s'arment donc de pistolets et de couteaux, et vont se poster en lieu propice sur la grande route qui conduit de la Motte à Sisteron. C'était jour de marché dans cette ville. Dès sept heures du matin, ils arrêtent Pierre Richaud et sa fille, de Valavoire, à un kilomètre environ de l'auberge appelée Bagnole, et leur enlèvent tout leur petit avoir s'élevant à la somme de douze francs.

Vers quatre heures du soir, Marie-Anne Massot, retournant de Sisteron à Nibles, est également arrêtée ; et, tandis que l'un des brigands tient par la bride la monture de la victime, l'autre la fouille et lui dérobe tout son argent.

Une heure plus tard, passe Joseph Ayasse, potier, conduisant de Turriers à Sisteron son mulet chargé de poteries. Arrivé à une faible distance de Valernes, deux bandits l'arrêtent, dont l'un le saisit au collet et l'autre lui braque le pistolet sous les yeux. Le potier s'exécute, livre ses quelques deniers, et promet bien de ne rien dire. Tint-il bien sa parole ? Nous ne saurions l'affirmer ; car les trois malandrins furent dénoncés ; et un jour que, couchés dans un grenier, ils devisaient tranquillement sur les douceurs de la vie errante, ils virent avec stupeur la gendarmerie s'approcher et cerner leur repaire. L'un s'enfuit par les toits ; les deux autres essayèrent en vain de se dissimuler sous des meules de paille. Le temps leur manqua ; ils furent pris, conduits à Digne, jugés et...... acquittés, faute, dit-on, de preuves suffisantes !...[1]

C'était là, comme on le voit, de timides essais de brigandage, résultant de la corruption des mœurs et de l'influence pernicieuse de l'exemple. Néanmoins ces arrestations sur le grand chemin firent d'autant plus de bruit dans cette contrée que de pareils événements y étaient infiniment rares, et que la partie septentrionale de l'arrondissement de Sisteron n'avait presque pas vu de brigands en l'an VIII et en l'an IX. Les habitants de ces heureuses contrées pouvaient résider à leurs campagnes et voyager en toute sécurité, alors que des ravages de tout genre se commettaient presque chaque jour dans les autres parties du département.

Nous avons dit, en son lieu, que la bande du Var, considérablement décimée, d'ailleurs, avait quitté les Basses-Alpes. Si à de rares intervalles, elle s'y montrait parfois encore, ce n'était qu'en passant.

[1] Extrait de la procédure instruite contre I...., et H..., accusés de vol sur le grand chemin avec pistolets.

Une circonstance malheureuse y ramena quelques débris échappés aux balles des tirailleurs des colonnes mobiles, pour y opérer quelques arrestations, qui, croyons-nous, furent les dernières.

Quarante bandits avaient remis des effets volés d'un grand prix entre les mains de la Belle-Marchande, qui devait les vendre et en partager avec eux le produit. Le lieu du rendez-vous était une campagne sise au terroir de St-Martin-de-Brômes. Les brigands y vinrent ; et, durant cinq jours, attendirent vainement la Belle-Marchande qui ne vint pas, et pour cause. Afin d'utiliser leur temps, ils se postèrent sur la route qui va de St-Martin à Allemagne et dévalisèrent une dizaine de voyageurs, entr'autres, un nommé Pierre Faury, dit Papillon, de Largentière, qui portait des bijoux. Leur temps ne fut pas perdu. D'ailleurs une douzaine de leurs collègues venaient d'arrêter près de Rousset la diligence de Digne, qui passait alors par Oraison, nombre de voyageurs entre Rousset et Gréoux, et venait se joindre à eux pour terminer la campagne par un *bon coup*. Il s'agissait, avant de regagner le Var, d'assassiner le maire de St-Martin-de-Brômes, redouté par son zèle dans la poursuite des brigands. Mais ce digne magistrat ayant eu vent du complot, se tint sur ses gardes, et les tentatives essayées pour l'attirer dans le guet-apens préparé demeurèrent infructueuses [1].

La bande partit et traversa le Verdon en-dessous de Vinon. Quelqu'un vit les brigands au moment où ils cherchaient le gué, en informa le maire qui, de concert avec le commandant du détachement, fit sonner le tocsin et battre la générale. En moins de cinq minutes, toute la troupe de ligne et trente hommes de la garde nationale furent sur pied. Le détachement se dirigea vers les bois de Cadarache, fit patrouille jusqu'à dix heures du soir, constata le passage de la bande sur divers points, notamment à la bastide neuve, mais ne put s'emparer d'aucun brigand [2].

Il nous faut maintenant ramener le lecteur dans l'arrondissement de Sisteron pour le faire assister à un drame épouvantable qui, bien que ne touchant au brigandage que par le caractère de férocité qui a marqué sa perpétration, et non par le mobile qui y a donné lieu, doit trouver sa place dans cet ouvrage; ce délit ayant provoqué de la part de l'ad-

---

[1] Lettre du commissaire du gouvernement. Procédure f° 16-18 et passim ; tout ceci se passa vers la fin de prairial an X.

[2] Archiv. municip. de Gréoux. Rapport de Peirache, adjoint.

ministration départementale un redoublement d'énergie dans la répression et la mise en œuvre de moyens plus violents contre le brigandage. Nous voulons parler de l'horrible assassinat qui fut commis à minuit, dans un quartier isolé, sur deux bergers, au terroir de l'Escale.

Barlet et Esmiol, bergers de l'Escale, étaient regardés, à tort ou à raison, comme de grands ravageurs de propriété. L'opinion publique leur attribuait, depuis longtemps, la plupart des dégâts commis par les troupeaux, aux fruits et aux récoltes du terroir.

D'autre part, les deux frères C..., l'un âgé de dix-neuf ans et l'autre de vingt-cinq, auteurs présumés du double assassinat que nous relatons, étaient connus par leur caractère violent et vindicatif. Ils ne marchaient que bien armés. L'un d'eux avait fabriqué un énorme gourdin garni d'épines et terminé par une longue branche de fer, « avec « lequel il se flattait de tomber son homme chaque « fois qu'il frapperait [1] ».

Huit jours avant l'événement qui nous occupe, les deux frères étaient occupés à couper des chênes et autres bois dans la forêt d'un particulier. Le pro-

[1] Déposition d'un témoin, dans la procédure instruite contre les assassins.

priétaire, Pierre Thomas, du hameau de Garce (commune de Mirabeau, B.-A.), survint, et leur trouva à redire. « ... Ils ont sauté tous les deux sur leur « fusil et lui ont dit : « Ne dis rien, car si tu dis la « moindre chose, nous te ferons comme nous ferons « à d'autres, nous te f... un coup de fusil [1] ».

Donc, pendant la nuit du 30 thermidor au 1er fructidor an X (18-19 août 1802), Barlet et Esmiol gardaient paisiblement leur troupeau dans un terrain inculte, au quartier des Chauvets. Ils étaient en compagnie d'un jeune garçon de 9 à 10 ans, nommé Joseph Bourrelly, qui, ayant été puni ce jour-là même par l'instituteur, n'avait pas osé retourner à la maison, et avait demandé aux bergers, la permission de les suivre et de passer la nuit avec eux.

Tandis que, vers l'heure de minuit, ils se reposaient, couchés sur la terre, auprès de leur bétail, trois hommes surgissent soudain au milieu des ténèbres : l'un est armé d'un fusil ; l'autre porte à la main un énorme bâton tout hérissé de pointes. Ils abordent les bergers, les injurient, les menacent et leur annoncent que leur dernière heure est venue. Barlet et Esmiol, surpris, sans armes, se voyant perdus, n'essayent pas même d'une résistance inutile. Ils se

---

[1] Lettre d'André Trabuc, de Malijai, jointe à la procédure.

lèvent, se font leurs adieux, s'embrassent dans une suprême étreinte ; et, tandis qu'ils sont dans les bras l'un de l'autre, le meurtrier décharge sur eux son fusil à bout touchant. Le même coup les perce tous deux, ils tombent à la renverse. L'homme armé du gourdin se jette alors sur eux, les achève en leur portant des coups sur la tête ; et, détail horrible, dans un vertige de rage folle, il fouille, il cherche, il arrache avec le fer de son bâton les entrailles palpitantes de Joseph Esmiol et les enroule autour de son gourdin, comme un sanglant trophée [1].

Les assassins n'avaient pas encore aperçu le jeune Bourrelly, assis au pied d'un arbre, à quelques pas de distance des bergers. Cet enfant, effrayé par la scène de carnage à laquelle il venait d'assister, se dressa et voulut fuir. Les assassins l'aperçoivent alors, courent après lui, l'arrêtent, et lui demandent s'il les connaît. Sur sa réponse affirmative, l'homme au gourdin lui en assène un coup vigoureux sur les reins, tandis que l'autre, du bout de son fusil, le pousse dans un précipice au bord duquel l'enfant se trouvait. Au moment précis où Bourrelly perd

---

[1] Ces détails sont extraits de l'acte d'accusation, et ont dû être fournis par le témoin, resté jusque-là invisible, dont nous allons parler.

pied et s'agite dans le vide, l'assassin veut lui porter un dernier coup de bâton pour l'achever et se débarrasser ainsi d'un témoin compromettant; il le manque, le bâton lui échappe des mains et roule, avec l'enfant, au fond du précipice!

Le crime était consommé! Les assassins, sans songer qu'ils laissent derrière eux deux témoins de leur forfait, cherchent à se procurer un alibi. Ils quittent en hâte le théâtre du crime, et se dirigent vers leur propriété de Palus, sur les bords de la Durance, soi-disant pour arroser, prennent bien soin, chemin faisant, de se faire connaître aux rares agriculteurs occupés à l'arrosage de nuit.

Ils croyaient bien que le petit Bourrelly était mort, écrasé dans sa chute. Il n'en était rien. Le jeune enfant, auquel l'école buissonnière avait si mal réussi, parvint à se ranimer, arriva à la maison dès le matin, passablement meurtri, et dévoila le crime dont il avait été le témoin et la victime.

On juge de la stupéfaction des coupables, mis en face de ce revenant qui leur paraît être un fantôme échappé aux étreintes du tombeau pour venir dévoiler leur crime. L'un d'eux prit incontinent la fuite. Des deux autres, l'un fut acquitté, l'autre et le contumax furent condamnés à vingt ans de fers et à l'exposition au poteau (trente ventôse an XI) [1]. Le jury fut vraiment indulgent. Il les déclara bien convaincus d'homicide..... mais sans préméditation !..... On croit rêver en lisant ce verdict ; et on se demande de quelle autre façon ils auraient bien pu s'y prendre, si ces affreux cannibales avaient voulu se donner la peine de préméditer leur horrible crime !

Moins d'un mois après, un vol, accompagné de circonstances odieuses, était commis dans le territoire de Bras, par deux de ces misérables qu'on appelait brigands domiciliés. Le 20 fructidor an X (7 sept. 1802), entre quatre et cinq heures du soir, Blaise Ricard, âgé de trente ans, accompagné de Jeanne Juramy, son épouse, âgée de 29 ans, se rendait tranquillement de St-Julien à Aiglun, lieu de son domicile. Arrivés non loin de la bastide de J., au terroir de Bras-d'Asse, nos voyageurs virent deux laboureurs qui suivaient chacun une charrue. Ricard les salua. Aussitôt, un des deux laboureurs s'approche, le saisit au collet, le fouille et parvient à lui enlever de force un mouchoir dans lequel le malheureux Ricard avait enveloppé la somme de six cents livres. Et comme il se plaignait de ce pro-

---

[1] Le jugement est du 29 ventôse et l'exposition au poteau eut lieu le 30 ventôse an XI. (Voir la volumineuse procédure instruite contre J. C., A. C. et J. G.)

cédé et faisait mine de crier au secours, le bandit l'assaillit à coups de pierres, le poursuivit, le força de s'éloigner, tandis que l'autre laboureur maltraitait la femme et lui faisait subir les derniers outrages. Puis, se réunissant tous deux, ils poursuivent à coups de pierre et aussi loin qu'ils le peuvent les infortunés époux qui regagnèrent leur gîte tout meurtris et contusionnés.

Ce fut le dernier délit commis en l'an X, l'on pourrait peut-être dire, le dernier acte de brigandage.

A la vérité, il se commit bien encore quelques crimes dans le département, tels que l'arrestation de J. G., au vallon de Gratte-Conils, au terroir des Mées, le 4 vendémiaire an XI; l'assassinat de Jaubert, fermier de la bastide du sieur Castellard, commune du Brusquet (14 brumaire); celui de J^h Seignon, au Revest-du-Bion (24 brumaire). Il y eut même un combat entre les brigands et cinq militaires envoyés à leur poursuite, dans la campagne dite le Quartier, appartenant au sieur de Castellane (terroir d'Esparron), combat au cours duquel il est dit que « les hommes s'étaient fortement battus « et même pris au collet, et que le caporal et le « guide, du lieu d'Esparron, avaient été tués; qu'un « brigand avait été blessé ainsi que le frère du

« rentier de la bastide qui se trouva dans la mê-
« lée [1] ».

L'an XII nous offre aussi un assassinat à Thorame, des vols à Pierrerue, à Villeneuve, au Plan des Mées, etc., etc..., mais ces crimes isolés ne se rattachent en aucune façon au brigandage, ni par les circonstances qui les accompagnèrent ni par le caractère et la situation de ceux qui les commirent. Nous n'avons donc pas à en parler.

Des troubles d'un autre genre se faisaient jour dans nos pays, et plus particulièrement dans l'arrondissement de Barcelonnette. L'état d'esprit qui avait donné lieu à la révolte armée du 14 juin 1791, contre les lois d'enregistrement et du timbre n'était pas sensiblement amélioré. Une sorte d'animosité latente contre les percepteurs des divers impôts, survivait dans le sein de la masse populaire. Les fonds rentraient difficilement ; et les employés du fisc éprouvaient des difficultés sérieuses dans l'exercice de leurs fonctions. D'autre part, le libertinage, l'amour effréné du jeu faisaient des progrès alarmants. De nombreux tripots, des bouchons assez mal famés servaient de refuge à bon nombre de désœuvrés qui s'adonnaient, là, à leur passion

---

[1] Procès-verbal dressé par Peirache, adjoint, le 25 brumaire an XI, à 4 h. du soir. (Arch. municip. de Gréoux).

favorite. Les officiers de police, par crainte, excès de prudence, ou tout autre motif, manquaient de courage quand il s'agissait de dénoncer et de poursuivre les contrevenants, et se bornaient à leur donner des avis dont ces derniers ne tenaient aucun compte. Si parfois quelque délinquant était poursuivi, le tribunal, séduit par les sophismes et les paradoxes du barreau, admettait des conséquences tirées de principes subversifs de l'ordre social, et n'avait pas le courage d'appliquer les lois répressives. Ce système d'impunité enhardissait le crime, et avait eu pour conséquence de créer un état de choses intolérable, particulièrement à Barcelonnette. Nul doute que si on n'y eut promptement coupé chemin, la passion du jeu, l'insubordination, le mépris des lois, la débauche eussent bientôt engendré dans ce pays le brigandage qui, durant plusieurs années, désola la partie basse du département. « .... Un « système d'impunité s'est établi dans l'arrondisse- « ment de Barcelonnette, disait dans un rapport « que nous possédons, le commissaire du gouver- « nement près le tribunal spécial. L'intérêt public « nous commande impérieusement de l'attaquer, « et de faire tous nos efforts pour rendre à la police « la force dont elle a besoin pour le maintien de « l'ordre et pour redonner à l'administration de la

« justice cette marche régulière et imperturbable qui
« rassure les citoyens honnêtes et paisibles contre
« les désordres inséparables d'un état d'anarchie
« et les atteintes portées à leur sûreté, à leur tran-
« quillité, aux propriétés publiques et particulières.
« Oui, messieurs, ajoutait-il, l'arrondissement de
« Barcelonnette est en proie à l'anarchi nous le
« voyons avec peine, nous le disons avec douleur.
« L'ordre ne peut être rétabli dans cette partie du
« département que par des châtiments sévères, dont
« l'exemple intimide les hommes qui méconnais-
« sent les lois et qui sont continuellement dispo-
« sés à les enfreindre. Si la police administrative et
« la police judiciaire ne se concertent pas pour
« apporter un remède au mal qui dévore cet arron-
« dissement, vous apprendrez bientôt qu'il n'y
« reste que le souvenir des forêts qui en faisaient à
« la fois l'ornement, la richesse et la salubrité ; que
« les établissements destinés pour la perception de
« l'impôt sont entièrement renversés ; que les com-
« mis à cette perception sont honnis et expulsés
« par la violence ; que les fortunes particulières sont
« bouleversées par la débauche et la passion des
« jeux prohibés ».

On envoya à Barcelonnette un officier de gendarmerie très attaché à ses devoirs qui rétablit les

patrouilles dans la ville et organisa des visites domiciliaires destinées à maintenir l'ordre et à relever les contraventions aux lois et aux règlements de police.

De son côté, Alexandre de Lameth, préfet choisi par Bonaparte, était envoyé dans les Basses-Alpes pour y rétablir l'ordre et la tranquillité. Grâce à son esprit de conciliation, il put ramener la concorde dans nos principaux centres, étouffa les haines de parti qui divisaient Manosque, Digne, Sisteron, tandis que par des mesures aussi sages que hardies il pourchassait les bandes et les refoulait hors du territoire [1].

Mais, une circonstance qui contribua très puissamment à l'extinction du brigandage chez nous et dans le Var, fut sans contredit l'heureuse capture de l'un des plus fameux bandits de la région. Les révélations très nombreuses et très circonstanciées qu'il fit à la justice permirent à celle-ci de reconnaître, d'appréhender de nombreux coupables, et de tirer vengeance de leurs méfaits.

Nous sommes heureux de terminer notre travail par le récit de cet épisode, non-seulement parce que l'arrestation de ce brigand, dont nous avons fait

---

[1] Vide Guichard, pp. 31-32.

connaître la *vocation* au cours du chapitre IV de cet ouvrage, mit fin, chez nous, à l'ère du brigandage, mais parce que ce criminel fut saisi et arrêté dans notre département, jugé et condamné par notre tribunal, et que la longue et laborieuse procédure si habilement conduite qui amena tant de révélations et jeta le désarroi dans les bandes, fut l'œuvre de l'un de nos plus intelligents compatriotes, J.-B. Arnaud de Puimoisson, devenu plus tard procureur général et chevalier de l'Empire.

Le soir du 3 frimaire an XI, Jean-Pierre Pons dit Turriès, brigand chevronné, déjà chargé de toute la variété possible d'attentats, quoique à peine âgé de vingt-quatre ans, se trouvait à boire du vin, en attendant le souper, avec cinq de ses camarades, dans le cabaret du citoyen Joseph Icard, à St-Martin-de-Pallières (Var). Tout à coup, la porte cède sous une poussée violente; des gendarmes déguisés se présentent. Les brigands sautent sur leurs fusils déposés dans un coin. Une fusillade éclate, prompte, terrible. L'un des brigands tombe foudroyé; l'autre a un bras brisé. Turriès reçoit en pleine poitrine une balle qui le perce de part en part et va sortir près de l'omoplate [1]. Malgré la douleur que

---

[1] « — N'étiez-vous pas à l'auberge de Joseph Icard, dans la commune de St-Martin, lorsque la fusillade eut lieu avec

lui fait éprouver sa blessure, il saute par une fenêtre et s'enfuit à travers champs. Bientôt après il est arrêté à Beaudinard (Var) et il est gardé par ordre du maire, dans la maison d'un cordonnier surnommé la Grosse-Jambe. Tandis que ses gardiens dorment, ou en font le semblant (car l'enquête semble démontrer qu'il y eut collusion), Turriès quitte sans bruit son cachot, descend par le moyen d'une échelle dans une écurie qui s'ouvrait sur la rue, et le voilà respirant de nouveau l'air de la liberté[1]

Ce ne fut par pour longtemps. Sa blessure le faisait souffrir ; il était affaibli, en outre, par une perte de sang abondante, par le manque de sommeil, de nourriture et par le froid de la saison.

Il venait de traverser le Verdon et ne se traînait plus qu'avec beaucoup de peine ; quand la gendarmerie le saisit sur le territoire de la commune de Quinson (B.-A.), et le conduisit aux prisons de Digne.

les gendarmes déguisés, le soir du trois frimaire dernier, jour de mercredi ?

— Tellement je m'y trouvai que je reçus un coup de fusil par dessus le téton droit, dont la balle perça de part en part et sortit près de l'omoplate. » (Interrogats et réponses de Jean-Pierre Pons dit Turriès. Procédure imprimée, 1ʳᵉ partie, t. I, f° 45).

[1] Lettre du Commissaire du gouvernement au substitut du Var, datée du 13 nivôse an XI. Procédure, 2ᵉ partie. T. II, f° 624.

Traduit devant le magistrat chargé de l'interroger, Turriès essaya d'abord de donner le change sur son identité, grâce à un faux passe-port délivré au nom d'un autre par un maire prévaricateur. La patience, la tactique habile d'Arnaud, commissaire du gouvernement, lui firent abandonner ce système. Il entra dans la voie des aveux; et ces aveux furent tellement précis, tellement circonstanciés, que déjà, le 13 nivôse, le magistrat instructeur pouvait adresser au préfet du Var une lettre officielle, extraite de la procédure, contenant des instructions qui permirent au commissaire du gouvernement près le tribunal spécial du Var, de faire un premier coup de filet dans ce département (18 nivôse an XI).

Entre temps, et la procédure achevée, le tribunal spécial de Digne rendait un jugement de compétence qui fut envoyé au Grand-Juge, lequel autorisa le commissaire dans tous les actes faits et à faire dans cette procédure. Il autorisait notamment le commissaire à suspendre l'exécution du brigand Turriès s'il venait à être condamné à mort, afin de l'engager à tout révéler. « ...Quelle que soit la
« condamnation qui sera portée contre lui, écrit-il
« (le commissaire) à son collègue du Var, je suis
« autorisé par le gouvernement à en suspendre
« l'exécution; cette mesure déterminera le con-

« damné à tout révéler..... Cet homme a commis
« grand nombre de crimes dans ce département.
« Il était dans les bandes depuis six ans ; il a assisté
« à presque toutes les expéditions ; il sait tout [1]... »

Le 11 floréal, Arnaud peut adresser de nouvelles notes extraites de l'interrogatoire, notes contenant plus de cinquante dénonciations appuyées des détails les plus circonstanciés sur les lieux et les personnes. « ...Ce n'est qu'à force de patience et de persévé-
« rance que j'ai obtenu toutes ces révélations.....
« J'ai reconnu qu'il a dit vrai dans tous les faits
« que j'ai pu vérifier jusqu'à présent ».

A la suite de ces graves communications, le préfet du Var, le commissaire spécial et le général Cervoni, commandant la huitième division, se concertèrent sur les moyens les plus sûrs d'opérer les nombreuses arrestations indiquées, et sur les dispositions à prendre pour maintenir en lieu sûr les personnes arrêtées. Il fut décidé que le général de brigade Guillot serait chargé de faire arrêter tous les individus signalés dans la procédure de Turriès et domi-

[1] De fait, en lisant les interrogats et réponses de Turriès qui contiennent 122 pages in-quarto (du f° 45 au f° 167 de la procédure, t. I, 1ʳᵉ partie), on est étonné du nombre prodigieux de faits cités, de la précision des détails énoncés sur les noms de lieux, de victimes des bandits, sur l'indication exacte des objets volés, du jour et de l'heure où les crimes ont été commis.

ciliés dans le Var et les Bouches-du-Rhône et de les faire conduire « au fort Jean de Marseille » (23 floréal an XI).

Des mesures analogues furent prises dans les Basses-Alpes. Les rares individus soupçonnés de brigandage qui n'avaient pas péri dans les expéditions, sur l'échafaud, ou avaient échappé aux sévérités de la loi et à la rigueur des commissions militaires, furent arrêtés, traduits à Digne, et présentés au tribunal spécial qui eut à statuer sur leur sort. Mais déjà, ils étaient bien décimés ; la mort et la loi avaient bien avancé leur œuvre chez nous.

Quant à Turriès, il fut condamné à mort par jugement du tribunal spécial de Digne, en date du 29 prairial an XI. Il demanda commutation de la peine au premier consul. On réunit une escorte suffisante pour prévenir toute tentative d'enlèvement pendant sa traduction et dès le 12 thermidor an XI, il fut conduit, par ordre du Grand-Juge, à Draguignan, où il arriva le 14 thermidor [1] ; il y fut confronté successivement avec les nombreux brigands et complices dénoncés par lui, au cours de la procédure, en attendant que le premier consul eut définitivement statué sur son sort.

[1] Voir Procédure, 2ᵉ partie, t. IV, fᵒ 598.

CHAPITRE VI

LA FAUSSE MONNAIE

Considérations sur la fabrication, l'altération, l'émission des Monnaies. — Lois répressives portées contre ce genre de délit. — Emission de faux louis d'or à Annot et dans les communes environnantes. — Dénonciations des faux monnayeurs. — Emission de faux louis à Entrevaux et dans la vallée d'Entraunes. — Découverte de la fabrique de Marseille. — *Id.* de celle d'Avignon. — Fabrication d'écus de six livres au Revest-du-Bion, à Céreste, à Oraison, etc.

L'ANARCHIE de ces dernières années donna naissance à un genre de délit qui fut, lui aussi, une sorte de brigandage, moins dangereux pour les personnes, mais peut-être aussi funeste pour la société; nous voulons parler du crime de fabrication et d'émission de fausse-monnaie et de l'altération des espèces de bon aloi.

Ce crime, un des plus dangereux pour la société, parce qu'il attaque en même temps la propriété publique et la fortune des particuliers, devint très fréquent pendant plusieurs années de la Révolution. Le peuple ayant été proclamé souverain, chacun s'était arrogé le droit de battre monnaie... au coin de son feu !...

En effet, pour ne parler que de notre région, nous savons que des fabriques de fausses pièces d'or de vingt-quatre livres fonctionnaient dans les départements voisins, notamment dans les Bouches-du-Rhône et le Vaucluse, et écoulaient leurs produits dans nos Basses-Alpes. Plusieurs correspondants de nos pays achetaient en fabrique ces faux louis avec un rabais variant du soixante au soixante-quinze pour cent, et les faisaient circuler, soit en les échangeant contre de l'argent blanc, soit en opérant des transactions qui avaient l'apparence d'être toutes à l'avantage de l'acquéreur; car les émetteurs (?) avaient soin d'acheter toujours au plus haut prix dans une foire et payaient avec la monnaie fausse; ils allaient à une autre foire revendre, au meilleur marché possible, mais ne recevaient pour prix de leur vente, que de la monnaie de bon aloi.

Parallèlement avec la fabrication d'espèces fausses, se pratiquait un autre genre de délit, non moins funeste dans ses effets. Les malveillants cupides qui ne cessent de spéculer, n'importe par quels moyens, sur la fortune d'autrui, altéraient et rognaient les bonnes espèces, au point que la moitié de celles qui existaient dans la circulation était diminuée d'une partie de son poids. Les échanges et le commerce étaient continuellement entravés par cette altération.

A un moment donné, ces abus criminels de fabrication et d'altération d'espèces, furent portés à un tel excès que le gouvernement crut nécessaire d'attribuer à des tribunaux spéciaux la connaissance du crime de fausse monnaie [1]. Et comme les tribunaux spéciaux, créés par cette loi, ne furent pas établis dans tous les départements, et que d'autre part, la poursuite et la répression du faux monnayage devenaient de plus en plus urgents, la loi du 23 floréal an X, retrancha des attributions du jury la connaissance du crime de fausse monnaie pour la confier aux tribunaux, spécialement créés par cette loi pour juger les crimes de faux dans tous les départements.

Toutes ces précautions furent insuffisantes, et le gouvernement, comprenant que la douceur des peines enhardissait les mal intentionnés, provoqua une aggravation pénale ; les faussaires furent marqués sur l'épaule droite de la lettre F. C'était la flétrissure [2].

[1] Loi du 18 pluviôse an IX.
[2] Autrefois le crime de fausse monnaie était assimilé au crime de lèse-majesté et puni par le feu. Dans certains pays

Mais que pouvait bien faire une flétrissure sur le dos à des hommes qui portaient déjà toutes les flétrissures dans l'âme ? L'habitude du crime donne une telle persévérance à l'homme qui s'y est une fois livré, que la honte même de cette flétrissure ne fut pas un frein suffisant, et le gouvernement dut provoquer la loi du 14 germinal an XI qui prononce la peine de mort contre les auteurs, fauteurs, complices de l'altération et de la contrefaçon des monnaies nationales. On arrivait ainsi par la force même des choses et grâce à la violence des passions humaines, à remettre en vigueur, d'une manière moins barbare toutefois, les dispositions draconiennes de la législation ancienne.

Ces considérations générales une fois émises, il nous faut aborder la relation des faits.

C'est de la commune d'Annot que partit la première dénonciation contre les faux monnayeur.

de coutume, l'exécution des faux monnayeurs prenait un caractère barbare. La coutume de Loudun porte ceci : « Qui fait ou forge fausse monnaie devra être traîné, bouilli et pendu ». En la coutume de Bretagne, les faux monnayeurs seront bouillis, puis pendus (art. 598). En notre doux pays de Provence, au dernier siècle, le faux monnayeur dûment convaincu, faisait amende honorable aux personnes et dans les lieux indiqués avec le cérémonial ordinaire puis « était pendu et étranglé jusqu'à ce que mort naturelle s'ensuivît ». Ses biens, comme de juste, étaient confisqués au profit du Roi.

Par lettre du 11 germinal an IX, le maire de cette commune avisait le commissaire du gouvernement que les nommés B..., d'Annot et A. G..., de Braux, étaient soupçonnés d'avoir apporté du dehors et livré à la circulation une quantité considérable de louis d'or faux, que plusieurs individus en avaient reçu soit en payement, soit en échange contre de l'argent blanc. Il avait appris cela par le cabaretier de Braux qui lui avait dénoncé les coupables parce que ces derniers avaient refusé de lui rendre ses écus de six livres, maladroitement échangés par lui contre de faux louis.

Ce maire vigilant et zélé ajoutait : « ... Si nous
« n'avions pas éprouvé depuis longtemps dans ce
« pays que les gens de mauvaise foi rencontrent
« des protecteurs, là où ils ne devraient rencontrer
« que des vengeurs de la société, et qu'un manteau
« officieux est offert aux banqueroutiers, aux fripons,
« etc., je ne m'adresserais point à vous que nombre
« d'affaires plus importantes enchaînent à de péni-
« bles fonctions. Mais je connais votre zèle, votre
« amour de l'ordre et de la justice, et votre sévé-
« rité contre les méchants. Je vous fais part de ce
« qui se passe pour que vous prescriviez au direc-
« teur du jury ce que vous croirez de plus capable
« pour arrêter le mal que je vous fais connaître.

» Si la poursuite de ce délit n'est pas retirée des
« officiers de la police ordinaire, il est fort à crain-
« dre que l'on ne découvre rien ». Signé : David.

Arnaud, commissaire du gouvernement, prit l'affaire en main. Il ordonna au substitut de Castellane, de faire arrêter A... G..., qui fit des aveux complets, et déclara qu'il n'était, lui, qu'un complice inconscient ; que le principal correspondant était le nommé P..., de Braux ; que ce dernier était associé avec une bande de faux monnayeurs ; que la fabrique où il allait se fournir de fausses espèces, était située dans un bois, non loin d'Avignon ; qu'un orfèvre de cette ville, nommé M..., prêtait son concours à la fabrication ; que P. faisait des achats considérables de différents objets un peu partout, afin d'écouler les faux louis ; que récemment enfin, il avait acheté à la fois cinquante montres en or, déposées chez V..., d'Annot, et payées en fausses espèces, etc., etc. [1].

D'autre part, comme A... G... et consorts fréquentaient les marchés des Alpes-Maritimes, Arnaud écrivit au commissaire du gouvernement près le tribunal civil de Puget-Théniers qui fit prendre

---

[1] Ces faux louis d'or de 24 livres étaient moins lourds que les louis de bon aloi ; ils portaient le millésime de 1786-1787-1788.

des informations secrètes. Ces informations amenèrent la découverte d'une seconde bande opérant pour une autre fabrique. Il fut constaté et prouvé que J... O..., ex-gendarme, et J... R..., boucher, tous deux domiciliés à Entrevaux, émettaient en circulation quantité de faux louis dans le canton de Guillaumes, dans la vallée d'Entraunes et aux environs, en y achetant des bestiaux (8 floréal an IX). L'enquête du juge de paix démontra la culpabilité des deux prévenus.

Mais, pendant que ces informations se poursuivaient, le préfet des Basses-Alpes informait le préfet de Vaucluse de l'existence d'une fabrique de faux louis dans son département [1]. La gendarmerie se mit en campagne, surveilla les chemins et prit si bien ses mesures que dès le 10 prairial an IX, le substitut du commissaire près le tribunal criminel d'Avignon écrivait au commissaire du gouvernement à Digne, la lettre suivante :

« La gendarmerie a arrêté avant-hier les nommés
« P..., de la commune de Braux, M... père et fils,
« d'Avignon, et la nommée Ribot, se disant veuve
« Laurent. Ces quatre individus, qui avaient été
« signalés par vous comme fabricateurs de fausse

---

[1] Lettres du 1" et 13 floréal.

« monnaie, ont été saisis avec tous les instruments
« nécessaires à exécuter leurs projets criminels.
« J'ai décerné contre eux un mandat de dépôt dans
« la maison d'arrêt de cette ville, et la procédure à
« laquelle cette arrestation donne lieu s'instruit avec
« activité. J'ai sous les yeux plusieurs preuves de
« leur complicité avec d'autres scélérats de votre
« département. J'examinerai celles qui pourraient
« vous fournir les moyens de les faire arrêter, et je
« vous les transmettrai. Salut et fraternité ». Signé :
Thomas.

Cependant O... et R..., d'Entrevaux, se voyant
découverts, songeaient à se tirer du mauvais pas.
Le maire d'Entrevaux, en homme intelligent, leur
avait fait comprendre que s'ils faisaient des aveux,
si surtout ils révélaient leurs complices et signa-
laient à la justice la fabrique de faux louis, ils béné-
ficieraient des dispositions de la loi qui accorde
l'impunité aux complices dénonciateurs, en matière
de fausse monnaie [1]. Ils saisirent avec l'empressement qu'on peut imaginer cette planche de salut
que leur tendait le maire. Ils indemnisèrent par des
obligations leurs principales victimes et dévoilèrent
les complices. Les faux louis qu'ils émettaient étaient

---

[1] Article 545 et suivants du code des délits et des peines.

fabriqués à Marseille par les frères T..., qui les leur vendaient pour neuf francs, et s'engageaient à reprendre ceux qui n'auraient pas été admis dans la circulation. Ces faux monnayeurs fabriquaient pareillement des billets de banque des puissances étrangères ; au moment de leur arrestation, ils avaient fait le projet de fabriquer des pièces de cinq francs avec de véritables matrices, en altérant la matière de dix sols par pièce, d'en vendre journellement à la Bourse pour sept ou huit mille francs, ce qui leur aurait produit en peu de temps un bénéfice considérable.

Ces révélations procurèrent à bref délai la découverte de la fabrique de faux louis, l'arrestation des frères T..., ainsi que la saisie des instruments et des métaux servant à la fabrication [1].

Nous sommes heureux de constater que c'est de nos Basses-Alpes que partit le trait de lumière qui éclaira les agissements de ces fauteurs d'un nouveau genre de brigandage ; et l'on peut dire, en somme,

[1] Les fabricateurs furent arrêtés ; mais ils échappèrent aux rigueurs de la loi ; car, vers octobre 1812, la présence de l'un des deux T..., émettant de la fausse monnaie, était signalée à Manosque ; et le procureur écrivait à son sujet au commissaire du gouvernement : « Ce ?... a échappé une « première fois aux poursuites de la justice, il n'échappera point une seconde ».

que R... et O..., en signalant la fabrique de Marseille et A... G..., celle d'Avignon, après avoir dupé quelque temps leurs compatriotes, rendirent un important service à notre département et aux départements voisins [1].

Bientôt, la sollicitude de la police judiciaire fut attirée sur un autre point du département où s'exerçait la fabrication de faux écus de six livres ; écus, d'ailleurs, si grossièrement contrefaits que les personnes les moins expérimentées les reconnaissaient pour ce qu'ils étaient... mais toujours trop tard !

On ne saurait trouver extraordinaire que des artistes cupides et peu scrupuleux emploient leur talent à contrefaire des matrices, des poinçons, et parviennent à faire une fausse monnaie qui a toutes les apparences de la bonne. Mais il est difficile de concevoir que de simples ruraux osent entreprendre une pareille contrefaçon qu'ils ne peuvent forcément exécuter que d'une manière très imparfaite.

L'arrondissement de Forcalquier, pourtant, four-

---

[1] Les détails qu'on vient de lire sont extraits des procédures instruites contre P..., R..., O..., A..., G..., F... et V... ; de la correspondance du commissaire du gouvernement avec le substitut de Castellane, de celle du préfet d'Avignon, du maire d'Annot, du juge de paix de Puget-Théniers, du maire d'Entrevaux, etc., etc.

nit plusieurs exemples de cette malveillance criminelle et maladroite. De simples agriculteurs étaient parvenus à fabriquer des moules de pièces de six francs, dans lesquels ils coulaient un mélange fondu composé d'un tiers de bismuth et de deux tiers d'étain. Les pièces, au sortir du moule, étaient limées tant bien que mal, frottées avec du mercure et émises dans la circulation.

Déjà, vers l'an VI, on avait instruit une procédure contre deux individus de l'arrondissement soupçonnés de fabrication et d'émission de faux écus. Mais les perquisitions auxquelles se livra la police, n'ayant amené aucune découverte sérieuse, les poursuites furent abandonnées.

Enfin, le payement d'une somme de 1.000 francs en écus faux de six livres, qui eut lieu dans la commune de L ncel, le 29 thermidor an IX, amena la découverte des fabricateurs et des principaux distributeurs de ces écus. Le bailleur fut reconnu innocent. Trompé lui-même, sans s'en douter, il n'avait pas cherché à tromper les autres. Une visite rigoureuse opérée à son domicile n'amena d'ailleurs la découverte d'aucune trace du délit.

Sommé toutefois de faire connaître la provenance d'une si grosse quantité d'écus de six livres, il avoua les tenir de J. B. T... du Revest-du-Bion.

Ce dernier fut arrêté tandis qu'il revenait de la foire de Séderon, nanti de huit écus faux de six livres. Une visite opérée à son domicile amena la découverte de métaux et d'instruments propres à la fabrication. Il avoua d'ailleurs avoir émis un grand nombre d'écus, sachant qu'ils étaient faux ; en avoir porté une certaine quantité à Séderon pour les *faire passer* ; et tout en se défendant de les avoir fabriqués, il convint que le fabricateur les lui remettait *imparfaits*, et que lui-même les achevait, soit en les blanchissant avec du mercure, soit en limant les bavures qu'ils avaient en sortant du moule. Les frères J^h et F. M.., accusés d'avoir fabriqué les faux écus que J. B. M... était chargé d'achever, furent acquittés, faute de preuves suffisantes. Quant à J. B. M..., reconnu coupable et convaincu d'avoir concouru à la fabrication d'espèces contrefaites, et d'avoir contribué sciemment à l'exposition des dites espèces, il fut condamné à 15 ans de fer et au remboursement des frais de la procédure [1].

On conçoit combien il était difficile de saisir les faux-monnayeurs en flagrant délit de fabrication. Aussi bien ce n'est pas de ce côté que la police diri-

---

[1] Tribunal spécial 30 prairial an X.

geait ses recherches. L'adresse consistait, avant tout, à filer ceux qui étaient soupçonnés de fabriquer ou d'émettre de fausses espèces, à surveiller leurs allées et leurs venues, à les suivre surtout aux marchés et aux foires où l'occasion s'offrait plus facile d'écouler leurs produits entre des mains inconnues et souvent inexpérimentées. C'est par ce moyen qu'on parvint à saisir P... B..., de Céreste, soupçonné de fabriquer de la fausse monnaie. Il s'était rendu à la foire d'Aspres (H.-A.) pour tâcher d'écouler ses faux écus. Des espions envoyés tout exprès et qui depuis le matin ne l'avaient pas perdu de vue un seul instant, l'arrêtèrent au moment où il concluait un marché, le fouillèrent, et trouvèrent sur lui des écus de six livres et des pièces de trente sous, le tout de fort mauvais aloi.

Le juge de paix de Reillane opéra des perquisitions au domicile de B... et trouva une pièce de trente sous manquée, des morceaux de matière nouvellement fondue, l'un desquels morceaux adhérait encore à la pièce manquée.

B... comprit qu'il se trouvait dans un fort mauvais cas. Il reconnut bien avoir laissé dans sa maison les matériaux en question ainsi que la pièce manquée. Puis, il changea de tactique ; après avoir invoqué les dispositions du code des délits et des peines, articles 545 et 546, il déclara devant un juge du tribunal spécial des Hautes-Alpes « qu'il « avait à se reprocher d'avoir accepté des pièces de « fausse-monnaie en payement d'un reliquat de « compte que lui devait C... de Céreste ; que ledit « C... n'avait point de fabrique stable au même « endroit ; que son laboratoire est tantôt dans un « lieu tantôt à un autre ; qu'entr'autres endroits, « on pourrait découvrir des pièces de conviction « dans un ancien couvent du terroir de Céreste, « appelé le couvent de Carluec, sous l'escalier de « l'église de ce couvent et sous la voûte ».

Muni de ces indications, le directeur du jury de Forcalquier et le substitut du commissaire pour cet arrondissement firent des visites tant au domicile de C... qu'au couvent de Carluec et aux endroits désignés, entendirent les témoins appelés par B... à l'appui de ses déclarations. Or, il ne résulta des procès-verbaux de visite, des dépositions des témoins et des informations prises, aucune charge contre C... De sorte que, loin de détruire les inculpations portées contre lui, B... ne fit que les confirmer par la fausseté de sa déclaration. Il resta donc justement prévenu de fabrication et d'émission de fausses espèces, et le commissaire du gouvernement conclut à ce que le tribunal spécial se déclarât compétent pour connaître du délit à lui imputé (4 nivôse an X).

Citons un dernier fait pour terminer :

J. F. F... était soupçonné depuis longtemps d'émettre dans la circulation des écus de six livres contrefaits. Il résidait alors dans la commune de Malijai.

Ces soupçons, très fondés, se répandirent dans le public, au point que, se voyant à la veille d'être découvert, l'accusé crut prudent de changer de domicile. Il s'établit donc à Oraison, où il donna à jouer à des jeux prohibés sous prétexte de faire le métier de cafetier. Ce nouvel état lui offrait une grande facilité pour écouler les produits de sa fabrication criminelle, le joueur ne prenant pas le temps, dans l'ardeur du jeu, d'examiner de près si la pièce qui brille à ses yeux est de bon ou de mauvais aloi. Et il eut continué longtemps à émettre ses fausses espèces, si, en ventôse et en germinal, il n'eut commis l'imprudence de faire un payement assez important, tout en faux écus, à la veuve Galicy, pour solder quelques charges de blé.

La bonne veuve s'aperçut qu'elle était trompée. Le fait étant arrivé à la connaissance de la police, une visite fut faite au domicile de l'accusé. On y trouva entr'autres objets servant à la fabrication, un morceau de métal composé avec un mélange d'étain et de bismuth. Or, des hommes de l'art purent vérifier que les écus de six livres donnés par F... en payement à la femme Galicy, étaient composés des mêmes métaux que ceux trouvés chez F...; que le mélange était fait dans des proportions identiques à celles trouvées dans le morceau de métal révélateur. D'autre part, il résulta des aveux et des déclarations de l'accusé, comme aussi de la déposition des témoins, que l'inculpé connaissait la fausseté des espèces qu'il émettait, puisqu'il prétendit les avoir apportées de Seyne dans cette conviction, avec l'espoir de les faire passer.

Les délits imputés à l'accusé ayant été commis antérieurement à la publication de la loi du 14 germinal an XI, ne pouvaient être punis de la peine de mort. Le commissaire du gouvernement requit contre lui la peine de quinze ans de fer, l'exposition au poteau pendant six heures, la flétrissure publique sur l'épaule droite, et la confiscation de tous ses biens au profit de la République.

APPENDICE

Au nom du Gouvernement

AMNISTIE

Accordée dans les Départements de l'Ardèche, de la Drôme, de Vaucluse et des Basses-Alpes, dont les applications bienfaisantes sont confiées aux Préfets.

Férino, général de division, revêtu de pouvoirs extraordinaires et autorisé de publier cette amnistie aux citoyens des quatre Départements susmentionnés.

Citoyens,

La guerre d'opinion a cessé et le règne des factions doit faire place à celui de la concorde.

L'homme ne doit compte à la société que de ses actions.

La République ne reconnait dans sa grande famille que des citoyens.

L'observance des lois ou leur infraction doivent seules déterminer la ligne qui sépare le bon du mauvais citoyen.

Le premier est l'ami de la société, elle le protège, le second est en rébellion contre elle, la justice doit le poursuivre et le frapper.

Ces maximes de notre contrat social, ont été méconnues dans ces contrées, les passions y avaient tout bouleversé, et vous êtes presque tous victimes malheureuses des maux que successivement enfante leur règne. Le gouvernement, éclairé sur vos malheurs par les rapports lumineux de vos premiers magistrats, vient sécher vos larmes. Puissant par ses moyens il aurait pu employer la force, mais sage et paternel dans leur emploi il se présente avec deux armes : celle de la clémence pour les hommes égarés qui se soumettent sincèrement aux lois de la République, et celle d'une prompte justice contre les scélérats pour qui le crime est un métier.

Hommes paisibles qui formés la grande majorité des habitants de ces quatre dép^{ts}, oubliés le passé, pardonnés à l'erreur et recevés parmi vous des hommes qu'un gouvernement indulgent rappelle dans leurs familles dont l'égarement seul les éloigna.

Réquisitionnaires, conscrits et déserteurs partés ! Faites oublier votre coupable lâcheté ! et bénissés un gouvernement qui vous ménage l'honneur d'être dans les rangs au moment d'une paix glorieuse !

Hommes dupes de quelques êtres misérablemen[t] illustres, rentrés dans vos familles ! et abandonné[s] de chimériques projets qui n'offrent à vous ains[i] qu'à vos prétendus chefs, que la misère et l'écha[-]faud.

Sectateurs du sistème anti-social vous qui n[e] voulûtes la liberté que pour commettre effrontémen[t] le crime, l'égalité que pour établir l'oppression, l[a] république que pour l'exploiter ; finissés vos sour[des] manœuvres ! votre infame triomphe est passé[,] la massue du gouvernement est suspendue sur vo[s] têtes.

Quant à vous autres brigands couverts de crime[s] et de forfaits le supplice vous attend.

Dispositions de l'amnistie

Sont amnistiés, en date du jour de la publicatio[n] tous les hommes qui ont fait partie des rassemble[-]ments armés qui ont eu lieu dans les quatre dépar[-]tements qu'elle qu'ait été leur dénomination e[t] qu'elle qu'en soit leur époque. Tous les homme[s] dont les criminelles erreurs et les délits paraîtron[t] avoir pour cause l'affligeant produit des secousse[s] successives de la Révolution. Tous les réquisition[-] naires conscrits et déserteurs qui de suite se rendront à l'armée.

Ne sont point amnistiés les voleurs et assassins de grands chemins et les scélérats chargés de crimes, dont l'ordre social réclame la punition exemplaire, les brigands déjà arrêtés dont les délits les classent parmi ces derniers.

Le gouvernement, voulant que l'application de l'amnistie ne porte que sur ceux qui ont le droit d'y prétendre, son exécution est confiée aux Préfets des départements respectifs, qui par la connaissance des localités, leurs rapports immédiats avec les autorités civiles et leur dévouement éclairé pour la République, sont les seuls propres à distribuer efficacement à leurs administrés, les bienfaits d'une mesure qui leur a ramené l'ordre public.

En conséquence, les préfets sont invités de nommer une commission de trois membres chargés de délivrer des arrêtés individuels d'amnistie aux hommes qui paraîtront devoir l'obtenir. Les arrêtés seront approuvés par les préfets, visés par les commandants de la force armée et porteront pour dernière condition que celui qui l'a reçu, devra le faire enregistrer dans la mairie de son domicile.

DISPOSITIONS PÉNALES ET MESURES DE SURETÉ PUBLIQUE

En accordant une amnistie, le gouvernement dévelope une preuve de sa force et de sa bonté ; mais à côté de cette mesure consolatrice, il doit, citoyens, pour être juste, déployer une sévérité, qui frappe promptement les hommes endurcis dans le crime. Les magistrats du peuple doivent être respectés. Il faut que celui qui a la faculté de porter les armes, soit reconnu que pour un homme qui ne s'en sert que contre les ennemis de la République.

Les anciens passe-ports doivent être annulés. Les habitants des communes, villages et hameaux doivent dans leurs territoires respectifs être responsables des attentats qui pourraient s'y commettre.

A cet effet et au nom du gouvernement, les dispositions suivantes seront exécutées.

La commission militaire est toujours en exercice à mon quartier général.

Les délits classés dans la loi du 25 nivôse an 6, relative à la répression du Brigandage, ceux spécifiés, dans ma proclamation du 9 germinal, et dans ma lettre additionnelle du 8 prairial présente année, restent du ressort de la même commission.

Tout brigand pris les armes à la main sera fusillé sur le champ.

Tout homme amnistié qui sera convaincu de s'être mis derechef sous l'étendart de la révolte sera condamné à mort.

Tout réquisitionnaire conscrit et déserteur amnistié, qui dix jours après la publication de l'amnistie ne sera point parti pour l'armée sera traduit à la commission.

Tout homme quoique non réquisitionnaire ni conscrit, ni déserteur qui aura reçu l'application de l'amnistie sous la condition d'aller à l'armée, et qui n'aura pas obéi sur le champ sera arrêté et considéré comme non amnistié.

Tout réquisitionnaire, conscrit et déserteur non amnistié qui à l'expiration du même terme ne sera point parti pour l'armée, sera traduit au conseil de guerre de la division respective pour y être jugé conformément à la loi du 17 ventôse.

Tout officier de santé qui sera convaincu d'avoir porté du secours à un homme blessé soit par des armes à feu, soit par des armes tranchantes, sans avoir fait son rapport aux autorités civiles et militaires sera traduit à la commission comme protecteur des brigands.

Tout homme convaincu d'avoir insulté les magistrats en fonctions et revêtus de leurs marques distinctives, ou d'avoir troublé les fêtes établies par les lois de la République sera traduit à la commission et jugé comme rebelle au Gouvernement.

A dater du 1ᵉʳ fructidor prochain, tout port d'armes est annulé. Les préfets sont les seuls magistrats en droit d'en accorder, ils sont priés de s'occuper de cette mesure à laquelle tient essentiellement l'ordre public.

Tout citoyen qui après le délai fixé ci-dessus, sera trouvé armé sans une nouvelle autorisation du préfet, sera arrêté. Si les autorités civiles le déclarent habitant paisible, il payera cent francs d'amende au bénéfice de la force armée qui l'aura saisi; s'il est soupçonné d'être un malfaiteur il sera traduit à la commission militaire; cette mesure ne peut atteindre les voyageurs quand ils auront des passe-ports en règle.

Tous les fusils de munitions, soit qu'on les ait laissés dans leur premier état soit qu'on les ait altérés, sont une propriété nationale; ceux qui en sont les détenteurs les ont volés, il est donc ordonné qu'ils soient tous déposés dans la maison commune de la mairie respective.

Tout homme qui une décade après la publication du présent n'aura point satisfait à l'article précédent, sera condamné à cent francs d'amende pour chaque fusil de munition trouvé chez lui ; cette amende sera au bénéfice de la force armée. Les autorités sont invitées de faire visiter, après le délai fixé, les maisons dont les habitants seront soupçonnés n'avoir point restitué ces espèces d'armes.

Nul n'a le droit de porter un fusil de munition, s'il n'est militaire en exercice ou membre de la garde nationale de service ; dans le dernier cas c'est l'autorité civile qui distribuera les armes.

La garde nationale sera par suite des lois rendues à ce sujet organisée dans les quatre départements. Cette force armée est essentiellement chargée de faire respecter les personnes et les propriétés dans les communes respectives. De sa composition dépend le retour et le maintien de l'ordre, il faut donc que les citoyens qu'on armera aient prouvé aimer cet ordre, le gouvernement compte sur les bons choix que feront les magistrats.

C'est aux magistrats à électriser le peuple et à bien utiliser la garde nationale. La destruction d'une poignée de vrais brigands qui resteront sur la scène, est à la disposition de ce peuple. Les habitants des communes se doivent une garantie mutuelle ; alors que les scélérats approchent, qu'on sonne le tocsin, que l'alarme se propage, qu'on se lève en masse, que chacun prenne l'arme qui lui tombe sous la main, qu'on coure sus, et les monstres seront tués ou dispersés.

Par suite de l'article précédent, tout commune, village ou hameau où les brigands auront été reçus sans résistance de la part des habitants, sera frapée de la loi du 10 vendémiaire an 4 et le jugement rendu de suite sera exécuté militairement.

Tous les anciens passe-ports seront annullés, les préfets sont priés d'ordonner qu'on les renouvelle.

Tout homme qui entraverait l'application de l'amnistie, les dispositions pénales et les mesures de sûreté portées sur le présent se déclare en guerre avec le gouvernement, il sera arrêté et traduit à la commission militaire.

AUX TROUPES EMPLOYÉES DANS LES QUATRE DÉPARTEMENTS

Mes camarades, bientôt votre mission sera terminée, de la discipline que vous observerés, et de l'activité que vous continuerés de développer, dépend le retour prochain de la tranquilité publique. Je présenterai au gouvernement les noms des corps et des hommes qui se sont distingués dans la poursuite des brigands; mais je sévirai rigoureusement contre ceux qui déshonoreraient leurs camarades.

Officiers, vous êtes responsables de la conduite de vos subordonnés, et rappelés vous que quand le gouvernement est obligé de punir, il n'observe les grades que pour doubler le châtiment.

Le présent sera imprimé au nombre de six mille exemplaires, il sera lu, publié et affiché dans chaque commune, village et hameau des quatre départements. Les maires le feront enregistrer, dresseront procès-verbal de la lecture, publication et enregistrement, l'enverront aux sous-préfets de leur arrondissement, ceux-ci l'adresseront à leur premier magistrat ; et les préfets sont invités de m'en donner avis, afin que je puisse rendre moi-même compte au Gouvernement.

Fait à Avignon, le 15 thermidor, an 8 de la République Française, une et indivisible.

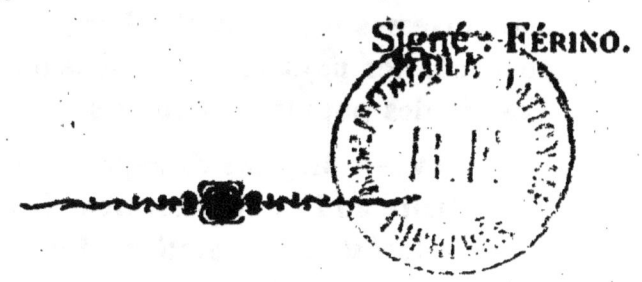

Signé : FÉRINO.

TABLE DES MATIÈRES

	Pages
AVANT-PROPOS.	5

PREMIÈRE PARTIE

CHAPITRE Ier. — *Coup d'œil sur l'état des esprits* dans le département des Basses-Alpes, depuis 1789 jusqu'à la loi du 29 nivôse an VI. 21

CHAPITRE II. — *Origines, causes, développements.* — 1° Les secousses successives de la Révolution ; 2° la désertion ; 3° la réquisition ; 4° le libertinage ; 5° la complicité. 109

CHAPITRE III. — *Organisation des bandes.* — Formation des bandes ; leur nombre ; leur chef ; dénominations diverses ; leurs repaires et points de réunions ; leurs correspondants et receleurs ; femmes brigands ; leur costume ; leurs sobriquets ; leurs tailleurs, cordonniers, chirurgiens ; leur passe-port ; leurs diverses manières d'opérer ; cartes de sûreté ; pourquoi les paysans ne se défendaient pas ; état d'esprit des populations rurales. 135

CHAPITRE IV. — *Moyens de répression.* — Loi du 10 vendémiaire an IV ; établissement des colonnes mobiles, 17 floréal an IV ; système d'innovation pénale, 12 thermidor an IV ; loi du 29 nivôse an VI ; adresse de l'accusateur public, 28 ventôse an VI ; troubles ; état de siège ; garde nationale en réquisition permanente, 26 floréal an VI ; loi du 24 messidor an VII ; organi-

sation des battues; arrêté de l'administration centrale, 26 vendémiaire an VIII; proclamation du préfet et arrêtés divers; demande de l'amnistie; obtention; application; commissions militaires; nouvelle réquisition permanente de la garde nationale; explosion d'Aups, 6 brumaire an IX; formation de deux corps d'éclaireurs; création du tribunal spécial, 4 ventôse an IX; arrêté du général Cervoni; mesures morales de répression.	158

DEUXIÈME PARTIE

Chapitre Ier. — *Du 29 nivôse an VI à vendémiaire an VIII.* — Validation des opérations électorales du département, 22 floréal an VI; arrêté contre les délits religieux, 28 thermidor an VI; premiers brigandages, 12 vendémiaire an VII; enlèvement d'un bandit réquisitionnaire par d'autres bandits; vols à Saint-Etienne, 23 vendémiaire, à Forcalquier, 26-27 vendémiaire; mesures de sûreté, 10 nivôse; arrestation de Savoyan, 13 nivôse; assassinat de Laugier, à Volx, 24 nivôse; vol du convoi; battue, 29 nivôse; accalmie; arrestation de Blanc à Villeneuve, 30 floréal an VII; tentative d'assassinat sur Mayenc, à Corbières; recrudescence en prairial; assassinat du commissaire de la Tour-d'Aigues et de Vacher, près Banon, messidor; enlèvement de prisonniers; incursion à Allemagne, 25 messidor; battues; assassinat de Beroard; arrestations nombreuses au Pas-de-l'Evêque (St-Jeannet), thermidor; *id.* à Puimoisson, 17 fructidor.. 199

Chapitre II. — *De vendémiaire à prairial an VIII.* — Horrible massacre de onze personnes à Riez, 23 vendémiaire an VIII ; arrêté du Directoire, 26 vendémiaire ; tentative de vol chez Berbeyer ; vol chez Bec au Plan des Mées ; arrestation du courrier et de cinq bouchers à Puimoisson, 15 nivôse ; arrestation de Vialet, bijoutier à Telle ; arrestation à Volx ; divers assassinats à Bras, Montlaux, Corbières, vol aux Taillandiers (Brunet), 3 germinal ; vols à Puimichel ; assassinat d'un gendarme à Château-Arnoux, 29 germinal ; arrestation de deux gendarmes et d'un huissier à Fontienne, 3 floréal ; arrestation d'une caravane ; vol ; assassinat Chauvet ; meurtre d'une jeune fille entre Riez et Quinson, 3 floréal ; assassinat à St-Jeannet ; arrestations au Chaffaut ; attroupement armé à Villeneuve et assassinat de Blanc, 26 floréal ; incursion à Pierrerue ; assassinat de Martin ; incursion de Sigonce, 28 floréal ; assassinat de Manus ; arrestations nombreuses à Roméjas et dans le terroir d'Entrevennes, 28 floréal. 216

CHAPITRE III. — *De prairial à fructidor an VIII.* — La force armée quitte le département ; le brigandage augmente ; assaut nocturne des prisons de Forcalquier ; invasion de Peyruis, 1ᵉʳ et 2 prairial ; invasion de Villeneuve, 3 prairial ; réunion chez C... d'Entrevennes ; plan de campagne arrêté ; attaque chez Barou, au plan des Mées ; outrages et vols, 5 prairial ; arrêté préfectoral, 6 prairial ; attaque de neuf gendarmes à Mardaric (Peyruis) ; mort du prisonnier qu'on voulait délivrer, 9 prairial ; attaque chez la veuve Clarensy à Valensole, 11 prairial ; arrestation de conducteurs de troupeaux, 12 prairial ; assassinat à Beynes, 18 prairial ; nombreuses arrestations à Riez, Valensole, St-Jeannet, Castellet, Brunet, etc.,

Pages

en messidor ; fusillade de l'Asse, 1ᵉʳ thermidor ; incursion de Brunet, 26 fructidor ; incursion et double assassinat à Majastre ; vol à diverses campagnes, 27 fructidor. 251

CHAPITRE IV. — *De vendémiaire an IX à vendémiaire an X.* — Arrestation de huit voyageurs à Saint-Symphorien, 11 brumaire ; investissement de Gréoux et siège du château, 12 frimaire ; terrible fusillade ; la porte est incendiée ; le château est envahi et pillé ; le propriétaire échappe à la mort ; partage du butin ; arrivée tardive des secours demandés ; procès intentés à la commune ; essai de formation d'une bande à Moustiers ; ses opérations ; pillage de la maison de la veuve Arnaud ; invasion de la bastide Second, à Puimoisson ; de la campagne Chauvet, à Moustiers ; la dislocation de la bande ; vol à Puimichel, chez Provent ; *id.* au « Cabanon », près Riez ; vol à Dabisse ; les brigands aux alentours de Reillanne, à Lincel, etc. ; rapport fait aux consuls par Français de Nantes, sur la situation dans les Basses-Alpes ; accusations de brigandage dirigées contre Sicard, curé de St-Michel ; son arrestation ; bons témoignages donnés par la population et par le maire ; ordonnance de non-lieu en sa faveur ; sa mise en liberté, 27 thermidor ; divers délits sur plusieurs points. 281

CHAPITRE V. — *De vendémiaire an X jusqu'à l'an XII.* Proclamation du préfet, 4 vendémiaire an X ; décroissance du brigandage ; difficulté de caractériser certains délits ; assassinat d'Arnaud à Thorame, 24 vendémiaire an X ; assassinat d'Elisabeth et d'Antoine Roux à Beynes, 21 frimaire an X ; pillage du château de Malijai, 29 ventôse; arrestations et vols divers entre Riez, St-Martin, Allemagne et Gréoux, prairial an X; horrible assassinat d'Esmiol et de Barlet à l'Escale, 30 thermidor an X; vol et assassinat à Bras-d'Asse, 20 fructidor an X; coup d'œil sur la situation à Barcelonnette; mesures prises par M. de Lameth; capture d'un des plus fameux brigands, ses révélations font saisir de nombreux complices et portent le dernier coup au règne du brigandage. 319

CHAPITRE VI. — *La fausse monnaie.* — Considérations sur la fabrication, l'altération, l'émission des monnaies; lois répressives portées contre ce genre de délit; émission de faux louis d'or à Annot et dans les communes environnantes; dénonciations des faux monnayeurs; émission de faux louis à Entrevaux et dans la vallée d'Entraunes; découverte de la fabrique de Marseille; *id.* de celle d'Avignon; fabrication d'écus de six livres au Revest-du-Bion, à Céreste, à Oraison, etc. 345

APPENDICE

AMNISTIE accordée dans le département de l'Ardèche, de la Drôme, de Vaucluse et des Basses-Alpes, dont les applications bienfaisantes sont confiées aux Préfets. 361

Valence. — Imprimerie Valentinoise, place St-Jean.

En vente à la librairie P. RUAT

OUVRAGES DU MÊME AUTEUR

Documents pour servir à l'étude du Préhistorique, et à l'histoire de la période Gallo-Romaine dans les Alpes. — Brochure in-8°.

Monographie de Châteauneuf – Val – Saint-Donat, B.-A., un vol. in-8°, orné des armes du pays.

Le Noël, aperçu historique, bibliographique et musical. — Brochure in-8°.

Histoire de l'Escale. B.-A. Un vol. in-8° de 202 pages, orné des armes du pays.

Monographie de Château-Arnoux, B.-A. — Un vol. in-8° orné des armes du pays.

Histoire de la commune de Puimoisson, et de la Commanderie des Chevaliers de Malte. Un vol. in-8° de x-448 pages, orné des armes du pays, et de plusieurs planches en phototypie hors texte.

Un milliaire de « Carus » sur la « Via Sextia » et quelques inscriptions inédites à Reis Apollinaris et dans ses environs, brochure in-8°.

Le Brigandage dans les Basses-Alpes, particulièrement depuis l'an VI jusqu'à l'an X.

POUR PARAITRE PROCHAINEMENT :

Histoire religieuse du département des Basses-Alpes pendant la Révolution.

Contraste insuffisant

NF Z 43-120-14

www.ingramcontent.com/pod-product-compliance
Lightning Source LLC
Chambersburg PA
CBHW070443170426
43201CB00010B/1194